돈의 탄생
돈의 현재
돈의 미래

제이컵 골드스타인 지음 / 장진영 옮김

돈은 어떻게 세상을 지배하게 되었는가

돈의 탄생 | 돈의 현재 | 돈의 미래

비즈니스북스

돈의 탄생 돈의 현재 돈의 미래

1판 1쇄 인쇄 2021년 3월 2일
1판 1쇄 발행 2021년 3월 9일

지은이 | 제이컵 골드스타인
옮긴이 | 장진영
발행인 | 홍영태
편집인 | 김미란
발행처 | (주)비즈니스북스
등 록 | 제2000-000225호(2000년 2월 28일)
주 소 | 03991 서울시 마포구 월드컵북로6길 3 이노베이스빌딩 7층
전 화 | (02)338-9449
팩 스 | (02)338-6543
대표메일 | bb@businessbooks.co.kr
홈페이지 | http://www.businessbooks.co.kr
블로그 | http://blog.naver.com/biz_books
페이스북 | thebizbooks
ISBN 979-11-6254-202-6   03320

이 책을 알렉산드라, 줄리아
그리고 올리비아에게 바친다.

돈은 허구다

2008년 가을에 나는 재닛 이모와 저녁을 먹었다. 1960년대 시인으로 사회에 첫발을 내디뎠던 그녀는 1980년대에 경영학 석사 학위를 땄다. 돈에 대해 이야기를 나누기에 더없이 좋은 상대였다. 그런데 그녀와의 저녁 식사를 불과 몇 주 앞둔 어느 날 엄청난 일이 일어났다. 수조 달러에 이르는 돈이 갑자기 증발해 버린 것이었다. 나는 이모에게 그 어마어마한 액수의 돈이 어디로 사라졌는지 물었다.

"돈은 허구란다. 애당초 돈은 거기에 없었어."

그녀의 말을 들은 바로 그 순간, 나는 돈이란 것이 내가 생각했던 것보다 더 기이하고 흥미로운 것임을 깨달았다.

당시 나는 〈월스트리트저널〉 기자였다. 나의 전문 분야는 헬스케어였고 금융이나 경제에 대해서는 잘 몰랐다. 금융업계가 무너지자

나는 눈앞에서 벌어지고 있는 일을 설명해 줄 무언가를 찾아 헤매기 시작했다. 그즈음에 나는 팟캐스트 〈플래닛머니〉Planet Money를 우연히 듣게 됐다. 그 방송의 진행자들은 뉴스에서 나올 법한 딱딱한 용어를 사용하지 않았다. 그리고 뉴스 앵커처럼 근엄하게 프로그램을 진행하지도 않았다. 그들은 똑똑하고 재미있는 사람들처럼 이야기했다. 그들은 이 세상에서 무슨 일이 벌어지고 있는지를 이해하고 있었고, 흥미로운 이야기를 곁들여 설명했다. 나는 〈플래닛머니〉가 너무 마음에 든 나머지 그들과 함께하기로 했다.

내가 〈플래닛머니〉에 합류할 무렵 전 세계는 금융 붕괴라는 급한 불을 어느 정도 끈 상황이었다. 그래서 한숨 돌린 우리는 덜 시급하지만 보다 근본적인 주제로 눈을 돌렸다. 2011년 우리는 라디오 프로그램 〈아메리칸라이프〉This American Life에 출연했다. 나는 거기서 이모와 저녁을 먹은 뒤로 계속 고심해 오던 질문을 던졌다.

"돈이란 무엇일까요?"

진행자인 아이라 글래스Ira Glass는 해당 질문에 대해 자신이 프로그램을 진행하면서 들어 본 적 없는 '약물에 쩐 사람만이 할 법한 미친 질문'이라고 했다.

그럴지도 모른다! 하지만 나는 이 질문이 아침에 맨정신으로 생각해도 흥미로울 수 있다고 생각한다. 나는 계속 돈이라는 주제로 되돌아왔고, 돈을 뒤덮고 있던 껍질을 한 꺼풀씩 천천히 벗겨 내기 시작했다. 그 여정은 매 순간 흥미로웠다. 그리고 시간이 지나면서 나는 돈에 관해 점점 더 많은 것을 알게 됐다. 돈에 대해서 알면 알수록 나는 돈이 더욱 궁금해졌다. 돈에 관해 내가 모르는 더 깊고 풍부한 이야기가 숨겨져 있을 것만 같았다. 그래서 나는 이 책을 쓰기 시작했다.

　시간이 흐르면서 나는 '돈은 허구'라고 했던 이모의 속뜻이 무엇인지 이해할 수 있었다. 사람들은 돈을 차갑고 아주 정확하고, 흐리멍덩한 인간과는 이해관계가 전혀 없는 존재라고 여긴다. 하지만 그렇지 않다. 돈은 가짜다. 돈은 '공유된 허구'shared fiction다. 돈은 기본적으로 영구불변한 사회성을 띤다. 바로 이 사회성이 돈을 돈답게 만든다. 다시 말해 돈은 많은 사람이 공유하는 허구이기에 돈일 수 있다. 많은 이가 공유하지 않으면 돈은 한낱 금속 덩어리나 종이 쪼가리 또는 은행의 전자 원장에 기록된 숫자에 불과하다.

　허구의 이야기처럼 돈은 시간이 흐르면서 극심한 변화를 경험했다. 그 변화는 점진적이거나 순조롭지 않았다. 대체로 상당히 긴 안정기가 유지되다가 갑자기 돈을 둘러싸고 말도 안 되는 일들이 벌어졌다. 무모한 천재들이 돈과 관련된 새로운 아이디어를 제시하거나, 세계가 근본적으로 변해서 완전히 새로운 돈이 필요해지거나, 금융 붕괴로 인해 돈이라는 존재 자체가 위기에 직면하게 됐다. 이런 일들은 누가 돈을 만들고 돈의 역할은 무엇인가처럼 돈에 관한 기본적인 생각을 완전히 바꿔 놓았다.

　무엇이 돈이 됐고, 무엇이 돈이 되지 못했을까? 모든 것이 인간의 선택에 달려 있었다. 사람들이 무엇을 선택했느냐에 따라서 누군가는 더 많이 가졌고 다른 누군가는 덜 가졌다. 무엇을 선택했느냐에 따라서 경기가 좋을 때 누군가는 리스크를 감수했고, 경기가 나쁠 때 누군가는 망했다. 돈과 관련한 과거의 선택들이 모여서 지금 우리가 살고 있는 이 세상이 만들어졌다. 지금 우리는 2020년 봄 팬데믹이 발생해 각국의 중앙은행들이 전 세계 경제의 붕괴를 막고자 돈을 갑자기 마구 찍어 내는 세상에서 살고 있다. 미래에 우리는 아마도 다른 선택을 할 것이고, 그 선택으로 인해 돈은 또다시 변할 것이다.

나는 돈의 기원을 살펴보며 돈이 무엇이고 어떤 힘을 지녔으며 돈을 두고 벌이는 싸움은 무엇을 위한 싸움인지를 명확히 이해할 수 있었다. 이 책은 돈이 오늘날의 모습을 갖추기까지 놀라움과 기쁨 그리고 기발함과 광기로 가득했던 순간들에 관한 이야기이다.

| 차례 |

MONEY

제1장

물물교환에서
돈이 탄생했을까?

돈의 기원

——

화폐의 기원은 우리가 생각했던 것과 다르다.
화폐의 기원에 관한 이야기는 더 지저분하고 피로 얼룩진 데다 흥미롭다.
화폐의 기원은 혼인과 살인 그리고 문자의 발명과도 연관되어 있다.
화폐와 시장은 함께 성장하고 사람들을 더 자유롭게 만들었지만
때로는 더 나약하게 만들기도 했다.

돈의 발명

1860년경 프랑스의 가수 마드모아젤 젤리Mademoiselle Zélie는 남동생과 두 명의 가수와 함께 월드 투어에 올랐다. 그들은 화폐가 두루 쓰이지 않던 남태평양의 작은 섬에 도착했다. 그들은 그곳에서 푯값을 대신해 섬사람들이 제공할 수 있는 물품이면 무엇이든 받기로 하고 콘서트를 열었다.

콘서트는 대성공이었다. 섬의 촌장이 직접 콘서트에 왔고, 표는 무려 816장이 팔렸다. 마드모아젤 젤리는 콘서트에서 당대 유명 오페라에 수록된 노래 다섯 곡을 불렀다. 그녀는 이모에게 보낸 편지에 푯값으로 받은 물품들에 대해서도 썼다.

"이게 제가 섬사람들에게 푯값으로 받은 물품들이에요. 돼지 3마리, 칠면조 23마리, 암탉 44마리, 코코넛 5,000통, 파인애플 1,200통,

바나나 120다발, 호박 120통, 오렌지 1,500개."

그러곤 뜻밖의 횡재로 문제가 발생했다고 덧붙였다.

"이것들을 어떻게 처리해야 할지 모르겠어요."

마드모아젤 젤리가 파리의 시장에 있었다면 모든 물품을 4,000프랑에 팔 수 있었을 것이다. 그야말로 수지맞는 장사였을 텐데!

"근데 이모, 어떻게 여기서 이 물품들을 되팔아서 현금으로 바꾸겠어요. 정작 구매자가 될 섬사람들이 호박과 코코넛을 주고 저희 공연을 보러 왔어요. 그런 사람들이 현금을 갖고 있을 리 만무해요. 내일 인근 섬에서 투기꾼이 이 섬으로 들어와서 현금을 지불하고 이 물품들을 사기로 했어요. 그동안 칠면조와 암탉에게 바나나와 오렌지를 먹이고 돼지에게는 호박을 주려고 해요."

1864년에 마드모아젤 젤리가 쓴 편지는 화폐의 역사에 관한 프랑스 서적의 각주로 인용됐다. 영국의 경제학자 윌리엄 제번스William Jevons는 이 각주가 마음에 쏙 든 나머지 10년 뒤에 쓴 저서 《화폐와 교환 메커니즘》Money and the Mechanism of Exchange에서 그녀의 편지로 서문을 열었다. 제번스는 마드모아젤 젤리의 경험에서 '물물교환은 형편없다'는 교훈을 얻었다.

제번스는 물물교환은 '욕망의 상호 일치'double coincidence of wants가 이뤄져야 성사되기 때문에 골치 아프다고 했다. 쉽게 말하면, 섬사람들은 마드모아젤 젤리가 제공한 것(콘서트)을 원했고 마드모아젤 젤리도 섬사람들이 푯값으로 지불한 것(돼지, 암탉, 코코넛 등)을 원했기에 거래가 성사됐다. 제번스는 인류가 상대적으로 내구성이 강하고 희귀한 무언가로 가치를 표시하기로 합의하면서 물물교환의 문제가 해결됐다고 말했다. 다시 말해서 인류는 화폐를 발명해 물물교환의 문제를 해결했던 것이다.

애덤 스미스는 100년 전에 이와 동일한 주장을 했고, 아리스토텔레스는 수천 년 전에 이와 유사한 의견을 제시했다. 화폐가 물물교환에서 시작됐다는 주장은 명쾌하고 강력하며 직관적이다. 하지만 이 주장에는 결정적인 약점이 있다. 바로 이 주장을 뒷받침할 증거가 없다는 것이다. 1985년 인류학자 캐럴라인 험프리Caroline Humphrey는 수십 년 동안 인류학자와 역사학자가 해온 주장들을 요약하며 "화폐가 물물교환 시스템에서 탄생했음을 보여 주는 증거는 고사하고 물물교환에 근거한 경제 시스템이 존재했음을 보여 주는 사례조차도 없다."라고 말했다.

화폐가 물물교환에서 탄생했다는 주장은 화폐를 차갑고 단순하고 객관적인 존재, 인간미 없는 교환의 수단으로 전락시킨다. 하지만 사실 화폐는 단순한 교환의 수단이 아니다. 화폐는 그보다 훨씬 깊고 복잡한 존재다.

화폐가 탄생하기 이전에 사람들은 대체로 자급자족하는 삶을 살았다. 사람들은 사냥하거나 농사를 짓거나 채집해 식량을 조달했고 필요한 것들을 직접 만들어 사용했다. 약간의 거래가 이뤄졌지만, 그것은 주로 무언가를 주고받는 철저한 기준에 따라 행해지는 공식적인 의식의 일부였다. 화폐가 물물교환에서 시작됐다는 주장과 달리 이러한 공식적인 의식에서 유래됐다는 주장도 있다.

마드모아젤 젤리가 방문했던 섬에는 돼지, 칠면조, 코코넛 그리고 바나나로 모두를 위한 성대한 잔치를 벌이는 관습이 있었을지도 모른다. 만약 그녀가 자신이 받은 물품으로 섬사람들을 융숭하게 대접했다면, 오늘날 병원이나 대학교 도서관을 지어 주는 사람들이 누리는 사회적 지위가 그녀에게도 주어졌을지 모른다. 또 섬사람들은 대접에 대한 보답으로 마드모아젤 젤리를 위해 잔치를 열어 줬을 것이다. 화폐가 등장하기 전에는 모든 경제 시스템이 이러한 호혜에 기반을 뒀다.

예를 들어 북아메리카 북서부 해안의 인디언은 포틀래치potlatch라는 축하연을 베풀었다. 그들은 함께 먹고 마시고 춤추고 이야기하고 서로 선물을 주고받으면서 며칠을 보냈다. 선물을 주는 것은 오늘날 식사를 하고 나서 식사 비용을 자신이 지불하겠다고 고집을 부리는 것처럼 일종의 권력을 과시하는 행위였다.

유럽인이 도착하기 전 그곳에서는 사회적 지위가 높은 사람들이 모피와 카누를 다른 사람들에게 나눠 줬다. 20세기에 이르러서는 모피와 카누가 재봉틀과 오토바이로 바뀌었다. 캐나다인은 이 사람 저 사람 가릴 것 없이 마구 퍼주는 관습에 경악했고, 캐나다 정부는 해당 관습을 법으로 금지했다. 그 이후 단순히 물건을 주고받았다는 이유로 사람들은 감옥에 갔다.

과거 많은 문화권에는 어느 집안의 자제 혹은 규수와 결혼하고 싶거나 누군가의 배우자를 죽였다면, 그 대가로 상대방에게 무언가를 줘야 한다는 원칙이 있었다. 게다가 무엇을 줘야 하는지 분명하게 정해져 있었다. 대체로 소를 지불해야 했고, 조가비를 줘야 하는 지역도 있었다. 피지에서는 향유고래 이빨을, 북유럽의 일부 게르만족은 금, 은 또는 구리로 만든 고리를 줬다. 그들은 이것을 죽은 피해자의 몸값인 워길드wergild라 불렀고, 워길드를 지불하면 처형을 면할 수 있었다. 종교 의식의 제물에 관해선 대체로 명쾌한 원칙들이 존재했다. 남태평양의 섬나라인 바누아투에서는 특히 엄니가 큰 돼지만 제물로 바쳤다.

결혼을 위해 조가비가 필요하고 종교 의식을 위해 엄니가 긴 돼지가 필요하다는 사실을 아는 사람들 중 일부는 당장 필요하지 않아도 조가비나 엄니가 긴 돼지를 미리 확보해 뒀다. 이것들을 찾는 사람들이 곧 등장할 것이기 때문이었다. 조가비나 엄니가 긴 돼지는 시간이 지나면서 가치를 저장하는 수단이 됐다. 우리가 알고 있는 화폐의 모습은 아니었지만 화폐에 근접한 '초기 화폐'proto-money였다. 바누아투에는 엄니가 긴 돼지를 대여해 주는 정교한 거래망이 형성됐고, 이자는 돼지 엄니의 성장 속도를 기준으로 책정됐다. 한 인류학자는 "돼지 부채의 상환이나 미상환을 두고 상당한 분쟁과 살인 사건이 발생했다."라고 보고했다.

이렇듯 화폐는 단순히 가치를 환산하고 편리하게 보관하기 위해 고안된 교환 수단이 아니다. 화폐는 피와 욕망으로 묶인 사회 구조의 핵심 요소다. 그러니 사람들이 돈에 환장하는 것은 당연하다.

채무 기록의 시작

선물 교환과 호혜는 가족 단위로 구성된 작은 마을에선 효과적이었지만, 도시 운영에는 적합하지 않았다. 최소 5,000년 전 메소포타미아 지역에서 최초의 도시들이 등장했을 무렵, 사람들은 점토로 빚은 작은 토큰token(교환권)을 속이 텅 빈 점토 공에 넣고 밀봉해 채무를 기록하기 시작했다. 작은 원뿔 무늬는 보리를 상징했고, 원판 무늬는 양을 나타냈다.

예를 들어 내가 누군가에게 원판 6개가 밀봉된 점토 공을 주면 그 사람에게 양 6마리를 빚졌다는 뜻이었다. 어느 순간부터 사람들은 점토 공의 겉면에 토큰을 찍기 시작했다. 이는 공 안에 무엇이 들었는지 쉽게 확인하기 위함이었다. 그러다가 더 이상 점토 토큰을 점토 공 안에 밀봉하지 않고 공 표면에 토큰을 새기는 것만으로 채무를 기록하기 시작했다.

메소포타미아 지역에서 도시들이 성장하자 권력은 도시 사원으로 집중됐고 직업은 보다 전문화됐다. 누가 누구에게 무엇을 얼마나 빚졌는지를 기록하는 일도 더욱 복잡해졌다. 오늘날 시청에 해당하는 사원에서 일하는 사람들은 점토 공에 토큰을 새겨서 채무를 기록하던 방식을 바탕으로 더욱 정교하고 간편한 기록 시스템을 고안해 냈다. 그들은 갈대 바늘로 작은 점토판에 추상적인 기호를 새겼다. 그들 나름대로 숫자를 기록한 것이다. 이를 통해 세계 최초의 작가는 시인이 아니라 회계사라는 것이 드러났다.

그로부터 오랫동안 이것이 기록의 전부였다. 연애편지, 추도 연설 그리고 이야기는 기록되지 않았다. 양 6마리를 빚졌다는 채무만이 기록됐다. 오늘날 이라크 지역에서 번성한 수메르의 우루크라는 도시의 흙더미에서 발견된 점토판에는 "사원장 루-난나Lu-Nanna는 아바사가Abasaga란 사내에게서 암소 한 마리와 젖먹이 수송아지 두 마리를 받았다."라고 적혀 있다.

　메소포타미아 문명에서는 주로 보석류와 제기류에 사용되던 은을 화폐와 비슷하게 취급했다. 은이 가치 있고 희소하며 저장하고 쪼개기 쉬운 금속이었기 때문이다. 하지만 대다수, 아마도 대부분의 사람은 여전히 화폐에 특별한 의미를 부여하지 않았다. 사람들은 농사를 짓고 동물을 길러서 식량을 확보했다. 가끔 사제나 여왕 또는 파라오를 섬기는 세금 징수원이 사람들로부터 정기적으로 보리와 양을 가져갔다. 일부 도시에서는 사원이나 궁전에서 일하는 사람들이 옷, 그릇 그리고 보석을 만드는 장인들에게 무엇을 얼마나 만들지 정해줬고 적절하다고 판단되면 물건들을 나눠 줬다.

　메소포타미아 문명으로부터 수천 년이 지나고 아메리카 대륙에 잉카 문명이 등장했다. 잉카 문명은 거대하고 복잡했지만 화폐를 전혀 사용하지 않았다. 그 대신 신성한 황제와 그를 섬기는 정부 관료들이 사람들에게 무엇을 키우고 사냥하고 만들지를 정해 주고 수확물을 거둬들여 다시 그들에게 나눠 줬다.

　이처럼 중앙 권력이 누가 무엇을 만들고 가질 것인지를 결정하면 화폐의 필요성은 줄어들기 마련이다. 또 다양한 방식으로 매듭을 지어서 상당한 정보를 기록했던 잉카 문명의 회계사들은 줄에 매듭을 만들어서 채무를 기록했다. 잉카 문명이 번성했던 지역의 강과 산에 넘쳐 나는 금과 은은 주로 예술과 숭배 활동에 쓰였다. 그 덕분에 잉카인은 화폐를 만들지 않았고 쓸모없는 허상이라고 여겼다.

돈, 모든 것을
바꾸다

고대 그리스의 왕국들은 대체로 공물과 재분배 시스템으로 오랫동안 운영됐다. 이 시스템은 전문적으로 모든 것을 기록했던 당대 회계사들이 완성시켰다. 하지만 기원전 1100년경 고대 그리스 문명이 붕괴됐다. 그 누구도 문명이 붕괴된 원인을 모른다. 지진이 발생했거나 극심한 가뭄이 닥쳤는지도 모른다. 아니면 외부 침략자로 인해 문명이 붕괴됐는지도 모른다. 왕들은 사라졌고 성들은 무너졌으며 인구가 감소했다. 그리고 관료들의 기록은 잊혔다.

몇 세기 이후 그리스 인구가 다시 증가하기 시작했다. 마을은 소도시로 성장했고 장인이 등장했다. 소도시별로 특산품이 생겨났다. 아테네는 도자기, 사모스Samos는 금속 공예, 코린트Corinth는 기와를 주로 생산했다. 기원전 776년 올림피아에서 최초로 한 달 동안 스포츠 경기가 열렸다. 바로 올림픽이다. 이는 그리스인이 한 달 동안 일을 쉬고 올림피아에서 스포츠 경기를 즐겨도 될 만큼 부유해졌다는 방증이었다. 올림픽 덕분에 그리스 소도시 간에 보다 긴밀한 관계가 형성됐다.

그리스 소도시들에 공공건물이 들어섰고 공공 급수 시설이 마련됐다. 왕이나 사제가 관리하는 공물과 재분배 시스템을 중심으로 형성된 경제 시스템은 이런 환경에서 운영됐다. 한편 동양 문명에서는 공물과 재분배 시스템이 널리 사용됐다. 하지만 그리스인들은 상의하달식으로 운영되는 소왕국을 형성하는 대신에 새로운 형태의 집단을 탄생시켰다. 그들은 그것을 도시 국가라는 의미의 폴리스polis라 불렀다. 서구 문명에서는 자신들의 정치적, 경제적 삶이 폴리스에서 기원했다는 사실을 간과한다. 너무나도 흔하고 포괄적인 데다 어감도 좋지 않다는 이유에서다. 하지만 화폐라고 부를 수 있는 것이 유행하기 시작했던 곳도 바로 폴리스였다.

그리스를 중심으로 수백 개의 폴리스가 생겨났다. 각 폴리스에는 시민 의회가 있었다. 아테네를 포함해 일부 폴리스에서 민주주의 시스템이 발전했다(하지만 현대 기준으로 여성, 노예 그리고 대다수 이민자가 배제된 형편없는 민주주의였다). 다른 폴리스에서는 시민 의회가 만나서 의견을 나눴지만 소수의 엘리트들이 최종 결정을 내렸다.

하지만 모든 경우에 시민들, 즉 폴리스 주민인 폴라이트polite들은 '누가 누구에게 무엇을 줄지'를 결정할 때 자신들도 발언할 수 있기를 원했다. 그들에게는 모든 것을 상의하달로 관리하는 통치자나 하의상달로 움직이는 친족 관계가 없어도 공적 생활과 일상생활에서의 교환 활동을 체계적으로 움직일 수단이 필요했다. 그들에게는 바로 화폐가 필요했던 것이다!

오늘날 터키 지역에 해당하는 리디아는 기원전 600년경 금과 은이 섞인 광물을 대량으로 채굴했다. '일렉트럼'electrum이라 불리는 합금은 리디아인에게 큰 문제를 안겼다. 그들은 합금의 가치를 매기기 위해서 금과 은의 비율을 따져 봐야 했다. 이때 누군가 기가 막힌 방법을 찾아냈다. 그들은 금과 은의 비율이 일정한 일렉트럼을 일정한 크기의 덩어리로 나누고 한쪽 면에 사자 무늬를 찍었다. 크기가 같은 일렉트럼 덩어리는 그 가치도 같았다. 이렇게 리디아인은 합금으로 주화를 발명해 냈다. 그로부터 머지않아, 그들은 한 단계 더 나아가서 은전과 금전을 주조해 내기 시작했다.

그리스는 주화 없이도 번창했을지 모른다. 설령 그리스가 존재하지 않았더라도 주화는 널리 사용됐을 것이다(다음 장에서 중국의 주화 역사를 살펴본다). 하지만 주화와 그리스는 완벽한 조합이었고 그리스인들은 주화에 열광했다.

표준화된 금속 덩어리, 즉 주화는 도시 국가들이 새로운 사회를 구축하는 데 더없이 필요한 것이었다. 도시 국가의 사회는 굉장히 거대해 가족 공동체 단위의 호혜 시스템으로 운영될 수 없었다. 또 더없이 평등한 나머지 공물 시스템으로 운영하는 것도 불가능했다. 곧 그리스 전역에 은화를 주조하는 백여 개의 조폐국이 생겨났다. 수십 년이 지나지 않아 그리스인이 가치를 측정하고 상품을 교환하기 위해 사용했던 것은 이제 더 이상 화폐를 닮은 무언가가 아니었다. 돈은 주화였고 주화가 곧 돈이었다.

주화는 그리스인의 일상생활을 180도 바꿔 놓았다. 각 그리스 도시 국가에는 아고라라 불리는 공공장소가 있었다. 사람들은 아고라에 모여 연설을 듣고 새로운 이슈에 대해 이야기하며 공식적인 모임을 하기도 했다. 주화가 널리 쓰이기 시작할 무렵 사람들은 팔 물건을 들고 아고라에 나타나기 시작했다. 머지않아 시민들은 아고라에서 옷, 무화과, 솥 등을 사고팔기 시작했다. 물론 아고라는 여전히 공론의 장이었지만, 시간이 흐르면서 사람들이 모여 물건을 사고파는 시장으로 변모했다. 현대 그리스어로 '아고라'는 '시장'과 '사다'를 의미한다.

주화가 등장하기 전에 가난한 그리스인은 부유한 지주의 농장에서 일했다. 하지만 그들은 오늘날 우리가 흔히 아는 임금을 받지 않았다. 그들과 지주는 일종의 거래를 했다. 그들이 농장에서 한 계절이나 1년 동안 일하면 지주는 그 대가로 음식과 옷 그리고 잠잘 곳을 제공했다.

주화가 등장하고 수십 년 뒤에 그들과 지주의 관계에 변화가 생겼다. 가난한 사람들은 날품팔이가 됐다. 그들은 아침에 출근해서 일하다가 하루가 끝날 무렵에 품삯을 받고 퇴근했다. 1년 동안 농장에서 일하고 의식주를 해결하던 관습은 한순간에 사라졌다. 가난한 사람들은 더 이상 1년 동안 농장에 머물면서 일할 필요가 없었다. 대우가 나쁘거나 더 좋은 일자리가 있다면 그들은 미련 없이 떠나 버렸다. 그리고 예전처럼 책임지고 그들을 먹이고 입히고 재워 주는 사람도 없었다. 주화가 널리 사용되면서 가난한 사람들은 독자적으로 의식주를 해결하게 됐다.

사람들은 새로운 임금 기반 경제 시스템에 유입되기 시작했다. 시민의 아내가 돈을 벌기 위해 일을 한다는 것은 그 시민의 집안이 찢어지게 가난하다는 신호였지만 여자들은 리본을 팔고 포도를 수확했다.

5세기 아테네인이 아크로폴리스에 새로운 사원을 세울 때 노예들이 고된 노동을 전담했다. 임금 노동자들은 사원 전면에 세워진 기둥에 홈을 새기는 것과 같은 세세한 마무리 작업을 맡았다. 우연히 발견된 회계 점토판의 기록에 따르면, 노예들은 하루도 쉬지 않고 일했지만, 임금 노동자들의 노동 시간은 노예들의 노동 시간의 3분의 2 수준에도 못 미쳤다. 임금 노동자들은 여가 생활을 하려고 휴가를 냈던 것일까? 아니면 그들은 생존을 위한 노동을 거부했던 것일까? 데이비드 스캅스David Schaps라는 고고학자가 물었듯이, 그것은 여가의 축복이나 실업의 저주였을까?

주화의 확산, 즉 화폐의 부상으로 사람들은 더 자유로워졌고 자신의 정해진 운명에서 벗어날 수 있는 더 많은 기회를 얻게 됐다. 그와 동시에 사람들은 더 고립되고 나약해졌다.

주화가 그리스에 미친 영향을 모두 달갑게 여기는 것은 아니다. 아리스토텔레스는 부를 오직 주화의 양으로 생각하는 그리스인에 대해서 불평했고 소매업을 통해 부를 축적하는 것은 부자연스럽다고 말했다. 이러한 불평이 꼬리표처럼 화폐를 영원히 따라다녔지만 결국 그다지 중요치 않은 것이 됐다. 일단 그리스에 뿌리를 내린 주화가 전 세계를 장악했으니 말이다.

화폐가 발명되고
경제 혁명이 일어나다

1271년, 마르코 폴로는 아시아로 갔다. 25년 만에 고향 베네치아로 돌아온 마르코 폴로는 그 후 제노바 해전에 나섰다가 전쟁 포로가 되어 제노바에서 감옥살이를 하게 됐다. 이때 감옥에서 만난 피사 출신의 감방 동료에게 자신의 여행담을 들려줬다. 그의 감방 동료는 최초로 아서왕에 대해 이탈리아어로 책을 펴낸 유명 작가였고, 그는 마르코 폴로의 여행담을 글로 옮겼다. 이렇게 세상에 나온 마르코 폴로의 책 《동방견문록》이 중요한 이유가 몇 가지 있다. 무엇보다 돈의 기원을 다루는 이 책의 주제를 생각하면 매우 귀중한 사료다. 특히 '제24장, 위대한 칸은 어떻게 나무껍질로 종이라는 것을 만들고 자신의 나라에서 화폐로 통용시켰나'라는 대목 때문이다. 제목으로는 길지만 그만한 가치가 있는 문장이다.

마르코 폴로는 '이건 정말 말도 안 되는 일이라, 당신은 내 말을 믿지 않을 거야'라는 말로 이야기를 시작한다. 그의 생각은 옳았다. 유럽인에게 종이가 화폐로 사용되고 있다는 이야기는 너무나 터무니없는 소리였다. 그들은 마르코 폴로가 거짓말을 한다고 생각했다. 게다가 당시 사람들은 그가 많은 이야기를 지어냈다고 생각했다. 물론 그가 지어낸 이야기도 일부 있지만 적어도 화폐에 대해서 그는 진실을 말했다.

마르코 폴로는 중국에서 급진적인 통화 실험을 목격했다. 그것은 잠시 세상에 나타났다가 사라진 뒤에 수백 년 동안 세상에 다시 모습을 드러내지 않았다. 그가 본 그것은 경제 시스템에 근본적인 변화를 가져왔고 사회 전체가 가난에서 벗어나는 기적을 일으켰다. 하지만 그 기적은 아주 잠깐 지속됐을 뿐, 덧없는 것이었다.

마르코 폴로가 살던 시대 이전에 중국과 유럽은 오랫동안 아주 제한적으로 교류했다. 실제로 두 지역은 거의 교류가 없었지만, 중국은 리디아와 거의 같은 시기에 주화를 발명했다. 중국이 주화를 발명한 것은 어디까지나 우연이었다.

초기 중국의 주화는 아주 작은 청동 칼과 청동 삽이었다. 화폐와 아주 유사한 역할을 했던 실제 청동 칼과 청동 삽의 잔재였는지도 모른다. 그러다가 엽전과 유사한 모양의 주화가 등장했다. 당시 중국인은 가운데 구멍이 뚫린 작은 청동을 주화로 사용했다. 그들은 구멍에 실이나 줄을 꿴 청동 꾸러미를 들고 다녔다. 주화의 가치는 주화에 함유된 금속의 가치를 기준으로 책정됐다. 사실 청동은 그렇게 값진 금속이 아니었다. 그래서 물건을 사려면 적어도 주화를 한 움큼씩 들고 다녀야 했다. 당시 사람들은 주화 1,000개씩 꾸러미를 만들어 들고 다녔고 그 무게는 무려 3킬로그램이 넘었다.

서기 1세기 초, 중국은 관료제를 기반으로 통합된 제국을 세웠다. 수만 명이 고위 관직을 얻기 위해서 과거에 응시했다. 운 좋게 치열한 경쟁을 뚫고 과거에 급제한 몇몇은 실크 또는 나무나 대나무로 만든 판에 적힌 방대한 기록물을 관리했다. 당시 조약은 3부씩 작성됐다. 양 당사자가 각각 1부씩 보관하고 나머지 1부는 정령들을 위한 것이었다.

기록물이 급격히 늘어나자 실크 비용과 나무와 대나무 판의 부피가 문제가 됐다. 중국 관료들은 문서 작업에 더 적합한 기록 매체가 필요했다. 바로 이때 종이가 등장했다. 공식 기록에 따르면 종이는 서기 105년에 환관 채륜蔡倫이라는 궁중 공방의 책임자가 발명했다. 그는 뽕나무 껍질, 넝마 조각과 어망을 곱게 갈았다. 그리고 곱게 갈린 알갱이들을 물에 넣어 으깬 뒤에 망으로 걸어 내어 건조해 종이를 만들었다. 사람들은 종이에 열광했고 채륜은 부와 명성을 얻었다. 그런데 나중에 알려진 바로는 그것도 잠시였다고 한다. 재정 서류를 조작했다는 비난을 받자 채륜은 목욕재계하고 가장 좋은 옷을 입고 독을 먹고 자살했다.

최초의 종이가 등장하고 수백 년이 지나 인쇄술이 등장했다. 그 배경에는 불교가 있었다. 불교에서는 경전을 필사해 널리 퍼뜨리는 일을 중요하게 여겼다. 일부 승려들이 똑같은 경전을 끊임없이 베껴 쓰는 데 진저리를 느껴 기막힌 아이디어를 냈다. 경전에서 성스럽지 못한 내용을 모두 삭제하고 목판에 새긴 것이다. 그리고 목판에 잉크를 바르고 종이 위에 찍었다. 서기 710년경, 현존하는 불경 인쇄물 중 가장 오래된 인쇄 활자는 그렇게 종이 두루마리 위에서 탄생했다.

이제 중국은 종이, 인쇄술 그리고 주화를 갖게 됐다. 그로부터 2세기 뒤, 중국 쓰촨성에서 퍼즐의 마지막 조각이 탄생한다. 바로 지폐다. 중국의 주화는 대부분 청동으로 만들어졌다. 하지만 청동이 귀했던 쓰촨성에서는 철전鐵錢이 사용됐다. 주화의 가치를 주화에 사용된 금속의 가치를 기준으로 매기는 시대에 철은 주화 재료로서 최악이었다. 소금 약 500그램을 사려면 철전 약 700그램이 필요했다. 모든 상품을 동전으로만 사야 한다고 상상해 보면 철전을 사용한다는 것이 어떤 의미인지 쉽게 이해될 것이다.

서기 994년경, 쓰촨성의 성도 청두에서 활동한 어느 상인이 기막힌 아이디어를 냈다. 그는 사람들이 철전을 맡기면 비싼 종이에 영수증을 찍어서 내줬다. 일종의 예탁 증서로, 오늘날 사용하는 코트 보관증과 같은 것이었다. 보관증만 보여 주면 코트를 찾아갈 수 있듯이, 이 영수증이 있으면 누구나 상인에게서 철전을 되찾아 갈 수 있었다. 또 영수증은 양도가 가능했다. 사람들은 철전을 무겁게 짊어지고 다니는 대신 물품을 구입할 때 영수증을 제시하기 시작했다. '종이' 영수증이 화폐로 사용된 것이다. 물론 청두 상인이 난데없이 철전을 맡아 주고 영수증을 발행하기 시작한 것은 아니었다. 이전부터 지방 정부들은 상인들에게 동전을 받고 영수증을 발행했다. 상인들은 동전 대신 지방 정부가 발행한 영수증으로 상거래를 했지만, 이 영수증은 화폐로서 널리 확산되지 못했다.

이윽고 다른 상인들도 영수증을 발행하기 시작했다. 하지만 나쁜 생각을 품은 상인들이 필연적으로 등장하기 마련이다. 어떤 상인은 보관하는 철전도 없으면서 영수증을 발행하기 시작했다. 일종의 차용 증서를 발행했고, 누군가는 차용 증서를 제시하고 물건을 살 수 있었다. 이렇게 차용 증서가 유통되기 시작했다. 사람들이 철전과 맞바꾼 차용 증서가 아무 가치 없는 종이 쪼가리에 불과하다는 사실을 깨닫기까지 그리 오랜 시간이 걸리지 않았다. 사람들은 분노했고 고소와 소송이 난무했다. 몇 년 뒤 쓰촨성 정부는 직접 지폐를 발행했다.

대부분의 지폐에 주화를 그려 넣었다. 글을 읽지 못하는 사람들도 지폐에 그려진 주화의 개수대로 지폐와 주화를 교환할 수 있었다. 당시 지폐는 일종의 풍경화였다. 지폐는 다양한 색깔로 인쇄됐다. 문자는 검은색, 풍경은 파란색 그리고 관인은 빨간색이었다. 무엇보다 경고문이 지폐의 상당한 부분을 차지했다. 다음은 서기 110년경에 인쇄된 지폐에 적힌 경고문이다.

> 칙령: [이 지폐의] 위조범은 참수형에 처한다. [정보원에 대한] 보상은 1,000관이다. … 위조범의 공범이나 그들을 숨겨준 사람이 주모자를 당국에 넘기면, 사면과 위에 명시한 보상을 받게 될 것이다.

이 경고문으로 위조 범죄를 완전히 막을 수는 없었다. 심지어 현존하는 초기 지폐 인쇄판도 위조품이다. 하지만 위조에도 불구하고 지폐는 그야말로 대성공이었다.

당시 상인들은 교역을 하려면 무거운 주화를 짊어지고 다녀야만 했다. 이로 인해 교역 활동이 어려워지거나 불가능하기도 했다. 지폐는 그런 불편함을 타개하는 돌파구 같은 존재였다. 지폐가 중국 전역으로 확산되자 교역이 활성화됐고 사람들은 보다 많은 것을 배웠고 기술을 발전시켰다. 지폐는 노동 방식마저 바꿨다. 수백 년 동안 국가에서는 옷감과 곡물을 세금으로 거둬들였다. 사람들은 세금을 내기 위해 어쩔 수 없이 옷감을 짜고 농사를 지어야만 했다. 주화와 지폐가 통용되자, 당국은 주화와 지폐로 세금을 거둬들였다. 그러자 사람들은 이전과 달리 자유롭게 직업을 스스로 선택할 수 있게 됐다.

◆ ◆ ◆

학자들은 중국의 화폐 등장을 유럽의 산업 혁명보다 수백 년 앞선 경제 혁명이라 설명한다. 활자와 자기 나침반이 발명됐고 농부들은 같은 크기의 토지에서 더 많은 쌀을 수확할 수 있는 새로운 농법을 개발했다. 책이 인쇄되면서 정보가 중국 전역으로 빠르게 확산됐다. 점점 많은 사람이 공물제로 운영되는 봉건 경제에서 벗어났고 화폐에 의해 움직이는 시장 경제로 편입됐다. 사람들은 토양 상태에 가장 적합한 작물을 재배하기 시작했다. 어떤 사람들은 뽕나무를 키웠고, 뽕나무 잎을 누에에게 먹여 실크를 만들고, 뽕나무 껍질을 으깨어 종이로 만들었다. 씨앗을 생산하는 사람들도 생겼다. 그들은 그 씨앗으로 기름을 짜 요리하거나 램프에 불을 붙이거나 방수 처리를 하거나 머리에 바르거나 의약품으로 썼다. 어류 부화장을 시작한 사람들은 치어 성장에 적합한 조건을 갖춘 연못을 찾아 수백 킬로미터 떨어진

거리를 이동할 때 사용할 특수 용기를 제작하기도 했다.

초기 황제들은 몇 개의 구역을 정해 두고 그곳에서만 시장이 열리도록 했다. 정부가 관리하는 시장에서는 가격이 엄격하게 통제됐다. 시장이 아닌 곳에서 물건을 판매하는 상인들은 산 채로 땅에 묻혔다. 어느 지역에서는 한 번에 100명씩 산 채로 묻히기도 했다. 하지만 시간이 흘러 시장에 대한 규제는 느슨해졌고 사람들은 원하는 곳에서 원하는 것을 판매할 수 있게 됐다.

시장이 생기고 인구가 증가하면서 도시가 형성됐다. 런던과 파리의 인구가 10만 명이 채 안 되던 시기에 중국의 두 개 도시의 인구가 각각 100만 명 이상으로 증가했다. 중국의 남부 수도인 항저우에는 돈을 주고 음식을 사 먹는 식당이 등장했다. 사람들은 저렴한 국숫집, 양념 맛이 강한 쓰촨식 음식을 파는 식당, 살구가 들어간 거위 요리와 돼지고기를 얹은 국수처럼 전문 요리를 판매하는 비싼 식당에서 화폐를 내고 식사를 했다. 한 문헌을 보면 당시 유행하던 도심 식당들도 고객들의 비위를 맞추느라 애를 먹었던 것 같다.

손님들이 원하는 곳에 앉자마자 주문을 받는다. 손님들의 비위를 맞추기가 너무 어렵다. 사방팔방에서 수백 개의 주문이 들어온다. 첫 번째 사람은 따뜻한 것, 두 번째 사람은 차가운 것, 세 번째 사람은 미지근한 것 그리고 네 번째 사람은 시원한 것을 주문한다. 완전히 익혀서 달라는 사람, 날것으로 달라는 사람, 오븐에 구워 달라는 사람 그리고 석쇠에 구워 달라는 사람 등 주문이 제각각이다.

인류 역사를 살펴보면 대체로 사람들은 경제적으로 정체되어 있었다. 시간이 흘러도 개인은 부를 축적하지 못했다. 하지만 중국에서 등장한 지폐가 이를 바꿨다. 화폐는 시장의 성장을 주도했다. 시장이 성장하자 다양한 기술들이 등장했고 사람들은 하루 일당으로 예전보다 더 많은 물건을 살 수 있게 됐다. 이를 계기로 소수가 아닌 많은 사람이 점점 더 부유해졌다. 이것은 기본적으로 경제적 기적이었고 생활 수준은 지속적으로 높아져만 갔다. 주화가 발명되면서부터 고대 그리스가 집중적으로 성장했던 것도 결코 우연이 아니다. 다만 안타깝게도 고대 그리스의 성장세는 그리 오래가지 않았다. 아마도 1200년까지 전 세계에서 가장 부유하고 기술적으로 가장 발달한 문명은 중국일 것이다. 그리고 이 시기에 몽골 제국이 등장한다.

불환지폐의 등장

1215년, 칭기즈칸의 군대가 지금의 베이징을 장악했다. 그로부터 45년 뒤에 칭기즈칸의 손자 쿠빌라이가 위대한 칸으로 선택됐고 전 세계에서 가장 방대한 영토를 지닌 제국을 다스렸다.

몽골의 광활한 영토는 교역에 유용했다. 중국 상품의 시장이 중국 전역뿐만 아니라 아시아와 그 너머로 확장됐다. 가내 수공업자들은 성모자상을 조각해 유럽에 수출했다. 특히 부드러운 중국산 실크가 유럽에서 인기였다. 실크를 가득 실은 배가 아라비아 상인들이 자이툰Zaytun이라 불렸던 중국 항구에서 출발해 유럽으로 향했다. 자이툰은 영국인에게 새틴satin으로 들렸다. 그들은 자이툰에서 온 실크를 새틴이라 불렀다. 유명한 모로코 학자이자 여행가인 이븐 바투타Ibn Battuta는 중국 무역선을 두고 갑판이 네 개였고 사람 천 명을 실어 날랐다고 묘사했다.

유목민이었던 몽골인은 금속 주화보다 휴대하기 훨씬 쉬운 지폐를 애용했다. 그들은 속도가 곧 부라는 것을 이해하고 있었다. 위대한 칸에 오르던 해에 쿠빌라이는 광활한 몽골 제국 전역에서 사용할 새로운 지폐를 발행했고, 지원통행보초至元通行寶鈔라 불렀다. 그것은 단순한 종이 쪼가리가 아니라, 보물로 교환할 수 있는 증서였다! 쿠빌라이 칸은 자신이 발행한 신규 지폐가 널리 활용되기 바랐다. 그는 동전으로 교역하는 것을 금지했다. 몇 년 뒤 몽골을 찾은 마르코 폴로의 눈에 쿠빌라이 칸의 계획은 성공적으로 보였다.

이 종이 화폐는 위대한 칸이 다스리는 제국 구석구석에서 사용된다. 그 누구도 반드시 거래의 대가로 이것을 받아야 한다. 만약 거부했다가는 목숨이 위태로워진다. 위대한 칸의 신하들은 모두 망설이지 않고 종이 화폐를 받는다. 장소에 상관없이 그들은 이 종이 화폐로 진주, 보석, 금이나 은 등 필요한 물품과 교환할 수 있다. 간단히 말하면 이 종이 화폐로 모든 물품을 조달할 수 있다. 그들에게 위대한 칸의 종이 화폐는 금이나 은과 같은 가치를 지닌다. 이를 근거로 위대한 칸이 보물에 대해 이 세상의 그 어떤 군주보다 더 광범위한 통제력을 지녔다고 단언할 수 있다.

말 그대로 화폐를 찍어 낼 수 있다는 것은 굉장한 일이다. 칸이기에 가능했다. 하지만 강력한 힘에는 욕망이 따라오는 법이다. 화폐를 찍어 낼 수 있는 힘이 생기자, 더 많은 화폐를 찍어 내고 싶은 욕구도 생겼다. 쿠빌라이 칸은 얼마간 이런 욕구를 눌렀지만 결국에 굴복하고 말았다. 그에게는 바다 건너 일본이 '날 집어삼켜!'라고 말하는 것 같았다. 지폐를 조금 더 많이 찍어 내서 7만 대군과 병마를 실을 병선을 만들고 바다를 건너 누가 이 세상의 지배자인지를 보여줘야 한다는 생각에 사로잡혔다.

두 차례의 일본 침략이 실패로 끝난 뒤 1287년에 쿠빌라이 칸은 다시 새로운 지폐를 발행했다. 여전히 지폐에 동전이 그려져 있었지만, 그것은 단지 그림일 뿐이었다. 정부는 그 지폐를 은이나 동으로 교환해 주지 않았다. 사람들은 더 이상 지원통행보초를 보물로 교환할 수 없게 됐다. 그것은 불환지폐不換紙幣였던 것이다. 이로 인해 분명 나라 전체가 약간의 공황 상태에 빠졌을 것이다. 인플레이션이 발생했다. 화폐의 가치가 하락하니 물가가 올랐다. 하지만 곧 경제는 안정됐다. 중심이 흔들리지 않고 경제를 단단히 지탱할 수 있었던 것은 바로 쿠빌라이가 발행한 새로운 지폐가 있었기 때문이다. 새로운 지폐는 보물이나 은으로 교환할 수 없는 종이였지만 화폐로써 널리 통용됐다.

마르코 폴로가 목격했던 급진적인 화폐 실험은 바로 이것이었다. 가치를 보증해 주는 것이 아무것도 없는 추상적인 개념의 화폐가 등장한 순간이었다. 와일 코요테(워너브러더스의 루니툰즈 캐릭터로, 로드러너라는 새를 쫓는 코요테다. — 옮긴이)는 정신없이 로드러너를 쫓다가 뭔가 싸한 느낌에 아래를 내려다본다. 절벽을 지나친 채 허공에 떠 있는 스스로를 발견하지만 와일 코요테는 절벽 아래로 추락하지 않는다. 불환지폐의 등장은 이런 상황과 유사했다. 불환지폐는 몽골 제국의 막강한 국력을 보여 주는 증거나 마찬가지다. '이 화폐를 써라! 거부하면 죽여 버리겠다!'라는 식으로 불환지폐의 사용을 강제했기 때문이다. 하지만 그보다 더 큰 이유가 있었다. 300년 동안 지폐를 사용하면서 중국인은 종이가 돈이 될 수 있다는 생각에 모두 동의했다는 사실을 깨달았다. 화폐를 은이나 동으로 교환할 수 있다는 이유는 중요하지 않았다.

◆ ◆ ◆

우리가 살고 있는 시대는 1,000년 전 중국과 조금 닮아 있다. 기술의 발달로 대부분의 사람이 자신들의 선조보다 더 부유한 삶을 산다. 이런 현상은 약 250년 전 영국에서 산업 혁명과 함께 시작됐다. 경제 역사에서 가장 오래된 질문 중 하나는 '왜 그때 그곳이었을까? 수천 년의 경제적, 기술적 혼란을 겪은 후 1800년경에 영국에서 무엇이 변했을까?'다. 어떤 사람들은 과학 혁명과 재산권 등 지식 분야와 사법 체계에서 나타난 변화를 이유로 꼽는다. 반면에 좀 더 실질적으로 접근하는 사람들도 있다. 그들은 노동자들이 상대적으로 높은 임금을 받는 영국에서 인건비를 줄일 목적으로 노동력을 절약할 기계를 구상했고, 마침 기계의 동력으로 사용할 석탄도 상당량 매장되어 있었던 덕분에 산업 혁명이 시작됐다고 주장했다.

하지만 몇십 년 뒤에 서구의 경제학자들은 유럽 중심주의에서 벗어나면서 기술 혁명과 경제 성장이 200년 전 영국에서 시작된 것이 아님을 깨달았다. 영국에서 경제 혁명이 발생하기 800년 전에 중국에서 이미 경제 혁명이 일어났기 때문이다. 중국의 경제가 유럽의 경제처럼 폭발적으로 성장하지는 않았지만 종이, 인쇄술, 자기 나침반 등 중국의 발명품들은 유럽의 발전에 지대한 영향을 줬다. 이제 학자들은 새로운 질문을 던진다. 과연 중국에 무슨 일이 있었던 것일까? 1300년대에 중국은 가장 발달한 경제 시스템을 갖추고 있었고 신기술을 발명해 냈다. 그런데 어째서 1900년대에 이르러서는 뒤처진 것일까? 도대체 그 이유가 무엇일까?

아마도 역대 최대 강대국인 중국이 경제적으로 앞서기 위해 이웃 국가들과 경쟁할 필요가 없었기 때문인지도 모른다. 끊임없이 서로 전쟁을 벌였던 유럽 국가들에 비해서 중국은 상대적으로 정체됐다. 어쩌면 중국의 노동력이 저렴했기 때문일 수도 있다. 노동력이 저렴한 중국은 노동력을 절약할 기기를 지속적으로 고안해야 할 동기가 거의 없었다. 또 다른 이유는 화폐와도 관련 있다. 몽골인을 북쪽 초원으로 몰아낸 홍건적의 지도자는 화폐나 시장 경제를 탐탁지 않게 여겼다.

홍무제洪武帝는 가난한 농부의 아들로 태어났다. 그는 16세에 아버지를 여의고 굶어 죽지 않으려고 사찰에 들어갔다. 그곳에서 반몽골 조직에 가담한 그는 집단의 최고 우두머리로 성장했다. 1368년 몽골인을 만리장성의 북쪽으로 몰아낸 홍무제는 거의 300년 동안 지속된 명나라를 건국했다.

홍무제는 중국을 완전히 이상화된 과거로 되돌려 놓고 싶었다. 단순히 몽골 침략 이전이 아니라 경제 혁명 이전으로 되돌리고 싶었다. 또한 자급자족하는 농가로 구성된 나라를 꿈꿨다. 사람들이 스스로 필요한 것을 생산해 공유하는 나라 말이다. 그래서 홍무제와 그의 후계자들은 체계적으로 중국의 경제 혁명을 견인했던 요소들을 제거해 나갔다. 그들은 해외 교역을 금지했고 화폐와 시장 중심의 경제 시스템을 버렸다. 그 대신 정부가 소작농으로부터 옷감과 곡식을 거둬들여 정부 관료에게 주던 공물과 재분배로 운영되는 과거의 경제 시스템으로 되돌아갔다.

1400년대 중반이 되자 중국에서 지폐가 완전히 사라졌다. 사람들은 은전을 주로 사용했지만 가끔 동전도 사용했다. 홍무제는 중국을 완전히 과거로 되돌려 놨다. 평민들은 200년 전 자신들의 조상들보다 더 가난해졌다. 지폐가 발명됐을 때 나타난 경제 혁명은 사람들의 뇌리에서 거의 잊혔다.

1,000년 전에 일어났던 일이기 때문에 신기술을 개발하고 지폐가 유통되고 사람들이 고급 식당에서 화폐를 지불하고 식사를 하던 중국의 황금기는 찰나처럼 느껴진다. 그리고 너무나도 오래전의 일인지라 과거 몇 세기에 걸친 기술과 경제의 성장으로 중국의 황금기는 그야말로 보잘것없어졌다.

하지만 이 찰나의 시대를 바라보는 다른 관점이 있다. 지폐에 대한 실험과 신기술 개발이 지속되고 고급 식당이 존재하는 한 중국의 황금기는 이어지고 있다는 것이다.

현재 우리는 경제 성장과 과학적 진보를 당연하게 생각한다. 경제가 몇 분기 연속으로 조금이라도 위축되면, 사람들은 불황을 선언하고 문제가 무엇이고 언제 경제가 좋아질지 궁금해한다. 하지만 과거 중국에서 300년에 걸쳐 나타난 찰나의 황금기는 경제 성장과 기술 혁신이 당연하게 영원히 계속될 것이라 생각해선 안 된다는 가르침을 준다. 발전은 일방통행으로 일어나지 않는다. 문명은 부유해지거나 그대로 유지되지 않는다. 때로 사람들은 대대손손 더 가난해지고 화폐가 자취를 감추기도 한다.

제 2 장

돈을 돈답게 만드는 것은 무엇일까?

자본주의의 탄생

1600년대 유럽에서 많은 일이 한꺼번에 일어나기 시작했다.
금세공업자들은 뜻하지 않게 은행원이 됐다. 조그만 나라에 증권 시장과
현대의 법인이 등장했고 사람들은 엄청난 부를 축적했다.
그리고 도박꾼들이 화폐와 그것의 미래를 완전히 바꿔 놓을 무언가를 발견했다.
이 변화의 가닥들이 하나로 모여 현대의 자본주의가 탄생했다.

은행원이 된
금세공업자들

17세기 영국 화폐는 그야말로 엉망진창이었다. 주화가 발명된 이후로 사람들은 온갖 수단을 이용해 주화에서 금속 부스러기를 얻어 내려 애썼다. 금이나 은 부스러기를 조금이라도 얻어 내려고 주화의 가장자리를 깎거나 포대에 넣고 마구 흔들었다. 책임감 있는 정부라면 찢어지거나 훼손된 지폐를 대체하기 위해 오늘날 정부가 새로운 지폐를 발행하듯이 정기적으로 새로운 주화를 주조했을 것이다.

하지만 1600년대 영국에는 책임감 있는 정부가 없었다. 17세기 후반까지 영국에서는 실제로 들어가 있어야 할 은 함량에 훨씬 못 미치는 은화가 많이 유통됐다. 구매자와 판매자는 항상 주화가 원래의 값어치를 하는지 아니면 은 함량이 충분치 않아서 원래의 값어치를 못 하는지를 두고 실랑이를 벌였다.

노동자와 고용주는 급여를 두고 다퉜고 시장에서는 걸핏하면 주먹다짐이 일어났다. 역사학자 토머스 매콜리Thomas Macaulay는 "논쟁 없이 구입할 수 있는 것은 그 무엇도 없었다. 계산대를 두고 아침부터 밤까지 실랑이가 벌어졌다."며 당시 분위기를 묘사했다. 계약서에는 금액뿐만 아니라 지불 주화의 전체 무게까지 명시해야 했다. 역사가 거꾸로 흐르기 시작한 것이다. 주화는 화폐보다 귀금속에 가까워졌다.

두 번째 문제가 상황을 더욱 악화시켰다. 세계적으로 은과 금의 가격이 달랐기 때문에 사람들은 영국에서 가져온 정량의 은전을 파리나 암스테르담에서 금으로 교환해 이윤을 남길 수 있었다. 영국 조폐국에서 양질의 은전을 주조해 시중에 유통하면 그 즉시 사람들이 시장에 유통되는 은전을 사들여서 다른 나라에서 금으로 바꿔 버리는 일이 비일비재했다.

그러자 영국에서는 은전이 충분히 유통되지 않았고, 시중에 유통되는 은전은 심하게 훼손돼 그 누구도 신뢰하지 않게 됐다. 자연스레 영국은 더 많은 화폐가 필요했다. 더 많은 부를 얻기 위한 목적이 아니었다. 단지 사람들이 물건을 사고팔 때 믿고 사용할 수 있는 화폐가 더 많이 필요했다.

금세공업자들이 얼떨결에 이 문제의 해결사 노릇을 하기 시작했다. 그리고 그들은 본의 아니게 화폐와 관련해 우리에게 새로운 문제를 안겨 주게 된다.

부자들은 가끔 금세공업자들에게 금과 은을 맡겼다. 금세공업자들은 금과 은을 자신들의 금고에 보관했다. 이 과정에서 금세공업자들은 수백 년 전에 쓰촨성 상인들이 그랬던 것처럼 금과 은을 맡긴 사람들에게 일종의 예탁 증서를 줬다. 사람들은 물건을 사고팔 때 이 증서를 돈처럼 사용하기 시작했다. 하지만 증서는 단순히 금과 은을 대신한 종이일 뿐, 새로운 지폐가 아니었다. 그 증서를 사용한다고 통화량이 늘어나는 것은 아니었다.

머지않아 17세기 금세공업자들과 현대의 은행들을 하나로 연결하는 사건이 발생한다. 이 사건은 오늘날의 은행들이 왜 매우 중요한 존재인 동시에 한편으로 아주 위험한 존재인지 그 이유를 설명해 준다.

당시 금세공업자들은 사람들에게 대출을 해주기 시작했다. 사람들은 금세공업자들에게 금이나 은을 실제로 맡기지 않아도 증서를 받을 수 있었다. 이자와 함께 언제까지 갚겠다는 약속만 하면, 금세공업자들은 실제로 금이나 은을 맡기지 않은 사람에게도 증서를 발행해 줬다. 사람들은 그 증서로 런던 거리에서 물건을 샀다. 그러자 갑자기 런던에 통화량이 증가했다. 금세공업자들이 난데없이 지폐를 만들어 낸 것이다. 영국의 화폐 문제는 이렇게 해결되고 있었다.

거의 비슷한 시기에 스웨덴에서도 유사한 일이 벌어졌다. 스웨덴 사람들은 아주 열정적으로 화폐 실험을 했다. 스웨덴에는 구리가 많이 매장되어 있었기 때문에 주로 동전을 사용했다. 하지만 구리는 가치 있는 금속이 아니어서 금속 주화라고 부르기 민망할 정도로 동전의 크기가 컸다. 액면가가 가장 큰 동전은 10스웨덴 달러daler였는데 길이가 60센티미터이고, 무게가 약 20킬로그램이었다. 그곳 사람들은 아기를 포대기로 등에 업듯이 동전을 등에 짊어지고 끈으로 묶어서 돌아다녔다. 그러자 거대한 동전을 맡기면 증서를 발행해 주는 은행이 생겨났다. 영국의 금세공업자들처럼 스웨덴 은행도 대출을 시작한 것이다. 종이돈이 눈앞에서 가볍게 날아다니는데 그 달콤하고 강렬한 유혹을 거부할 수 있겠는가.

한편 오늘날 은행에서 하는 일은 400년 전 영국의 금세공업자들이 했던 일과 거의 유사하다. 사람들이 은행에 돈을 예탁하면 은행은 예탁금의 일부를 다른 사람들에게 빌려준다. 그러면 은행에 맡긴 돈은 한 번에 두 군데에 존재하게 되는 셈이다. 그 돈은 우선 은행에 맡긴 예탁자의 돈이다. 당연히 예탁자의 은행 계좌에 돈이 들어 있다. 동시에 그 돈은 은행으로부터 돈을 빌린 대출자들의 돈이기도 하다. 대출자들은 이렇게 빌린 돈을 다른 은행에 맡길 수도 있다. 그러면 대출자들이 은행에 맡긴 그 돈이 또 다른 누군가에게 대출된다. 이제 똑같은 돈이 한 번에 세 군데에 존재하게 된다. 이런 시스템은 '부분 지급 준비금 제도'fractional-reserve banking라고 불린다. 이 시스템으로 인해 전 세계 통화량은 늘어난다.

이 이야기를 듣다 보면 뭔가 오싹해진다. 지극히 당연한 반응이다. 금세공업자들은 영국의 금융업을 완전히 바꿔 놓았고 동시에 통화량 부족 문제를 해소했다. 하지만 이로 인해 새로운 문제가 등장했다. 만약 증서를 가지고 있는 사람들이 모두 동시에 금을 찾아간다면 어떻게 될까? 이런 일이 벌어지면 금세공업자뿐만 아니라 자신이 맡긴 금을 되찾아 가려는 사람들도 망한다. 오늘날도 마찬가지다. 사람들이 거래 은행에서 한꺼번에 예금을 인출하는 현상을 '뱅크런'bank run이라고 부른다. 쉽게 말해 뱅크런이 발생하면 은행권과 은행에 돈을 맡긴 사람들, 그러니까 우리는 모두 망한다.

유럽인에게 지폐는 새로웠지만 은행에 돈을 맡기는 행위와 뱅크런은 새로운 것이 아니었다. 14세기 베네치아에서는 환전업자들이 사람들의 금을 대신 보관해 줬다. 단순히 금을 보관만 해주다가 그들도 자신들이 보관하고 있는 금을 다른 사람들에게 빌려주기 시작했다. 환전업자들은 대운하 위에 세워진 다리 위 벤치에 앉아 수많은 사람을 상대했다. 그들은 '반키에리'banchieri, 즉 벤치에 앉아 있는 사람으로 불렸다. 은행과 은행원을 뜻하는 '뱅크'bank와 '뱅커'banker가 이 단어에서 유래한 것이다.

베네치아 사람들은 뱅크런의 위험을 줄이기 위해 반키에리에게 보관하는 금의 일부를 비축해 둘 것을 요구했다. 바르셀로나에서는 빵과 물을 사기 위해 돈이 필요했던 예금자에게 금을 인출해 주지 못한 반키에리에게 보다 강압적인 규제가 도입됐다. 1360년에는 반키에리가 자신이 앉아 있던 벤치에서 참수되기도 했다.

런던에서는 금세공업자들이 은행원으로 변신하자 뱅크런이 발생했다. 금세공업자들은 찰스 왕에게 상당한 금을 빌려준 상태였다. 1672년, 영국이 네덜란드와 전쟁을 치르게 되자 찰스 왕은 돈이 필요했다. 결국 금세공업자들에게 빌린 금을 되돌려 주지 않기로 결정한다. 이게 다 왕이기에 가능한 일이다. 그러자 런던 사람들은 금세공업자들에게 받은 증서를 보며 불안에 떨었다. 모두 자신들이 거래하는 금세공업자에게 달려가서 금을 되돌려 달라고 요구했다.

금을 되찾으러 온 사람들에게 되돌려 줄 금이 금세공업자들에게 충분치 않았으리라는 건 충분히 예상할 수 있는 일이다. 그들 중 일부는 파산했고, 몇몇은 빚을 지고 수감됐으며, 최소 한 명은 다른 나라로 도망쳤다. 그러자 금세공업자들이 발행했던 증서는 화폐로서의 값어치를 잃게 됐다. 왕이 상환을 중단한 지 불과 2주 뒤에 해군의 회계 담당자는 자신이 돈이 아닌 한낱 종이 쪼가리를 받았다며 탄식하기도 했다.

돈을 돈답게 만드는 것은 바로 '신뢰'다. 자신이 가진 지폐나 주화로 내일이나 다음 달 그리고 내년에 무언가를 구입할 수 있다고 믿을 때 비로소 지폐와 주화는 화폐로서 가치를 지닌다. 화폐에 대해 끊임없이 샘솟는 수많은 의문 중 하나가 '누구를 신뢰할 수 있는가?'라는 문제다. 영국인은 정부를 신뢰하려고 했지만 정부가 주조한 주화가 제 역할을 해내지 못했다. 그들은 눈을 돌려 금세공업자들에게 의지했지만, 금세공업자들도 그들을 실망시켰다. 영국인이 화폐로서 제대로 기능하는 대상을 발견하기까지는 한 세대가 더 지나야 했다. 그들이 찾아낸 해결책은 완전히 사적이지도 완전히 공적이지도 않았다. 정부, 은행들 그리고 사람들이 서로의 이익을 위해서 서로를 견제하면서 사적이고도 공적인 해결책이 등장했다.

화폐 혁명을 일으킨
존 로의 등장

존 로John Law는 에든버러의 금세공 가게 2층에서 태어났다. 그의 아버지는 금세공업자였고, 그가 태어난 해는 런던에서 뱅크런이 발생하기 바로 전인 1671년이었다. 화폐 혁명을 일으킨 그에게 너무나도 완벽한 출생 배경이다.

그가 자라면서 그의 아버지는 부유해졌다. 12세 때 그의 아버지는 에든버러 외곽에 있는 작은 성을 샀다. 거의 같은 시기에 그는 기숙학교에 들어갔고 수학과 테니스에서 두각을 나타냈다.

그는 졸업 후 런던으로 갔다. 거기서 여자들 꽁무니를 쫓아다녔고 감당할 수 없을 정도로 비싼 옷을 입고 다녔으며 도박에 빠져 지냈다. 그는 당시 용어로 '보우'beau로 불렸다. 보우는 '형, 오빠, 남동생' 또는 '남자 친구'를 뜻하는 '브로'bro와 운이 맞고 비슷하지만 상류 계층을 지칭했다. 아버지가 세상을 떠난 뒤 그는 도박으로 유산을 다 날렸다. 도박 빚을 갚으려면 에든버러 성을 팔아야 했다. 그런 그로부터 에든버러 성을 산 사람은 다름 아닌 그의 어머니였다. 그녀에게는 죽은 남편에게서 받은 유산이 있었다. 그녀는 에든버러 성을 샀고, 존 로는 '채무자의 감옥'debtors' prison에서 보석으로 풀려났다.

이듬해 봄인 1694년 4월 9일, 존 로는 화폐 역사상 가장 거대하고 거친 실험에 관여하게 된다. 그가 이제 막 23세가 되던 때였다.

한낮의 런던 변두리, 존 로는 블룸즈버리 광장에 서 있었고 객차 한 대가 모습을 드러냈다. 한 청년이 그에게로 걸어왔고 갑자기 검을 뽑았다. 존 로도 검을 뽑았고 그는 그 검으로 청년을 찔렀다. 존 로의 검에 찔린 청년은 그 자리에 쓰러졌고 사망했다.

검에 찔려 즉사한 청년은 존 로처럼 런던의 어린 보우인 에드워드 윌슨Edward Wilson이었다. 두 사람은 결투로 서로 간의 분쟁을 해결하기로 했었다. 그날 존 로와 에드워드 윌슨이 블룸즈버리 광장에서 만난 것은 결투 때문이었다. 두 사람이 무엇 때문에 결투를 벌였는지는 아무도 모른다. 하지만 대부분의 결투가 그렇듯이 아마도 돈이나 사랑 혹은 명예와 관련 있지 않을까.

에드워드 윌슨은 빚이 있는 어중간한 귀족의 다섯째 아들이었지만, 런던에서 가장 부유한 사람인 양 돈을 펑펑 쓰고 다녔다. 그가 어디서 그 많은 돈을 구하는지는 아무도 몰랐다. 윌슨과 사랑에 빠진 왕의 정부가 왕실의 돈으로 그에게 자금을 댄다는 소문이 있었다. 30년 뒤에 익명의 작은 책자가 나돌았고 거기에는 소문과는 다른 이야기가 적혀 있었다. '어느 사망한 귀족 남성과 유명한 윌슨이 주고받은 연애편지: 유명한 보우의 부상과 놀라운 위엄에 관한 진실을 밝히다.' 아마도 고인이 된 어느 귀족 남성이 윌슨에게 돈을 줬던 것 같다. 가장 최근에 존 로에 관해 자세한 전기를 펴낸 경제학자 앙투앙 머피Antoin Murphy는 왕이든 귀족 남성이든 누군가 윌슨이 자신의 비밀을 누설하지 않기를 바랐고 존 로를 통해 그를 죽였는지도 모른다고 말했다.

그런가 하면 다른 이야기도 있다. 존 로는 다른 남자와 결혼한 여인과 함께 살았다. 윌슨의 여동생은 한동안 존 로와 같은 건물에 살았다. 같은 건물에서 벌어지고 있는 죄악에 화가 난 그녀는 버럭 화를 내고 그 건물을 떠나 버렸다. 이 사실을 알게 된 에드워드 윌슨은 존로에게 따져 물었고 이것이 두 사람의 결투로 번졌다는 것이다.

결투의 이유가 무엇이든, 사람을 죽인 것은 분명 범죄다. 17세기 영국에서 결투는 법으로 금지되어 있었다. 존 로는 체포됐고 감옥에 보내졌으며 에드워드 윌슨을 살해한 죄로 교수형을 선고받았다. 한편 같은 시기에 네 명이 교수형을 선고받았다. 그중 두 명은 주화를 위조했고 한 명은 은을 얻으려고 주화를 훼손했다. 중세의 중국처럼 영국 정부는 화폐를 위조하거나 훼손하는 사람을 사형이라는 엄벌에 처하게 했다.

존 로는 결투 때문에 자신이 사형에 처해질 것이라고는 예상도 못했다. 당시 신사들 사이에서 결투를 벌이는 것은 흔한 일이었고 결투를 벌였다고 사형을 당한 사람은 아무도 없었다. 처음에는 왕이 그를 사면해 줄 것처럼 보였다. 하지만 에드워드 윌슨의 가족이 존 로의 사면을 반대하자 왕은 사면 결정을 망설였다. 존 로는 초조함에 하루가 다르게 쇠약해져 갔다.

1695년 어느 달의 첫 주, 존 로는 킹스 벤치 교도소King's Bench Prison 에서 도망쳤다. 그가 어떻게 탈옥했는지는 분명치 않다. 하지만 당시에 남긴 편지에 따르면, 그의 친구들이 교도소장의 주의를 끌 동안 탈옥 공범이 교도관에게 약을 먹여 감방 문을 열었다고 한다. 도망자가 된 존 로는 유럽행 배에 몸을 실었다.

유럽에 도착한 존 로는 지식의 혁명을 마주한다. 혁명의 바람은 불확실한 미래와 돈을 바라보는 사람들의 시각을 완전히 바꿔 놓았고, 그는 그러한 혁명을 이용해 막대한 부를 쌓게 된다.

도박판에서
발견한 확률론

유럽으로 넘어간 이후 10년 동안 존 로는 완전히 자취를 감췄다. 하지만 그는 갑자기 파리, 베니치아 그리고 암스테르담에서 불쑥 등장한다. 모습을 드러낼 때마다 그는 현지의 지식인들과 도박을 벌였다. 도박의 승자는 언제나 존 로였다. 그렇다고 그가 특별히 운이 좋았다거나 그가 속임수를 썼던 것 같지도 않다. 새로운 학문을 익힌 덕분에 그는 지식인들과 벌인 도박에서 승자가 될 수 있었다. 그의 살아생전에 등장한 이 새로운 학문은 수백만 명의 사람들이 신, 돈, 죽음 그리고 알 수 없는 미래를 바라보는 시각에 지대한 영향을 주었다. 바로 확률론이다. 놀랍게도 현대의 금융 시스템과 사상의 기본이 되는 확률론은 도박사들에게서 나왔다.

인류와 도박의 역사는 오래됐다. 전 세계의 고대 유적지에서 주사위로 사용됐을 것으로 추정되는 사면체 모양의 손가락 마디뼈가 발견되고 있다. 그런데 도박사들이 확률을 만들어 냈다는 주장에서 이성적으로 도저히 이해할 수 없는 부분이 있다. 실제로 도박사들은 확률 계산을 하지 않았다. 그들은 어떤 결과가 다른 결과보다 나올 가능성이 크다는 사실을 대강 알고 있었다. 단순히 감이었다. 하지만 얼마 지나지 않아 도박사들은 승률을 정확하게 계산하기 시작했다. 당시 대부분의 사람들이 운이나 신의 섭리에 따라 결과가 결정된다고 믿었다. 그런 시대에 도박의 결과를 계산해 낸다는 것은 엄청난 사건이었다. 이것은 마치 엄청난 힘을 지닌 것과 같았다.

확률과 관련해 도박사이자 수학자인 사람들 중 반드시 언급하고 넘어가야 할 인물이 있다. 바로 괴짜 천재 블레즈 파스칼Blaise Pascal이다. 그는 10대 때 기하학에 대해 논문을 썼다. 그 논문은 현대 기하학의 한 학파를 형성하는 데 중추적 역할을 한 데카르트에게 깊은 인상을 심어 줄 정도로 훌륭했다. 그는 자신의 이름을 딴 '파스칼린'Pascaline이라는 기계식 계산기를 발명했다. 파스칼린은 대중적으로 널리 사용되지는 않았다. 아마도 제작 비용이 너무 많이 들었기 때문이었을 것이다.

그는 20대 때 종교에 대한 의구심으로 잠시 도박에서 손을 뗐다. 그는 "누가 나를 이곳에 뒀나? 누구의 명령으로 그리고 무슨 연유로 나를 이 시간, 이 장소에 있도록 하였나? 이 무한한 장소들의 영원한 침묵은 나를 공포에 떨게 한다."라고 말했다. 그가 27세가 됐을 때, 강력한 의구심들로 인해 몸에 이상이 생겼다. 그는 두통에 시달렸고 물한 모금 삼키기도 힘든 상태가 됐다. 너무나 고통스러웠던 그는 심연처럼 깊은 실존주의적 의구심을 뒤로한 채 도박판으로 되돌아갔다.

1654년 프랑스 수학자이자 도박사인 슈발리에 드 메레Chevalier de Méré가 파스칼에게 두 가지 문제를 냈다. 첫 번째 문제는 주사위 두 개를 여러 번 던져서 둘 다 6이 나올 확률에 관한 것이었다. 두 번째 문제는 보다 심오하고 복잡했다. 도박사들이 한 세기가 넘도록 매달렸던 문제였다.

드 메레가 파스칼에게 던진 두 번째 문제는 '점수 문제'problem of points로 알려져 있다. 점수 문제는 다음과 같다. 두 사람이 각자 판돈을 걸고 사전에 정한 횟수만큼 먼저 이긴 사람이 판돈을 모두 가져가기로 한다. 주사위 굴리기, 동전 던지기 등 운에 맡기는 게임이라면 뭐든지 상관없다. 그런데 불가피하게 두 사람이 게임을 중단할 수밖에 없는 상황이 발생했다. 이 경우에 두 사람이 각자 획득한 점수를 바탕으로 판돈을 어떻게 나누는 것이 정당할까?

드 메레가 낸 두 가지 문제에서 영감을 얻은 파스칼은 변호사 피에르 드 페르마Pierre de Fermat에게 편지를 썼다. 페르마는 부업으로 수학자로 활동하던 천재였다. 두 사람은 몇 달 동안 편지를 주고받으며 문제를 함께 풀었다. 주사위 문제는 쉬웠다. 하지만 점수 문제는 푸는 데 조금 더 시간이 걸렸다. 점수 문제에 대한 파스칼과 페르마의 풀이는 화폐의 역사 그리고 인간 지성의 역사에 심오한 영향을 미쳤다.

간단한 사례로 살펴보자. 갑과 을이 각각 500원을 판돈으로 걸고 동전을 세 번 던져서 두 번 먼저 이긴 사람이 1,000원을 모두 가져가기로 한다. 갑이 동전 앞면에 걸고, 을이 동전 뒷면에 건다. 첫 번째로 갑이 동전을 던졌고, 앞면이 나왔다. 두 번째로 동전을 던지려는 찰나 불가피하게 게임이 중단됐다. 갑이 을을 앞선 상황이다. 자, 이런 경우에 갑과 을은 1,000원을 어떻게 나눠 가져야 할까?

파스칼과 페르마는 게임에서 나올 수 있는 모든 경우의 수를 살폈다. 갑과 을이 각각 승리할 확률을 계산하고 그에 따라 판돈을 나눴다. 두 사람은 아주 자세하게 풀이했지만, 우리는 복잡한 풀이는 건너뛰고 아래의 간단한 풀이를 살펴보도록 하자.

갑과 을은 3판 2선승제로 동전 던지기 게임을 시작했고, 첫 번째로 던진 동전은 앞면이 나왔다. 그런데 여기서 갑자기 게임이 중단됐다. 참고로 갑은 동전 앞면에 걸었고, 을은 동전 뒷면에 걸었다. 이 경우 동전을 두 번 더 던져서 나올 수 있는 경우의 수는 다음과 같다.

1. 앞면, 앞면 (갑 승리)
2. 뒷면, 앞면 (갑 승리)
3. 앞면, 뒷면 (갑 승리)
4. 뒷면, 뒷면 (을 승리)

갑이 이길 확률은 75퍼센트이고 을이 이길 확률은 25퍼센트다. 그러므로 갑이 750원을 갖고 을이 250원을 가지면 된다.

너무나 놀랍게도 이것은 그렇게 기발하고 대단한 풀이가 아니다. 너무나도 명확한 풀이다! 이 일화에서 가장 놀라운 점은 이전까지 그 누구도 이런 수학적 접근을 시도하지 않았다는 사실이다. 사람들은 불확실한 미래를 수학적으로 계산해 낼 수 있다고 생각하지 않았다. 그들에게 미래는 운이나 신 아니면 하느님에 의해서 결정되는 것이었다. 그러니 수학으로 미래를 결정한다는 것은 상상조차 못 할 일이었다.

파스칼과 페르마가 드 메레의 점수 문제를 수학적으로 풀어낸 것은 인류 사고의 역사에서 아주 혁신적이고 혁명적인 순간이었다. 스탠퍼드대학교 출신의 어느 수학자는 점수 문제에 대한 파스칼과 페르마의 풀이를 주제로 책 한 권을 써내며 "이것은 인류가 미래를 예측할 수 있는 방법을 제시한 최초의 순간이었다."라고 말하기도 했다.

페르마와 편지를 주고받으며 드 메레가 낸 문제의 해답을 구하고 몇 년이 흘렀다. 파스칼은 심오한 실존주의적 문제로 다시 빠져들었다. 하지만 이번에는 수학적 추론으로 실존주의적 문제에 접근했다. "신은 존재한다. 신은 존재하지 않는다. 우리는 이 도박에서 어느 편에 걸어야 하나? 이성은 여기서 아무것도 결정할 수 없다. … 이 도박은 앞면이나 뒷면이 나오는 무한한 거리의 끝단에서 벌어지고 있다. 그대는 무엇에 걸 것인가?"라고 파스칼은 말했다.

만약 '신은 존재한다'에 걸었는데 실제로 신이 존재했다면 어떻게 될까? 기독교의 유일신인 하느님을 믿는 파스칼이라면 '영생과 영원한 행복'을 얻게 된다. 반대로 누군가 '신은 존재하지 않는다'에 걸었는데 도박에서 이겼다면, 그는 옳은 판단을 내린 것이 된다. 이 도박판에서 한쪽에는 다른 한쪽보다 훨씬 거대한 보상이 주어진다. 이 도박에서 우리가 얻을 수 있는 보상은 영생과 영원한 행복이거나 옳은 판단이다. 여기서 선택은 분명하다. 파스칼은 "그러니 주저하지 말고 '신은 존재한다'에 걸라."고 말했다.

파스칼은 신은 존재한다는 쪽에 섰다. 결국 그의 수학적 사고방식이 그로 하여금 수학을 포기하고 모든 것을 팔아넘기고 수도원으로 들어가게 만들었다. 확률적 사고는 종의 장벽도 뛰어넘게 만든다. 단지 주사위와 화폐의 문제가 전부가 아니다. 세상 모든 것이 확률적 사고와 관련 있다.

확률로 죽음을
계산하다

　　　　　파스칼과 페르마의 이야기는 유럽의 지식인들 사이에서 빠르게 퍼져 나갔다. 몇십 년 뒤에 두 사람의 이야기는 존 로의 귀에도 들어갔다. 아마도 그가 도박판에서 에든버러 성을 잃을 뻔한 사건이 발생한 이후였을 것이다. 존 로의 친구는 "그보다 계산과 숫자를 더 잘 이해하는 사람은 없어. 잉글랜드에서 주사위의 모든 경우의 수를 찾아내려고 애쓴 첫 번째 인물이지."라고 말했다.

　존 로였다면 도박사에게 주사위를 건네주며 주사위를 굴려 숫자 6이 여섯 번 연속으로 나오면 판돈의 1만 배를 주겠다고 말했을 것이다. 그는 주사위를 굴려서 숫자 6이 연속적으로 나올 확률은 약 5만분의 1임을 알고 있었다. 1700년대 파리에서 도망자 신세였을 때, 그는 금이 가득 든 가방을 짊어지고 도박판으로 갔다. 이길 확률이 약간이라도 높은 도박판에서 그는 주로 도박장 주인이나 물주 역할을 했다. 그는 도박에서 계속 이겼다. 나중에는 판돈이 너무 커져서 자신만의 황금 칩을 만들 정도였다.

　존 로가 확률로 부자가 되는 동안, 그의 동시대 사람들은 확률로 죽음에 대한 사람들의 생각을 바꾸려고 했다. 마찬가지로 돈에 대한 사람들의 생각을 바꾸는 데도 확률이 사용됐다. 이때까지 사람들은 죽음을 주사위를 던져서 나오는 숫자라고 생각했다. 다시 말해 다른 사람들보다 죽을 가능성이 높은 사람들이 있다고 생각했다. 예를 들어 10대 청소년보다 유아나 노인이 죽을 가능성이 높다는 식이다. 하지만 그 확률이 어느 정도인지는 알지 못했다. 사람들은 확률론을 알지 못했던 도박사들처럼 죽음을 대했다. 도박사들이 승률을 계산하지 않았듯이 사람들도 나이에 따른 죽을 확률을 계산하지 않았다.

이러한 사고방식은 유럽의 각국에 골치 아픈 문제를 안겼다. 당시 각국 정부는 정기적으로 세금을 거둬들여 국정 운영에 필요한 재정을 마련하지 않았다. 그들은 국민에게 연금을 팔아서 재정을 마련했다. 국민은 연금을 사려면 정부에 목돈을 일괄로 지불해야 한다. 예를 들어 연금이 1,000만 원이고, 정부에서 매년 70만 원을 연금으로 국민에게 지급한다고 가정하자. 그러면 국민은 여생 동안 매년 정해진 금액을 정부가 준다는 약속을 사는 것이다.

연금 제도는 가입자가 얼마나 오래 살 것이냐를 두고 벌이는 도박이다. 만약 내가 오늘 연금 제도에 가입하고 내일 죽는다면, 정부는 나의 납부금을 모두 갖고 나에게 단 한 푼도 지급할 필요가 없어진다. 이 도박에서 나는 패자이고 정부는 승자다. 반대로 내가 100세까지 산다면, 정부는 수십 년 동안 매년 정해진 금액을 나에게 지급해야 한다. 이때는 정부가 패자이고 내가 승자다. 존 로가 살던 시대에 정부와 국민은 죽음을 두고 이런 도박을 벌인 것이다. 하지만 사람이 얼마나 오래 사는지를 아는 사람은 아무도 없었다. 한마디로 당시 정부는 확률도 모르고 주사위를 던지고 있었던 것이다.

당시 잉글랜드 정부는 연령에 상관없이 동일한 가격에 연금을 팔았다. 모든 사람이 자신의 10대 자녀를 위해서 연금을 샀다. 10대 자녀는 죽지 않고 오래 살아 연금 제도를 통해 막대한 이익을 얻을 수 있었다. 당시 연금 제도는 10대 자녀에겐 이득이지만 잉글랜드 정부에겐 손해인 게 당연했다.

영국 수학자 에드먼드 핼리Edmond Halley는 파스칼과 페르마의 이야기를 듣고 수학으로 연금 문제를 해결할 수 있으리라 생각했다. 그는 33세 때 이미 지구 반 바퀴를 돌며 별자리 지도를 만들었고 친구인 아이작 뉴턴을 도와 만유인력에 관한 이론을 제시한 《프린키피아》The Principia를 출판했다. 몇 년 뒤에는 이름 모를 혜성이 지구 근처를 찾아오는 주기를 예측해 냈다. 바로 그의 이름을 딴 '핼리 혜성'이다.

그 무렵 그는 과학 잡지의 편집자로 일했다. 여느 편집자들과 마찬가지로 그는 잡지에 어떤 내용을 채울지 고민했다. 동서고금을 막론하고 모든 편집자를 괴롭혀 온 난제다. 그는 반드시 잡지에 실을 이야기를 찾아야만 했다. 그러던 어느 날 그는 시민의 출생과 사망을 꼼꼼하게 기록하는 브레슬로Breslaw라는 동유럽의 작은 마을에 관한 이야기를 듣고 연금 문제를 해결하기 위한 아이디어를 떠올린다.

1693년 1월 핼리는 학술논문 〈브레슬로의 출산과 장례식을 기록한 흥미로운 표를 근거로 추산한 인간 사망률: 연금 가격을 알아내기 위한 시도〉를 발표한다.

핼리는 첫 문장에서 당시의 문란한 자본화와 함께 논문 주제의 정곡을 찔렀다. "인간 사망률에 대한 고찰은 도덕적이지 않으나 실용적이고 정치적으로 유용하다." 물론 죽음은 인간 존재에 관한 심오한 것들과 밀접하게 연관되어 있다. 하지만 동시에 죽음은 세속적인 것이다. 그러므로 국가적 차원에서 죽음이 갖는 의미에 대해 이해할 필요가 있다.

핼리는 런던과 더블린 시민의 사망률을 분석하려고 시도한 몇몇 사람들에게 고마움을 전했다. 하지만 그는 그들에게는 사망률을 분석하는 데 필요한 정보가 모두 주어지지 않았다고 지적했다. 당시에 런던이나 더블린에서 출생과 사망을 면밀하게 추적하고 기록한 사람은 아무도 없었다. 그런데 마침 브레슬로에서 출생과 사망을 꼼꼼하게 기록한 자료를 발견한 것이다.

자료를 손에 넣은 핼리는 수치를 분석하고 계산하기 시작했다. 고된 계산 작업을 마친 뒤에 그는 나이에 따른 사망률을 꽤 정확하게 파악할 수 있었다. 이제 막 20세가 된 사람이 21세가 되기 전에 사망할 확률은 1퍼센트였다. 반면에 50세인 사람이 51세가 되기 전에 죽을 확률은 3퍼센트였다. 그는 "30세인 사람은 앞으로 27~28년 정도를 더 살 수 있을 것으로 예측된다."라고 썼다.

이어서 핼리는 평균 수명대로 사는 사람이 정확하게 연금에 가입하고 자신이 낸 돈만큼만 연금으로 받는다면 연금의 가격이 적정하게 책정될 것이라 생각했다. 만약 일찍 죽는다면, 연금 가입자는 자신이 지불한 금액보다 연금을 덜 받게 될 것이다. 반대로 오래 산다면 낸 돈보다 더 많은 돈을 받게 될 것이다. 이를 근거로 그는 잉글랜드 정부가 너무 싸게 연금을 판매하고 있다고 확신했다. 그는 60세 미만의 사람들은 모두 자신이 낸 돈보다 더 많은 돈을 연금으로 돌려받게 될 것이라고 생각했다.

이것은 소름 끼치게 놀라운 사실도 아니고 그리 유용한 회계 자료
도 아니었다. 지금은 누구나 출생과 사망 데이터만 있으면 연령별 사
망률을 계산해 낼 수 있다. 하지만 당시 핼리의 결론은 인간의 수명
과 관련된 점수 문제를 풀어낸 것이었다.

수십 년 뒤 알렉산더 웹스터Alexander Webster와 로버트 월리스Robert
Wallace는 중유럽의 어느 마을에서 얻은 자료를 기초로 작성된 핼리의
사망률 표가 자신들을 괴롭히는 문제를 해결하는 데 도움이 되리라
생각했다. 술친구인 두 사람은 요절한 스코틀랜드 목사의 미망인과
자녀의 생계를 지원할 방도를 찾아야 했다.

물론 당시에도 생명 보험이란 것이 있었다. 하지만 핼리의 사망률
표가 등장하기 전에는 연금과 마찬가지로 그 누구도 연령별 사망률
을 알지 못했다. 연금처럼 생명 보험은 보험 가입자의 수명을 두고 계
산기를 두드리는 일종의 도박이다. 하지만 승자와 패자가 결정되는
상황은 정반대다. 보험에 가입하자마자 당장 죽어서 내가 낸 보험료
보다 더 많은 보험금을 가족이 수령한다면, 보험 가입자인 내가 승리
자다. 물론 보험 회사가 보험금을 지불할 돈이 있을 때나 가능한 일이
다. 만약 보험 회사가 사람들에게 보험을 너무 싸게 팔아서 돈이 없다
면, 불행히도 가족은 보험금을 받을 수 없다.

월리스와 웹스터는 핼리의 사망률 표와 확률을 이용해 수학자 친
구의 도움을 받아서 납입금을 계산하고 스코틀랜드 목사들의 미망인
기금을 조성했다. 월리스와 웹스터는 10년 뒤에 기금이 4만 7,401파운
드가 될 것이라 추산했다. 10년 뒤에 실제 기금은 4만 7,313파운드였

다. 오차 범위는 1퍼센트 내외였다. 이는 지식의 혁명 덕분에 가능한 일이었다. 이제 사람들은 이전과는 다른 새로운 사고방식을 받아들이고 있었다. 이제 사람들은 냉정하게 수학적으로 사고하면서 삶과 죽음을 돈과 결속시켰다.

보험과 연금은 화폐가 등장하기 이전 소규모 사회에 존재했던 호혜적 사고를 일부 되살렸다. 많은 목사가 생명 보험금을 납입하면서 오래 살았기 때문에 요절한 목사의 미망인과 어린 자녀를 지원할 자금이 충분했다. 이 지구상에 존재하는 거의 모든 부유한 사회에는 미국의 사회보장제도와 같은 사회 보험이 있다. 수백만 명의 근로자가 급여의 일부를 사회 보험에 납입한다. 그러면 정부는 나이가 너무 많아서 일할 수 없게 된 고령의 노인에게 사회 보험 기금에서 조금씩 생계비를 지원한다.

확률적 사고는 이제 너무나 흔해졌다. 심지어 확률적 사고가 삶에 많은 영향을 미치고 있다는 사실조차 거의 알아차리지 못한다. 하지만 여전히 보험은 확률을 기반으로 설계되고 금융 사업, 기업 활동, 스포츠 업계, 정계 그리고 의료계도 확률에 기반을 두고 움직인다. 이제 미래를 예측해 내는 혁명적인 아이디어인 확률은 사람들에게 아주 당연한 것이 됐다.

주식 시장의
탄생

혹자는 현대 자본주의가 1600년대 초 불과 몇 년 사이에 암스테르담에서 탄생했다고 말한다. 이 주장에는 약간의 비약이 존재한다. 하지만 아주 약간의 비약일 뿐이다.

당시 유럽인은 전 세계적으로 해상 무역을 했고 약탈을 일삼았다. 목적은 오로지 부를 쌓는 것이었다. 네덜란드인은 육두구와 육두구씨의 껍질로 만든 메이스 등 향신료를 얻기 위해서 배를 타고 아프리카와 오늘날의 인도네시아까지 갔다. 그곳에서 그들은 배에 향신료를 가득 싣고 고국으로 되돌아왔다. 1600년대에 육두구와 메이스는 대인기여서 부자들은 터무니없이 비싼 값을 치르고 육두구와 메이스를 사서 향신료 서랍에 쌓아 뒀다.

네덜란드 상인들은 상선을 최대한 먼 곳으로 보내 진귀한 물품을 들여오려고 했다. 돌아오는 데 수년이 걸리는 위험한 곳이라도 상관없었다. 하지만 그들에겐 역설적인 문제가 있었다. 일확천금을 얻을 수 있는 계획을 갖고 있었지만, 계획을 실행에 옮기려면 마찬가지로 일확천금이 필요했다. 우선 상선을 직접 만들거나 사야 했고, 선장과 선원을 고용해야 했다. 그리고 선장과 선원이 상선에 진귀한 물품을 가득 싣고 되돌아오게 만들어야 했다.

이처럼 돈을 벌려면 돈이 필요한 경우는 많다. 예를 들어 차를 사고 싶다고 생각해 보자. 차가 있으면 새 직장과 집을 쉽게 오갈 수 있고 돈도 더 많이 벌 수 있을 것이다. 하지만 차를 사려면 새 직장에서 일하면서 돈을 벌어야 한다. 그 돈이 있어야 차를 살 수 있고 편하게 출퇴근하면서 돈을 더 많이 벌 수 있다.

다행스럽게도 우리 주변에는 지금 당장 먹고사는 데 필요한 돈보다 더 많은 돈을 가진 사람들이 있다. 그들은 나중에 더 많은 돈을 가질 수 있다면 지금 당장 그 돈을 쓸 기회를 기꺼이 포기한다. 이런 사람들 덕분에 대출을 받아서 차를 살 수 있고, 네덜란드인이 상선을 아시아로 보내 막대한 부를 쌓을 수 있었다. 이것은 금융의 유용한 기능 중 하나다. 금융은 나중에 더 많은 돈을 벌 기회를 위해 지금 당장 쓸 수 있는 돈을 기꺼이 포기하는 사람들과 지금 당장 돈이 필요하고 나중에 돈을 조금 더 돌려줄 의향이 있는 사람들을 연결한다. 은행원 출신의 작가 맷 러바인Matt Levine은 "금융의 본질은 시간 여행이다."라고 했다. "저축은 현재의 자원을 미래로 옮기는 것이다. 금융은 자원을 미래에서 현재로 가져오는 것이다."

초기에는 향료 제도Spice Islands로 불린 인도네시아 말루쿠 제도로 상선을 보낼 때 필요한 자금은 으레 일회성 거래를 통해 마련됐다. 다수의 부자가 함께 돈을 모아서 상선을 구입했다. 그 돈으로 마련한 상선이 성공적으로 인도네시아까지 갔다가 향신료를 가득 싣고 되돌아오면, 투자자는 약간의 수익과 함께 투자금을 돌려받았다. 하지만 상선이 되돌아오지 못한다면 그것으로 끝이었다. 항해에 실패한 상선에 투자한 사람들에게 돌아오는 것은 "수고하셨습니다. 그런데 다음 항해를 준비하고 있는데 한번 들어보시겠습니까?"라는 새로운 투자 제안뿐이다.

스페인, 포르투갈과 영국은 말루쿠 제도를 두고 암투를 벌였다. 그들의 암투는 향신료 무역, 제국주의 그리고 전쟁이 뒤섞인 결과였다. 상인들로부터 필요한 자금을 조달받은 네덜란드 상선들이 향신료 무역 패권을 차지하려는 암투에서 두각을 나타내기 시작했다. 마침내 1602년 네덜란드 정부는 무역 회사인 네덜란드 동인도 회사를 설립했다. 네덜란드 동인도 회사의 본래 이름은 페레이너흐더 오스트인디스허 콤파니Vereenigde Oostindische Compagnie이고 줄여서 'VOC'라 불렸다.

네덜란드 정부는 VOC에 아시아 지역의 네덜란드 무역 독점권을 줬다. 잉글랜드는 네덜란드보다 2년 앞서 동인도 회사를 세우고 무역 독점권을 부여했다. 하지만 네덜란드 동인도 회사는 코카콜라, 구글 그리고 엑슨모빌ExxonMobil과 같은 세계 최초의 다국적 기업으로 진화하게 된다.

사람들은 돈이나 인맥이 없어도 VOC에 투자할 수 있었다. VOC 정관에는 "이 나라에 사는 사람들은 누구나 이 회사의 주식을 살 수 있다."라고 적혀 있었다. 당시의 시대정신과 일맥상통한 문구였다. 네덜란드인은 불과 수십 년 전에 스페인 왕의 통치로부터 벗어나서 공화국을 설립했다. 오늘날의 민주주의 국가 같은 체제는 아니었지만, 군주국에 비해 국가 권력을 널리 분배했다. 네덜란드 전역에서 많은 사람이 VOC에 투자했다. 암스테르담에서만 1,000명이 넘는 투자자가 나왔다. 심지어 VOC 임원의 집에서 일하는 어느 가정부는 10개월 치 급여를 VOC 주식에 투자했다.

당시에는 정부의 명시적 동의에 의해 회사가 설립되고 정해진 기간이 지나면 사라졌다. 정부는 VOC에 21년 동안 사업을 할 수 있는 허가증을 발부했다. 투자자들은 투자 후 10년이 지나면 투자금을 회수할 수 있었다. 하지만 10년은 너무나도 긴 시간이었다.

당시 VOC 임원들은 법인 등기부에 투자자와 그들의 투자금을 하나도 빠짐없이 기록했다. 투자금 회수 기간이 너무 길다고 판단한 그들은 법인 등기부의 첫 페이지에 한 줄을 추가했다. "양도나 이체는 이 지부의 부기 담당자를 통해 이뤄질 수 있다." 다시 말해서 10년이 되기 전에 투자금을 회수하고 싶다면, 회사의 지분을 다른 사람에게 팔면 되는 것이다. 이 한 줄은 VOC뿐만 아니라 돈의 역사에 지대한 영향을 미쳤다.

첫 번째 상선이 출항하기도 전에 사람들은 지분을 팔기 시작했다. 하지만 지분을 사고파는 일은 쉽지 않았다. 지분을 거래하려는 매수자와 매도자가 함께 사무실로 가서 자신들의 거래 내역을 부기 담당자에게 이야기하고 그 내용이 회사 등기부에 기록되어야 거래가 마무리됐다. VOC 주주들 중에는 당장 돈이 급하게 필요한 사람들이 있었다. 반면에 VOC 주식을 보유하지 않은 사람들 중에는 나중에 더 많은 돈을 돌려준다면 지금 당장 누군가에게 돈을 빌려줄 의향이 있는 사람들도 있었다.

VOC 주식을 팔거나 사고 싶은 사람들은 선장들이 항해에서 돌아와 우편을 배달하기 위해 건너던 다리로 갔다. 그 다리 위에서는 시장이 돌아가는 소식을 누구보다 빨리 얻을 수 있었기 때문이다. 몇 년 후, 그 다리는 주식을 사고팔려는 사람들로 북새통을 이뤘다. 점차 통행이 불편해지자 암스테르담 정부는 VOC 주식을 거래하는 장소를 아예 지정해 버렸다. 그곳은 길이 60미터에 너비 35미터의 뜰에 위치한 청석 타일로 지붕을 올린 갤러리였다. 이것이 바로 세계 최초의 증권 거래소가 된다.

증권 거래소가 문을 열기 5일 전, 암스테르담 시청은 조례를 통과시켰다. 조례에 따르면, 증권 거래소는 낮에 몇 시간 동안(오전 11시부터 12시까지) 문을 잠깐 열었다가 닫고, 해가 지기 전에 한 시간(겨울에는 해지기 전 30분) 동안 재개장했다. 꽤 번거롭고 골치 아픈 운영 방식이다. 하지만 이렇게 제한된 시간에만 증권 거래소를 개장하는 규칙을 만든 이유는 납득할 만하다.

증권 거래소를 하루 종일 열어 두면 주식을 팔려는 사람들과 주식을 사려는 사람들이 찔끔찔끔 증권 거래소를 방문하게 된다. 그러면 주식 매도가와 매수가의 차이가 크게 벌어진다. 시간이 지나 증권 거래소를 찾은 사람들은 원치 않는 거래를 하거나 아예 거래를 시도하지 않을 것이다. 경제학자들은 이렇게 주식 거래가 활발하지 않은 시장을 '얇은 시장'thin market이라고 부른다.

반면 시간을 제한하면 매도자와 매수자는 정해진 시간에 증권 거래소를 방문할 수밖에 없다. 그러면 수백 명 혹은 수천 명의 사람들 사이에서 거래가 활발하게 이뤄진다. 이렇게 주식 거래가 활발한 시장을 '두꺼운 시장'thick market이라 부른다.

증권 거래소의 개장 시간을 제한하자 사람들은 원하는 조건, 매도자와 매수자가 모두 적정하다고 여기는 가격으로 주식을 사고팔았다. 그 덕분에 주식 시장은 더 잘 돌아갔다. VOC의 사업 허가증이 계속 갱신되면서 증권 거래소는 일종의 기관이 됐다. 암스테르담의 상인이자 시인인 요세프 데 라 페하Joseph de la Vega는 암스테르담의 주식 시장에 관한 책을 썼다. 이 책이 주식 시장을 다룬 최초의 책이다. 페하는 책에 '혼란 속의 혼란'이란 제목을 붙였다. 주식 시장을 다룬 책의 제목으로 더없이 완벽하다.

《혼란 속의 혼란》Confusion of Confusions은 주제와 상관없는 신화와 성서 속 비유로 가득하다. 하지만 이 책에 묘사된 증권 거래소는 충격적일 정도로 현대의 증권 거래소와 닮아 있다.

> 증권 거래소의 회원이 펼친 손을 누군가가 잡으면 정해진 가격에 주식이 팔린다. 두 사람이 나누는 두 번째 악수는 거래의 성사를 확인시켜 준다. … 악수 뒤에 고성이, 고성 뒤에 욕설이, 욕설 뒤에 무례한 행동이 이어진다. 증권 거래소가 폐장될 때까지 더 많은 욕설과 고성 그리고 실랑이와 악수가 난무한다.

사람들이 주식을 사고팔기 시작하자 새로운 거래 방식이 등장했다. 그중 하나가 공매도다. 공매하면 투자자는 주식 가격이 하락할 때 수익을 챙길 수 있다. 암스테르담 사람들은 공매를 싫어했고, 지금도 전 세계 사람들은 여전히 공매를 선호하지 않는다.

세계 최초의
공매도

세계에서 최초로 시도된 주식 공매에 관한 이야기를 살펴보면, 사람들이 왜 공매를 싫어하는지 알 수 있다. 하지만 최초의 공매 이야기를 들으면 공매가 사회적으로 유용하고 아주 저평가되고 있다는 사실도 알게 될 것이다.

우선 네덜란드 상인이었고, VOC의 창립자이자 대주주인 아이작 르 메르Isaac Le Maire가 등장한다. VOC가 설립되고 몇 년이 지난 뒤에 르 메르는 다른 임원들과 다퉜다. 그가 다른 임원들과 다툰 이유는 자세히 알 수 없다. 하지만 그가 어떤 항해에 필요한 자금의 일부를 지원했지만 회사에서 돈을 돌려주지 않았던 것 같다. 회사에서 진 빚을 그가 부풀렸을 수도 있다. 어쨌든 르 메르와 임원들은 소송을 했다. 임원들은 그의 주식을 동결했다. 르 메르는 암스테르담을 떠났고 시골에 숨어서 회사에 복수할 궁리를 했다.

회사에 앙갚음을 하기 위해 르 메르는 현지 곡물상이 오랫동안 사용해 온 방법을 이용했다. 당시 농부와 상인은 특정 날짜에 미리 정한 가격으로 곡물을 거래하기로 약정했다. 쉽게 말해 상인이 밀 재배자에게 오늘로부터 1년 뒤 100길더(유로화 이전 네덜란드의 옛 화폐 단위 — 편집자)에 밀 1부셸(곡물이나 과일의 중량 단위 — 편집자)을 사기로 약속하고 1년 뒤에 약속한 가격에 밀을 구입하는 것이다. 이것은 '선물 계약'이라 불린다. 오늘날 사람들은 선물 계약을 통해 수조 달러를 벌어들인다.

르 메르는 공모자들과 은밀하게 일을 진행했다. 그는 선물 계약처럼 VOC 주식을 공략하기 시작했다. 1608년 10월 그와 공모한 무역상이 암스테르담에서 다이아몬드 상인과 거래를 했다. 무역상은 다이아몬드 상인에게 1년 뒤 145길더에 VOC 주식을 팔기로 약정했다. 르 메르와 공모자들의 계획은 이러했다. 1년 뒤에 VOC 주식이 145길더 이하로 거래되면 르 메르는 공개 시장에서 주식을 매수하고 자신이 매수한 주식을 1년 전에 약정한 가격으로 다이아몬드 상인에게 팔아서 차익을 남기는 것이었다. 이 계획에 따르면 주식 가격이 하락하면 할수록 르 메르는 더 많은 차익을 챙기게 된다. 르 메르는 이런 종류의 계약을 많이 체결했다. 결국 그는 실제로 자신이 소유한 주식보다 더 많은 주식을 대상으로 선물 계약을 체결하게 된다. 주가가 폭락하면 그는 엄청난 부자가 되지만, 주가가 급등하면 그는 쫄딱 망한다.

그래서 르 메르는 VOC 주가를 폭락시키려고 꼼수를 쓰기 시작했다. 그의 공모자들은 암스테르담에서 VOC에 문제가 있다는 소문을 퍼트렸다. VOC가 돈을 물 쓰듯 펑펑 쓰고 있고 먼 바다로 나간 선박들은 물속으로 가라앉거나 적에게 함락되고 있다고 떠벌리고 다녔다. 투자 수익도 모두가 생각했던 것만큼 높지 않았다는 이야기도 했다. 아니나 다를까, 그 소문으로 인해 VOC 주가가 떨어지기 시작했다.

VOC 임원들은 르 메르가 연루되어 있다는 사실을 꿈에도 몰랐다. 누군가 주가 하락에 돈을 걸고 있다는 것과 회사에 관한 악의적인 소문으로 인해 주가가 하락하고 있다는 사실만은 알고 있었다. 네덜란드인에게 VOC는 국가의 자부심과 국제 경쟁력의 원천이었다. VOC 임원들은 국가를 위해서 그리고 VOC 주주로서 개인의 막대한 부를 위해 자신들의 회사에 대한 공격을 막아야만 했다.

그들은 국회의원들에게 호소하기로 했다. "주요 매도자 중 공공의 적과 공모자가 있다. 누군가 더러운 수작을 부리고 있다." 회사의 주가를 떨어뜨리기 위해 어쩌면 외국 스파이가 이 모든 일의 배후일지도 모른다고 덧붙였다. 만약 국회의원들의 관심을 끌지 못할 경우를 대비해 VOC 주식을 소유한 많은 미망인과 고아도 피해자라고 덧붙였다.

적의 첩자들(VOC 주가를 떨어뜨리려고 헛소문을 퍼트리는 사람들)과 미망인과 고아(VOC 주주들)가 대비되자, 네덜란드 의회는 자신들이 미망인과 고아의 편임을 보여 주려 했다. 1610년 2월, 국회의원들은 현재 소유하지 않은 주식을 미래의 어느 시점에 팔겠다는 계약을 금지시켰다. 네덜란드 의회가 르 메르의 수작, 즉 공매도를 불법으로 만든 것이다.

VOC 주가는 그 즉시 오르기 시작했다. 르 메르와 수많은 공모자들은 파산했다. 르 메르도 많은 돈을 잃었다. 그의 복수는 실패로 돌아갔고 VOC 임원들은 행복한 결말을 맞이했다.

하지만 여기서 짚고 넘어가야 할 부분이 있다. 만약 르 메르와 공모자들이 VOC에 대해서 진실을 말하고 있었다면 어땠을까? VOC 주가가 떨어져야 하는 이유가 충분했다면 어땠을까?

네덜란드 정부에서 VOC 주식을 대량으로 매도하는 사람들을 대상으로 조치를 취하려고 할 때, 중개인들은 사업이 잘 안 돼서 VOC 주가가 떨어지고 있는 거라고 생각했다. 그중에는 르 메르의 공모자들도 있었을 것이다. 중개인들은 "VOC가 필요 이상으로 많은 선박을 해외로 내보내고 있다는 것은 이미 널리 알려진 확실한 사실"이라고 말했다.

르 메르는 고위 정부 관계자에게 편지를 썼다. 편지에는 항해를 하다가 사라져 버린 모든 선박의 비용을 합한 금액이 적혀 있었다. 그리고 네덜란드로 되돌아온 선박에는 메이스만 가득 실려 있을 뿐, 다른 상품은 실려 있지 않았다는 내용도 편지에 쓰여 있었다. 팔리지 않은 메이스는 창고에 가득 보관되어 품질이 점점 떨어지고 있었다.

르 메르는 정부 관계자에게 "VOC 주식을 대량으로 매도하는 사람들은 매일 들은 소식과 정보를 근거로 주식을 사고파는 투자자일 뿐"이라고 주장했다. 또 "VOC 임원들은 매우 높은 가격에 상당한 주식을 매수했다."고도 주장했다. 즉, VOC 임원들은 미망인과 고아를 보호하기 위해서 공매를 금지시키려 했던 것이 아니라는 말이다. 그들은 단지 자신들의 배를 불리려고 공매를 금지시키려고 했던 것이다.

오늘날에는 주가가 갑자기 하락하기 시작하면 CEO가 TV에 출연해서 "불순한 의도를 지닌 매도 세력이 헛소문을 퍼트리고 있다. 많은 사람이 우리 회사에 자신들의 퇴직금을 투자했다! 미망인과 고아를 생각하라! 모두가 주가가 오르길 바라고 있다."라고 말한다. 이런 말들은 주가가 떨어질 것을 예상하고 회사 주식을 매도하는 사람들을 나쁜 놈들로 만들어 버린다.

하지만 주식 시장은 주가 상승을 위해 존재하지 않는다. 시장은 회사 실적과 현황이 가장 잘 반영된 적정한 가격에 주식이 거래되도록 만들기 위해 존재하는 것이다. 때론 주식 시장이 목표 달성에 실패해 비참한 수준으로 추락하기도 한다. 하지만 투자자들이 많을수록 그리고 그들이 주식 시장으로 가져오는 정보가 많을수록 주식 시장에서는 적정한 가격 수준에서 주식이 거래될 가능성이 커진다. 당연히 주가가 하락할 때도 사람들이 수익을 얻을 수 있는 환경이 마련돼야 한다. 그러면 사기를 근절하고 아무도 모르게 넘어갈 수 있는 회사에 관한 나쁜 소식을 많은 이들과 공유하게 될 것이다. 이것은 굉장히 좋은 일이다.

르 메르는 VOC가 자신에게 빌려 간 돈을 돌려받기 위해서 당국과 계속 실랑이를 벌였다. 하지만 그는 그 돈을 영영 돌려받지 못했다. 결국 그는 바닷가 옆에 있는 작은 마을에서 죽었고 그의 묘비 앞 비문에는 이런 말이 적혔다.

세계 곳곳을 누비며 신의 은총으로 풍족하게 살다가 30년 뒤에 15만 플로린(1252년 이탈리아 피렌체에서 쓰기 시작한 금화 단위 —편집자)을 잃은 상인 아이작 르 메르, 여기에 잠들다.

아마도 고인이 잃은 돈이 얼마인지를 묘비에 자랑스럽게 적어 둔 사람은 르 메르가 유일할 것이다. 그런데 그가 생전에 쓴 편지를 보면 묘비에 오자가 있는 것 같다. 그는 자신이 150만 플로린을 잃었다고 했다. 묘비에 숫자 0 하나가 빠졌다.

존 로, 화폐를 발행하다

급속도로 발전하는 암스테르담도 돈 때문에 골머리를 썩고 있었다. 암스테르담은 영국처럼 주화가 부족하진 않았다. 오히려 통용되던 주화의 종류가 너무나 다양해서 문제였다.

무역상과 유럽 전역에서 몰려든 상인들은 암스테르담에서 주로 지불 증서로 거래를 했다. 일종의 후불 수표였다. 후불 수표는 실제 발행일보다 앞으로 다가올 날을 발행일로 적는 수표다. 당시 사람들은 후불 수표를 일종의 환어음처럼 사용했다. 환어음은 발행자가 수표 소지자에게 일정한 날짜에 일정한 금액을 지불할 의무를 제삼자에게 위탁하는 어음이다. 따라서 진짜 금과 은으로 대금을 치러야 하는 결제일이 되면 상황이 복잡해졌다.

외국 무역상들은 다른 나라, 왕국, 도시 국가 등에서 가져온 주화로 결제를 했다. 그래서 암스테르담 시청은 거의 1,000여 종에 달하는 주화에 공식적으로 가치를 매겨야만 했다. 위조된 주화들도 있었고 깎여 나간 주화들도 있었다. 정량과 무게가 다른 주화들도 있었다. 때때로 무역상들은 말 그대로 모든 주화를 두고 흥정을 했다. 환전상과 사기꾼에게는 일확천금의 기회였다. 하지만 주화 걱정 없이 장사를 하고 싶은 선량한 상인에게는 골칫거리에 불과했다.

이를 해결하고자 암스테르담 시청은 VOC가 설립되고서 몇 해가 지난 1609년에 환전상이나 투자자가 아닌 도시가 직접 소유한 공공 은행을 인가했다. 공공 은행의 설립 목적은 영리 추구가 아니라 암스테르담의 돈 문제를 해결하는 것이었다. 암스테르담에 공공 은행이 설립되면서 만기가 도래한 어음을 소지한 사람은 공공 은행에서 결제해야 한다는 법도 통과됐다.

상인들은 공공 은행에서 계좌를 개설했다. 어음이 만기가 되면 그들은 공공 은행에서 업무를 처리했다. 입출금 내역은 은행 원장에 숫자를 수정해 기록했다. 그 덕분에 상인들은 도시에서 통용되는 다양한 종류의 주화나 위조 화폐를 걱정할 필요가 없어졌다. 은행 계좌, 즉 공공 은행의 원장에 기록된 숫자가 곧 자신의 돈이었다. 주화보다 훨씬 믿을 수 있는 돈이 생겨난 것이다.

당시 도박을 하며 유럽 전역을 떠돌아다니던 존 로는 암스테르담까지 흘러들었다. 그가 본 암스테르담은 모두가 믿고 사용할 수 있는 화폐를 만들어 내는 은행, 누구나 투자할 수 있는 주식 시장과 지구 반대편에 있는 식민지를 통해 많은 부를 축적하고 있었다. 존 로를 비롯한 유럽인은 식민지를 개척하는 국가가 자행하는 잔인무도한 행위를 대수롭지 않게 생각했다. 어느 순간 그에게 번뜩이는 아이디어가 떠올랐다. 그는 유럽을 정처 없이 떠돌아다니기를 관뒀다. 훗날 그는 도박사나 살인자가 아닌 경제 시스템에 혁명적인 변화를 가져올 영웅이 되어 스코틀랜드로 되돌아가게 된다.

존 로가 거의 10년 동안 유럽을 떠돌아다닌 뒤 스코틀랜드로 돌아갔을 무렵, 그의 나이는 30대 초반이었다. 그는 고국으로 돌아와서는 항상 돈에 쪼들리는 엉성한 금융 시스템이 나라를 망치고 있다며 동포들을 설득하기 시작했다. 1705년 그는 《돈과 교역에 대한 고찰 및 화폐 공급에 대한 제안》이라는 책을 출판했다.

그는 책에서 네덜란드인이 형편없는 나라를 갖게 된 이유를 열거했다.

네덜란드는 약점을 타고났다. 영토가 협소하고 토양은 척박하다. 광산은 부족하고 겨울은 길고 공기는 유해하다. … 위험한 해안과 접근하기 어려운 강이 있다. 한쪽은 바다로 막혀 있고 다른 쪽은 강력한 이웃 국가들로 둘러싸여 있다.

하지만 이런 불리한 조건에도 불구하고 네덜란드인은 돈 문제를 해결한 덕분에 번창했다. 하지만 스코틀랜드는 완전히 정반대였다. 존 로는 그 이유를 계속 서술해 나갔다.

스코틀랜드는 무역에 유리한 장점을 타고났다. 영토가 광활하고 외부 침략으로부터 방어가 쉽고 인구가 많다. 공기가 좋고 광산이 있다. 해안은 안전하고 강은 접근하기 쉽다. 바다와 강에는 물고기가 풍부하다.

그러니 스코틀랜드는 돈 문제만 해결하면 그만이었다.

우선 스코틀랜드는 통화량을 늘려야 했다. 통화량이 늘어나면 사람들은 보다 저렴하게 돈을 빌리고 투자할 수 있고 실업자들을 위한 일자리도 창출된다. 오늘날에도 손색없는 기본적인 통화 정책이다. 하지만 당시에는 딴 세상 이야기였다. 스코틀랜드의 통화량을 늘리려면 케케묵은 사고방식을 버리고 암스테르담의 공공 은행처럼 정부가 인가한 은행을 세워야 한다고 존 로는 자신의 책에 썼다. 그는 더 나아가 은이나 금이 아닌 토지를 담보 삼아 새로운 은행에서 지폐를 발행해야 한다고 주장했다. 그래야만 금이나 은을 더 많이 확보하지 않더라도 스코틀랜드 내 통화량이 늘어날 수 있다고 덧붙였다.

스코틀랜드 의회에서는 존 로의 조언을 수용할지 말지를 두고 열띤 토론이 벌어졌다. 한 정당의 대표는 존 로의 아이디어를 두고 나라를 노예로 만들려는 더러운 수작이라고 비난했다. 반대 정당의 백작은 존 로를 옹호했다. 그러자 스코틀랜드 신사들이 늘 그러하듯, 존 로의 아이디어를 폄하한 정당의 대표가 백작에게 결투를 신청했다. 두 사람은 도시 외곽에서 만났고 서로 변명을 늘어놓았고 허공으로 권총을 발사했다. 결투는 끝났고 다친 사람은 아무도 없었다. 하지만 존 로가 스코틀랜드를 바꿀 기회는 그렇게 사라졌다. 얼마 후 스코틀랜드와 잉글랜드는 대영제국으로 통합됐다. 잉글랜드에서 살인자로 수배 중이던 존 로는 다시 도망자 신세가 됐다.

존 로는 다시 유럽을 방랑했다. 오스트리아의 수도 비엔나의 도박판에서 승승장구하던 그이지만 이번에는 도박보다 한 나라의 돈 문제를 해결하기를 꿈꾸며 유럽을 헤맸다. 그는 오스트리아 황제에게 자신의 아이디어를 들려줬다. 황제는 꿈쩍하지 않았다. 그는 상대를 바꿔 사보이 공작을 설득해 토리노 은행Bank of Torino을 설립하려 했지만 실패했다. 1714년, 그는 파리로 넘어갔다. 파리의 정부 관계자들은 살짝 어설펐다. 경찰국장은 외무장관에게 경고했다.

> 로라는 이름을 가진 스코틀랜드인이 나타나 고급 주택을 구입했다. 그는 도박꾼인 데다 국왕에게 흑심을 품은 것으로 의심된다. … 그가 도박 말고 어디서 막대한 부를 얻었는지 그 원천을 아는 사람은 아무도 없다.

이렇게 그를 경계하는 사람들도 있었지만, 존 로는 마침내 파리에서 기회를 잡았다. 경찰국장의 편지를 받은 외무장관은 편지 여백에 존 로에 대해서 다음과 같이 썼다. "그는 수상한 사람이 아니니 가만히 내버려 둬도 괜찮을 것이다."

당시 존 로에게는 사실혼 관계의 아내와 두 자녀가 있었다. 사실 그의 아내는 첫 번째 남편과 공식적으로 이혼하지 않았고 존 로와 결혼하지도 않았다. 아무렴 어떤가! 프랑스인데. 존 로는 엄청나게 부유했고 지금의 리츠 호텔이 들어선 파리 광장에 있는 저택에서 살았다. 그는 암스테르담 은행에 많은 돈을 맡겼다. 이탈리아의 유명 화가의 작품도 수집했다. 그런 그를 의심스럽게 여긴 경찰국장의 말을 빌리면 하인들로 구성된 상당한 규모의 수행원을 거느리며 호화로운 생활을 했다고 한다.

아마도 가장 중요한 부분은 존 로가 오를레앙 공작과 좋은 친구 사이가 됐다는 부분일 것이다. 이 방탕한 프랑스 귀족은 곧 프랑스에서 매우 중요한 인물이 된다. 오를레앙Orléans 공작은 취미 삼아 집에 마련한 화학 실험실에서 이런저런 실험을 했다. 그는 고주망태가 된 귀족들, 오페라 가수들 그리고 여배우들과 밤새도록 어울렸다. 그들은 서로 동침했고 목청껏 추잡한 이야기를 주고받았다. 1715년 9월, 오를레앙 공작에게 엄청나게 중요한 사건이 일어났다. 루이 14세가 서거한 것이다. 그의 뒤를 이을 루이 15세가 겨우 다섯 살이어서 오를레앙 공작이 섭정을 맡게 됐다. 그 말인즉, 어린 왕이 성인이 될 때까지 오를레앙 공작이 프랑스를 통치하게 된 것이다.

하지만 오를레앙 공작은 파산한 국가를 넘겨받았다. 선왕, 다시 말해 프랑스 정부는 끝나지 않는 전쟁의 군자금을 마련하려고 여기저기서 돈을 빌렸다. 루이 14세는 이자 비용을 충당하기 위해서 주화를 더 주조하려 했다. 국왕이 전 국민을 대상으로 은화를 국고로 반납하라고 명령하자, 사람들은 주화를 몰래 숨기거나 암스테르담처럼 좀 더 안전한 나라로 빼돌렸다. 루이 14세는 너무나 절박한 나머지 은으로 만든 가구를 모두 녹여서 은화를 만들기까지 했다. 그는 향후 몇 년간 들어오는 모든 세수를 주겠다고 약속하며 사람들에게서 계속 돈을 빌렸다.

프랑스에서 남에게 빌려줄 돈이 있는 사람들은 모두 정부에 대출해줬다. 하지만 정부가 빌린 돈을 갚을 수 없게 되자, 정부에 돈을 빌려준 사람들은 개인 부채를 탕감할 수가 없었다. 루이 14세의 재임 기간이 끝나갈 무렵, 프랑스 경제는 완전히 붕괴됐다. 프랑스의 한 장관은 "잔고 부족이 일상이었고 무역은 파괴됐고 소비는 반토막이 났고 경작지는 방치됐고 사람들은 불행했다."라고 썼다.

당시 존 로는 마흔네 살이었다. 10년 동안 돈에 대해 자신의 생각을 피력해 왔던 그는 마침내 친한 친구가 프랑스의 섭정이 되면서 일생일대의 기회를 잡게 됐다.

돈을 만드는 것은
신뢰다

잉글랜드는 유럽에서 금융 후진국이었다. 존 로가 20년 동안 여기저기 도망 다니던 당시 유럽 각국은 통화량을 늘릴 방법을 찾고 있었다. 그 사이 잉글랜드는 프랑스 국왕을 포함해 모든 국왕과 정부가 고심했던 통화량 문제를 해결하고 유럽의 강국으로 부상했다.

오늘날의 정부와 마찬가지로 당시 유럽 각국도 국민으로부터 세금을 거두고 국채를 발행해 돈을 빌렸다. 하지만 유럽의 군주는 무작위로 세금을 거뒀고 즉흥적으로 돈을 빌렸다. 예를 들어 이런 식이다. 올해 왕은 세금과 유사하지만 더 흥미롭고 엄청난 상금이 걸린 연금이라는 일회성 복권에 당첨되어 돈을 벌었다. 다음 해, 왕은 작년에 거둬들인 연금을 조금 팔고 부자에게서 돈을 빌려 국가 운영에 필요한 자금을 마련했다. 왕은 이렇게 빌린 돈을 갚을 수도 있고 갚지 않을 수도 있었다.

1694년, 잉글랜드 정부에서는 돈 문제를 새로운 방식으로 해결하고자 했다. 잉글랜드에서는 의회가 군주의 권력을 제한할 것을 요구하는 혁명이 일어났다. 새롭게 즉위한 왕과 왕비는 은행, 주식, 지폐 등 당시에 유행하기 시작한 금융 트렌드를 모두 받아들였고 새로운 종류의 은행을 설립했다. 그 은행이 바로 잉글랜드 은행이다.

잉글랜드 은행은 가장 먼저 투자자들로부터 120만 파운드를 조달하기 위해서 주식을 팔았다. 투자자들은 잉글랜드 은행에 돈을 예치하지 않았다. 오늘날 사람들이 뉴욕 증권 거래소에서 뱅크오브아메리카Bank of America나 웰스파고Wells Fargo의 주식을 사듯이 그들도 투자의 일환으로 은행의 주식을 매입했다.

벌써 설립된 지 100년이 된 VOC처럼 원하는 사람이면 누구나 잉글랜드 은행 주식에 투자할 수 있었다. 상인, 농부, 선원 그리고 목사까지도 모두 잉글랜드 은행에 투자했다. 왕과 왕비는 최대 투자 한도인 1만 파운드를 투자했다. 주식을 팔아 투자금을 받기 시작한 지 11일째 되던 날, 잉글랜드 은행은 무려 120만 파운드를 조달했다. 마지막 투자자는 75파운드를 투자한 서식스주의 주디스 셜리라는 사람이었다.

이어서 잉글랜드 은행은 120만 파운드를 왕에게 빌려줬고 왕은 이자를 제때 불입하겠다고 약속했다. 왕이 갚아야 할 연 이자는 8퍼센트에 달했다. 한편 잉글랜드 은행을 세우면서 의회는 해상 운송에 대해 새로운 특별세를 부과하는 법안을 만들었다. 정부가 이 세금으로 대출 이자를 갚도록 법적으로 정한다는 것이 법안의 내용이었다.

은행은 왕에게 금화와 은화가 아닌 금과 은으로 바꿀 수 있는 권리를 증명하는 교환 증서를 줬다. 왕은 은행에서 빌린 돈을 군자금으로 활용했다.

잉글랜드 은행은 엄청난 성공을 거뒀다. 일반인이 나중에 원금에 이자를 더한 돈을 받기로 하고 누군가에게 돈을 빌려주는 새롭고도 안전한 방법을 찾아낸 것이다. 사람들은 은행을 통해 규칙적으로 정부에 돈을 빌려주고 되돌려 받을 수 있다는 믿음을 갖게 됐다. 잉글랜드 은행은 실제로 은행 금고에 보관하고 있는 돈보다 더 많은 돈을 대출해 줬다. 그 결과 잉글랜드에서는 몇몇 금세공업자가 사람들에게 교환 증서를 나눠 주던 때보다 훨씬 더 안정적이고 신뢰할 수 있는 방식으로 더 많은 돈이 유통되기 시작했다.

1715년 존 로는 잉글랜드 은행의 역할을 빼앗아 훨씬 더 급진적인 금융 서비스를 제공할 계획을 세웠다. 그는 은행과 주식 시장 그리고 무역 회사와 새로운 대출 방식이 하나로 연결된 완전한 금융 시스템을 상상했다. 프랑스를 섭정하던 오를레앙 공작에게 보낸 편지에 존 로는 특유의 겸손한 태도로 자신이 꿈꾸는 새로운 금융 시스템을 설명했다.

하지만 은행은 저의 유일한 아이디어도 아니고 최고의 아이디어도 아닙니다. 저는 전 유럽이 깜짝 놀랄 만한 일을 할 겁니다. 이것은 프랑스에 좋은 변화를 가져올 것입니다. 그리고 인도 제국의 발견이나 신용의 도입보다 더 큰 변화를 가져올 겁니다. 이 일로 전하께서는 프랑스를 이 통탄할 상황에서 구해 내 그 어느 때보다 더욱 강력한 나라로 만드실 겁니다.

존 로는 섭정을 설득했고 세계 최초로 은행으로서 갖춰야 할 모든 기능을 갖춘 은행을 프랑스에 설립했다. 그 은행이 바로 '방크 제네랄'Banque générale이다. 하지만 방크 제네랄은 존 로가 자신의 집에 설립한 아주 작은 은행일 뿐이었다. 잉글랜드 은행처럼 존 로는 투자자에게 주식을 팔아서 필요한 자금을 마련하려고 했다. 하지만 잉글랜드 은행과 달리 그 누구도 방크 제네랄에 투자하지 않았다. 프랑스 기득권은 방크 제네랄을 조롱했다. 어느 작가는 그 은행을 두고 "들으면 웃음만 나오는 은행이고 그 은행이 지속되리라 그 누구도 믿지 않았다."라고 말했다. 존 로와 방크 제네랄의 시스템은 사람들에게 이상하고 낯설게 느껴졌고 좀처럼 신뢰를 주지 못했다.

하지만 존 로는 방크 제네랄이 성공하리라 믿었다. 그 믿음이 너무 컸던 나머지 그는 직접 은행 주식의 4분의 1을 매수했다. 무엇보다 그의 오랜 술친구이자 어쩌다 보니 프랑스를 통치하고 있는 오를레앙 공작도 방크 제네랄의 성공을 믿었다는 점이 중요했다. 1716년 여름, 오를레앙 공작은 금이 가득 든 궤짝을 영국 조폐국Royal Mint에서 방크 제네랄로 보냈다. 그리고 모두에게 이 사실을 알렸다. 파리의 한 잡지에는 "며칠 전 조폐국에서 존 로의 은행으로 100만 파운드를 보내라는 지시가 내려왔다. 섭정이 지원한 은행은 존 로라는 잉글랜드 사람의 이름으로 운영되는 은행이다. 왕실의 자금이 투자됐으니 모두가 그의 은행이 건재할 것이라고 믿는다."라는 글이 실렸다.

여기서 우리는 "모두가 그의 은행이 건재할 것이라고 믿는다."라는 문장에 주목해야 한다. 바로 이러한 믿음이 은행업의 본질이다. 나아가 돈의 본질이기도 하다. 모두가 은행이 건재할 것이라 믿는다면, 은행은 난관을 버텨 낼 수 있다. 반면에 많은 사람이 은행이 실패할 것이라 생각하면, 재무 상태가 최상이더라도 실패할 것이다.

그런 의미에서 오를레앙 공작의 예치금은 존 로가 세운 은행의 생존을 보장했다. 1717년, 그의 은행에 큰 기회가 찾아왔다. 섭정은 파리와 주변 지역의 사람들에게 존 로의 은행이 발행한 은행권으로 세금을 내도록 하는 법을 만들었다.

돈의 주요한 정의 중 하나는 '납세의 수단'이다. 환어음, 은화, 금화 그리고 민간 은행의 증서 등 다양한 물건이 돈의 지위를 두고 서로 경쟁하는 세상에서는 정부가 납세의 수단으로 인정하는 물건이 승리할 것이다. 그런 일이 파리에서 일어났던 것이다. 섭정이 국민들에게 지폐로 세금을 내도록 강제하자 존 로의 은행에서 발행한 증서가 돈이 됐다. 이제 존 로의 증서가 돈이 됐으니 그에겐 성공할 일만 남았다.

백만장자의
탄생

18세기 초까지 수백 년에 이르는 시기를 대항해 시대라 부른다. 네덜란드, 잉글랜드, 스페인 그리고 포르투갈이 대항해 시대를 이끌던 주요 해상 세력이었다. 그들은 약탈과 수탈을 일삼고 계피를 재배하면서 부유해졌다. 16세기부터 프랑스는 북아메리카로 수많은 원정대를 보냈고 현재의 캐나다 영토 중 상당 부분과 미시시피강을 중심으로 북미 대륙의 절반을 차지했다. 프랑스가 수천 년 동안 북미 대륙에 살고 있었던 원주민에게 어떠한 허락도 구하지 않았다는 건 잘 알려진 사실이다.

파리에서 존 로가 발행한 은행권으로 세금을 내도록 강제하는 법안이 통과됐을 무렵, 섭정은 존 로의 두 번째 회사 설립을 인가했다. 그렇게 존 로는 은행에 이어 서인도 회사를 설립했다. 하지만 사람들은 그의 두 번째 회사를 미시시피 회사라고 불렀다. 프랑스 정부에서 미시시피강 일대의 독점 무역권을 그 회사에 부여했기 때문이다. 미시시피 회사는 네덜란드의 동인도 회사와 같은 역할을 그보다 훨씬 더 잘 해냈다.

존 로는 미시시피 회사를 통해 선왕이 남기고 간 막대한 부채를 해결하는 데 도움을 주겠다고 섭정에게 약속했다. 당시 그 부채는 채권의 형태였다. 프랑스 부자들은 왕에게 연 이율 4퍼센트로 돈을 빌려줬고 왕은 그들의 돈을 갚겠다는 약속을 했다. 하지만 왕에게 이자는 부담이었다. 이를 잘 알고 있던 존 로는 프랑스 투자자들에게 미시시피 회사의 주식과 채권의 교환을 허용했다. 미시시피 회사는 상대적으로 낮은 이자율을 적용해 왕으로부터 장기간에 걸쳐 빚을 회수할 계획이었다. 즉, 정부의 이자 지급에 대한 부담을 줄이고 미시시피 회사에게는 안정적인 소득원을 마련한 것이다.

존 로는 부유한 채권자들을 설득했다. 그는 "위태로운 소년 왕이 지급할 수 있을지 불확실한 4퍼센트의 이자 수익과 신세계가 안겨다 줄 막대한 부 중에서 어느 것을 선택하시겠습니까?"라고 물었다.

하지만 채권자들은 4퍼센트의 이자 수익을 선택했다. 존 로의 은행과 마찬가지로 그의 무역 회사에 투자하려는 사람은 아무도 없었다. 존 로와 오를레앙 공작은 또다시 자신들의 돈을 미시시피 회사에 쏟아부었다.

더디지만 변화가 생기기 시작했다. 1718년 봄에는 미시시피 회사를 위해 일하는 식민지 주민이 미시시피강 어귀에 새로운 수도를 세웠다. 섭정에게 잘 보이기 위해 그의 이름을 따서 수도를 '뉴올리언스'

라 명명했다.

한편 프랑스에선 존 로의 집요함이 결실을 맺기 시작했다. 사람들은 존 로가 발행한 은행권을 애용했다. 실제로 그의 은행권이 금이나 은보다 사용하기 편리했다. 몇 년 안에 존 로는 전역에 여러 지점을 열었다. 덕분에 사람들은 현지 지점으로 가서 쉽게 송금할 수 있었다. 대출과 지폐 발행으로 존 로의 은행은 프랑스 경제의 활성화에 크게 기여했던 것 같다. 농업과 제조업이 프랑스에서 다시 활발해지기 시작했다.

갑자기 돈이
흘러넘치다

1718년 12월에 존 로의 은행은 '방크 로얄'Banque Royale, 즉 왕립 은행이 됐다. 왕이 전적으로 은행을 관리하기 시작한 것이다. 다시 말해 존 로의 친구인 오를레앙 공작이 왕립 은행을 경영했다. 왕이 허락하는 만큼 얼마든지 왕립 은행에서 지폐를 발행할 수 있는 새로운 법이 만들어졌고, 왕립 은행과 미시시피 회사의 소유권을 공식적으로 연결했다. 지폐가 많이 발행되면 무역량이 증가하고 결국 모두가 부유해진다. 왕립 은행과 미시시피 회사는 서로를 뒷받침했고 그 덕분에 프랑스는 더욱 부유해질 것으로 예상됐다. 물론 그만큼 존 로도 더 많은 부를 얻게 됐다.

일은 빠르게 전개됐다. 몇 달 뒤 존 로는 아시아와 아프리카와 무역량이 많지 않은 다른 프랑스 회사들을 인수해 미시시피 회사와 합병

했다. 프랑스에서 담배 거래권도 인수했다. 섭정의 어머니, 팔라틴 공주는 "사람들은 담배를 마법의 식물이라 부른다. 한번 피우기 시작하면 끊을 수 없기 때문이다."라고 말했다.

존 로는 미시시피 회사의 신주를 발행해 인수 합병 자금을 마련할 계획이었다. 사람들은 미시시피 회사가 성장하는 것을 지켜봤다. 그들은 어딘가에 투자할 돈이 있었고 그 돈은 바로 존 로의 은행에서 발행한 것이었다. 그들은 모두 미시시피 회사의 신주를 사고자 했다. 이때 존 로는 천재적인 행보를 보인다. 그는 "구주를 보유하지 않은 사람은 신주를 구입할 수 없다."라고 못 박았다. 그러자 너도나도 미시시피 회사의 구주를 사려고 달려들었고 주가가 폭등했다.

몇 주 뒤, 미시시피 회사는 영국 조폐국의 향후 9년 동안의 모든 수익에 대한 권리를 사들였다. 이번에도 존 로는 주식을 발행해 이 자금을 마련하려 했고, 지난번과 마찬가지로 구주 소유자만이 신주를 살 수 있도록 했다. 그러자 미시시피 회사의 주가는 이전보다 더 치솟았다.

1719년 8월, 몇 달 전에 불과 500리브르(프랑스의 옛 화폐 단위 ─ 편집자)에 거래되던 주식이 3,000리브르를 웃돌아 거래되고 있었다. 존 로가 과감한 행보를 실행하기 전의 일이었다. 그는 왕에게 프랑스 부채를 모두 갚을 정도로 충분한 돈을 빌려줬다. 기본적으로 그는 왕에게 모든 대출금을 통합할 것을 제안했다. 왕이 여기저기서 빌린 돈을 하나로 통합해 이자율을 낮추려는 목적이었다. 왕은 존 로의 제안을 받아들였고, 그는 필요한 자금을 마련하기 위해서 더 많은 주식을 팔 계획이었다.

사람들은 주식이 공개 시장에 발행되면 주가가 오를 것임을 알았다. 그들은 직접 주식을 사기 위해서 곧장 존 로에게로 갔다. 한 귀족은 "존 로는 주식을 자신에게 팔라고 애원하는 사람들과 아첨하는 사람들로 둘러싸였다. 그는 문을 걸어 잠갔다. 하지만 사람들은 창문을 넘고 정원을 가로질러 그의 집으로 들어왔다. 심지어 굴뚝을 통해 그의 서재로 들어오는 사람들도 있었다. 입만 열면 100만 리브르였다."라고 기록에 남겼다. 미시시피 회사의 주식으로 단시간에 큰 부자가 된 사람들을 지칭하는 말이었던 백만장자란 단어가 이때 처음 생겨났다.

존 로는 프랑스의 국가사업을 계속 집어삼켰다. 마침내 섭정은 왕을 대신해 세금을 거둘 권리마저 존 로에게 부여했다. 프랑스 정부는 사람들이 구입하는 모든 물품에 특별세를 부과했다. 존 로는 이런 세금들을 하나로 묶어 소득세로 대체했다. 이것은 보다 효율적이었고 가난한 사람들의 부담을 줄여 줬다. 《로빈슨 크루소》를 쓴 소설가 대니얼 디포Daniel Defoe는 그해 가을 파리의 풍경을 묘사하며 "사람들은 기쁨에 정신이 나간 듯이 길거리에서 춤을 추고 폴짝폴짝 뛰어다녔다. 사람들은 목재, 석탄, 건초, 귀리, 기름, 와인, 맥주, 빵, 소고기, 비누, 소, 생선 등 한마디로 그 어떤 것을 구입하더라도 세금으로 단돈 1파딩(영국의 옛 화폐, 페니의 4분의 1에 해당한다 ― 편집자)도 내지 않았다."라고 기록했다.

프랑스는 갑작스럽게 번창했다. 돈이 여기저기 흘러넘쳤다. 시골 농부는 묵히던 땅에 작물을 재배하기 시작했다. 파리의 장인은 이전보다 더 많은 레이스, 접시와 의류를 팔았다. 정부는 사람들을 고용해서 도로와 다리를 만들었다. 군인들은 스페인과 전쟁을 벌였다. 프랑스는 항상 누군가와 전쟁을 벌였지만 이번에는 정부가 왕의 은 식기류를 녹이지 않고도 군자금을 마련할 수 있었다.

사실상 존 로가 프랑스 경제를 움직이고 있었다. 그는 정부를 위해서 세금을 거뒀고 국가에 돈을 빌려주고 약간의 이자와 함께 국가로부터 돈을 돌려받았다. 그는 유럽 밖에서 이뤄지는 프랑스 무역을 독점했다. 말 그대로 그는 원하는 대로 돈을 찍어 낼 수 있게 된 것이었다.

미시시피 회사의 주가는 계속 올랐다. 유럽 전역에서 수십만 명의 사람들이 미시시피 회사의 주식을 구입하기 위해서 파리로 왔다. 미시시피 회사 주변은 최신 소식을 얻으려는 사람과 주식을 사고팔려는 사람들도 북새통을 이뤘다. 객차가 지나갈 수 없을 정도가 되자 시청 관계자가 교통을 통제하고 도로의 양 끝에 철문을 세웠다.

매일 아침 7시에 시청 관계자는 종과 북을 쳐서 철문의 개방을 알렸다. 도로를 막고 있던 철문이 열리면 모두가 몰려들어서 주식 거래를 시작했다. 영국 대사관의 한 직원은 "그 거리는 왕자와 공주, 공작과 귀족 그리고 공작부인 등 프랑스의 유명 인사들로 아침 일찍부터 밤늦게까지 북적인다. 그들은 미시시피 회사 주식을 사기 위해서 부동산을 팔고 전당포에 보석을 잡힌다."라고 썼다. 객차의 뒤에 타던 존 로의 하인은 미시시피 회사 주식으로 큰돈을 번 뒤 일을 관두고 하인 두 명을 고용했다. 한 명은 자신의 하인으로, 나머지 한 명은 존 로의 하인으로 삼았다. 12월 초에 미시시피 회사 주가는 1만 리브르를 찍었다.

존 로는 한때 잉글랜드에서 살인을 저지르고 도망치던 도망자 신분이었지만, 이제 유럽에서 왕족을 제외하고 가장 부유한 사람으로 거듭났다. 부동산 12곳, 파리의 대저택 여러 채, 다량의 다이아몬드와 책 45만 권을 구입했다.

1720년 1월, 존 로는 프랑스의 금융 책임자로 임명됐다. 프랑스에서 섭정 다음으로 가장 강력한 사람이 된 것이었다. 금융 책임자로 임명된 존 로는 자신의 막대한 부에 어울리는 높은 사회적 지위를 얻게 됐다. 프랑스 정부는 왕립 은행을 설립하고 다양한 노력을 통해 공공 부채를 해결하고 국부를 높이고 국민의 안녕을 증진하는 데 기여한 그의 노고에 감사했다.

실물 경제와
미시시피 버블

애플이나 GM 등 오늘날 기업들의 주주들처럼 미시시피 회사 주주들도 회사의 모든 미래 수익에 대해 지분을 소유했다. 1719년과 1720년 사이에 미시시피 회사가 앞으로 엄청난 수익을 올릴 것이란 기대감이 주가 상승으로 이어졌다. 당시 상황은 사람들이 이런 기대감을 가지기에 충분했다. 스페인은 남아프리카에서 은이 대량 매장된 광산을 발견했고, 네덜란드는 계피와 정향이 풍부한 식민지 덕분에 부유해졌다. 미시시피강 주변에는 에메랄드가 묻힌 산이 있고, 미시시피강에는 대량의 은이 매장되어 있으며, 그 일대 뉴올리언스 주민들은 엄청난 부를 축적했다는 풍문이 프랑스에 퍼졌다.

하지만 미시시피에는 에메랄드도 은도 없었다. 1719년까지 프랑스 정착민이 뉴올리언스에 세운 집은 전부 합해서 네 채뿐이었다. 하지만 존 로는 정말 그곳에 대단한 무언가가 숨겨져 있다고 생각했던 듯하다. 미시시피 회사에서 선박 수십 채를 미시시피강 주변 지역으로 보냈다. 그리고 존 로는 담배를 재배하고 은을 찾기 위해서 오늘날의 아칸소주인 미시시피강의 서쪽 지역으로 정착민을 보내는 사업에 사비를 투자했다. 하지만 미시시피강 주변 지역으로 이주한 대부분의 유럽인처럼 미시시피강 서쪽 지역에 정착한 사람들 대부분도 그곳에서 질병과 굶주림으로 사망했다. 이후 존 로는 탈영병, 매춘부 그리고 범죄자를 아메리카로 이주시키는 법을 강제로 통과시켰다. 1719년 강제 이주민을 실은 선박이 대서양을 건너 아메리카로 향했다. 존 로의 절박함에서 나온 행보이자 생각과 달리 일이 잘 풀리지 않고 있다는 증거였다.

1720년 3월에 존 로는 충격적인 발표를 한다. 이 발표로 인해 그의 모든 계획은 완전히 실패하게 된다. 그는 회사 주식을 고정 가격 9천 리브르에 무제한으로 매수하거나 매도하겠다고 선언했다. 공개 시장에서 미시시피 회사 주식은 그가 말한 고정 가격보다 약간 낮게 거래되고 있었다. 아마도 존 로는 주가 상승을 막고 시장 안정화를 꾀했던 것 같다. 많은 사람이 미시시피 회사 주식을 매도하기 시작했다. 이제 미시시피 회사가 소유하고 있는 은행은 모든 주식을 고정 가격에 사들이기 위해서 돈을 마구 찍어 냈다.

경제학자들은 '실물 경제'라는 이상한 단어를 사용한다. 간단히 설명하면 실물 경제는 금융 경제 밖에서 일어나는 모든 경제 활동을 의

미한다. 집을 짓는 목수는 실물 경제에서 일한다. 사람들이 집을 구입할 수 있도록 대출을 해주는 은행원은 실물 경제가 아닌 금융 경제에서 움직인다. 경제가 잘 돌아갈 때 실물 경제와 금융 경제는 서로를 뒷받침한다. 은행원은 사람들에게 대출을 해주고, 사람들은 대출금으로 목수가 만든 집을 산다. 모두가 이론적으로 승자다.

한때 실물 경제와 금융 경제가 단절됐던 시기가 있었다. 때때로 금융 경제는 실물 경제를 따라잡지 못한다. 이렇게 되면 실물 경제에는 통화량이 부족하거나 대출이 원활히 이뤄지지 않고 그 누구도 투자하길 원치 않는다. 존 로가 등장하기 전 프랑스가 이랬다. 지금으로 따지면 이 시기의 프랑스는 대공황에 빠져 있었던 것이다.

평소에는 금융 경제가 실물 경제를 앞지른다. 실물 경제에선 통화량이 넘치고 대출을 받기가 너무 쉽고 모두가 무언가에 투자하길 원한다. 사람들은 무언가를 구입하기 시작했지만, 지폐를 은으로 교환하기 위해서가 아니었다. 그들은 투자를 통해 미래의 수익 흐름을 얻기 위해서도 아니었다. 사람들은 하루나 한 달 뒤에 자신들이 구매한 것들이 더 비싼 값에 팔릴 것이라 예측하고 소비한다. 일종의 투기다. 1720년의 프랑스가 그랬다. 이로 인하여 실물 경제에서 문제가 생겼다. 실물 경제에 새롭게 유입된 통화로 인하여 밀, 양초와 우유 등 생필품의 가격이 급등했다. 1719년 가을부터 1720년 가을까지 물가가 거의 두 배로 뛰었다.

존 로는 금융 경제와 실물 경제가 다시 보조를 맞추도록 실물 경제에서 통화량을 줄여야 한다고 생각했다. 그는 지폐에 대해 믿음을 갖고 있었다. 그는 15년 동안 지폐의 중요성을 피력했다. 그는 사람들이 금과 은을 더 이상 화폐로 사용하지 않는다면 실물 경제가 안정화되고 마침내 귀금속과 화폐의 인연을 완전히 끊어 버릴 수 있을 것이라고 생각했다.

1720년 상반기에 존 로는 금화나 은화를 다량 소지하는 것을 불법으로 만들었다. 그러자 모두 금과 은으로 장신구를 만들어서 보관했다. 다시 존 로는 금으로 1온스(1온스는 28.35그램 — 편집자)가 넘는 무언가를 만드는 행위를 법으로 금지했다. 단, 십자가와 성배는 예외였다. 그러자 파리에서 금으로 된 십자가와 성배가 넘쳐나기 시작했다. 거대한 금 십자가가 최신 유행이 됐다. 결국 존 로는 거대한 금 십자가마저도 금지했다.

보석 세공업자들이 부유해지자 존 로는 통제력을 잃기 시작했다. 그는 사람들이 거액을 주고 무언가를 구입할 때 지폐를 사용하도록 하는 조치를 밀어붙였다. 그해 말에 그는 금과 은을 더 이상 은행권으로 교환할 수 없다고 선언했다. 이로써 지폐는 오직 종이로 만든 돈을 의미하게 됐다.

1720년 5월 존 로는 한술 더 떴다. 그는 지폐의 가치가 서서히 절반으로 떨어질 것이라고 선언했다. 이 시점에서 프랑스 전체가 대중의 분노로 뒤흔들렸다. 사람들은 3일 동안 폭동을 일으켰다. 존 로의 은행은 문을 닫았고, 사람들은 은행 창문을 향해 돌을 던졌다.

그로부터 일주일 뒤에 섭정은 존 로가 발표한 조치를 기각했고 명령을 철회했다. 하지만 그것은 더 이상 의미가 없었다. 금융 시스템이 추락하기 시작했다. 사람들은 미시시피 회사의 주식을 거래하기 위해서가 아니라 지폐를 은으로 교환하기 위해서 파리의 거리로 모여

들었다. 물론 존 로의 은행은 그 모든 지폐를 교환해 줄 은을 확보하고 있지 않았다. 그리고 농부들은 지폐를 결제 수단으로 받지 않았다.

존 로는 해고됐다가 다시 고용됐고 또다시 해고됐다. 수백 년 전 중국처럼 프랑스 섭정은 지폐와 은행을 완전히 포기했다. 프랑스는 금은복본위제로 회귀했다. 그리고 프랑스 정부는 미시시피 회사에 투자하고 존 로의 은행이 발행한 은행권을 사용해서 막대한 손실을 본 사람들에게 피해 보상을 해주기 위해서 또다시 빚을 졌다. 마치 존 로라는 사람이 존재하지 않았던 것처럼 프랑스는 과거로 완전히 되돌아갔다.

존 로는 가택 연금에 처해졌다. 폭도들이 그의 집과 마차를 공격했다. 그가 할 수 있는 일은 25년 전 잉글랜드에서 도망쳤듯이 프랑스에서 도망치는 것뿐이었다. 12월 그는 임대 객차를 타고 브뤼셀로 도망쳤고, 그곳에서 가명으로 지냈다. 하지만 모두 헛수고였다. 이미 모두가 그를 알고 있었다. 그가 극장에 가면 사람들은 그에게 기립박수를 보냈다. 이후 그는 잉글랜드로 되돌아갔다. 그곳에서 그는 판사들 앞에 무릎을 꿇고 수십 년 전 결투에서 에드워드 윌슨을 죽인 것을 사죄했다.

존 로는 오를레앙 공작에게 프랑스로 돌아갈 수 있게 해달라고 계속 애원했다. 그는 자신이 생각했던 경제 시스템을 여전히 믿고 있었다. 그는 오를레앙 공작에게 자신이 모든 것을 제대로 돌아가게 할 수 있다고 말했다. 어쩌면 결국 오를레앙 공작은 그가 프랑스로 되돌아오는 것을 허락했을지도 모른다. 하지만 오를레앙 공작은 1723년 49세에 심장마비로 사망했다. 사망 당시 그의 애인이 곁을 지켰다.

결국 존 로는 아들과 함께 베네치아에 정착했다. 그의 사실혼 관계의 아내와 딸은 여전히 프랑스에 있었고 존 로는 다시는 두 사람을 만나지 못했다. 대부분의 재산이 프랑스에 묶여 있어서 그는 다시 도박을 시작해야만 했다. 그는 도박으로 먹고살기 충분한 돈을 벌었지만, 프랑스에 있을 때처럼 큰 부자는 되지 못했다. 58번째 생일을 목전에 둔 1729년 3월, 그가 사망할 때까지 채권자들은 그를 쫓아다녔다.

◆ ◆ ◆

1720년 후반, 프랑스 경제를 움직이던 바퀴가 빠져 버렸다. 이 시기에 네덜란드 예술가가 프랑스 사태를 보여 주는 만평을 여러 점 발표했다. 나는 남자 세 명이 사람들로 북새통을 이룬 거리에서 존 로의 목구멍에 금화를 쏟아붓는 모습을 담은 만평이 제일 좋다. 존 로는 쪼그려 앉아 있고 맨살을 드러낸 그의 엉덩이에서 지폐가 쏟아진다. 군중 속의 한 남자가 그 지폐를 움켜잡는다.

프랑스인이 존 로가 주장한 경제 시스템을 더도 덜도 말고 딱 이렇게 평가했던 것이다. 영국인은 이 사태를 미시시피 버블이라고 불렀다. 존 로는 프랑스에서 엄청난 돈을 벌었으면서 정작 프랑스에는 쓰레기 같은 미시시피 버블을 안겼던 것이다. 그는 프랑스인을 상대로 오랫동안 사기를 쳤고, 결국 그의 사기 행각은 발각되고 말았다.

내 생각은 조금 다르다. 1716년 존 로가 은행에 대한 자신의 생각을 이야기했을 때, 오를레앙 공작은 생시몽 Saint-Simon 공작에게 조언을 구했다. 생시몽 공작은 오를레앙 공작에게 존 로의 생각에 일리가 있

©The Granger Collection

다고 말했다. 지폐는 프랑스 경제에 유익할 수 있었다. 하지만 생시몽 공작은 문제가 하나 있다고 말했다. 공화국인 네덜란드나 강력한 의회가 있는 대영 제국과 달리 프랑스는 완전한 군주제였다. 이 말인즉, 프랑스 국왕은 자신이 원하는 것은 무엇이든지 할 수 있었다. 그러므로 불가피하게 왕이나 왕을 위해 일하는 사람들이 은행의 권력에 휩쓸려 더 많은 돈을 찍어 내서 경제 시스템이 붕괴될 수도 있었다.

돈이 제 기능을 하고 은행, 주식 시장과 중앙은행이 건재하려면 긴장감이 존재해야 한다. 투자자, 은행원, 경제 주체 그리고 정부 관계자는 누가 무엇을 언제 시행할지를 두고 치열하게 고민해야 한다. 이런 주장을 펼치는 사람들은 오늘날의 경제 시스템이 고장 났다고 말한다. 정부가 경제 시스템에 지나치게 개입하고 은행권이 끔찍한 짓을 벌이고도 처벌받지 않기 때문이다. 물론 이해관계자들 사이에 긴장감이 존재한다고 경제 시스템이 제대로 돌아가는 것은 아니다. 하지만 적어도 이런 긴장감은 필요하다. 돈을 빌려주는 사람과 빌리는 사람, 투자자와 근로자 등 서로 다른 이해를 가진 당사자들이 서로 밀고 당기는 힘이 돈을 안정화시킨다. 경제사학자들은 잉글랜드 은행과 지폐가 성공적으로 뿌리내릴 수 있었던 이유 중에 의회의 권력이 왕보다 상대적으로 강했던 정치 시스템도 한몫한다고 말한다. 잉글랜드인은 왕이 규칙을 지키도록 의회가 옆에서 견제한다고 생각했기 때문에 그들이 정부에게 돈을 빌려줄 가능성은 컸다.

존 로의 시스템에는 본질적인 결함은 없었다. 결함이 있었던 것은 존 로 자신이었다. 그는 너무나 큰 권력을 원했다. 그토록 원하던 권력을 손에 넣었을 때 그를 견제할 세력이 프랑스에 존재하지 않았다. 그래서 존 로의 경제 시스템이 안정적으로 움직이는 데 필요한 균형을 유지할 수 없었다. 존 로가 비참하게 실패했던 이유다.

생시몽 공작은 존 로가 은행을 설립하기 전에 이렇게 말했다. "중앙은행을 설립하는 것은 절대 군주제에 치명적일 수 있다. 반면에 자유 국가에서 중앙은행은 현명하고 수익성 있는 사업이 될지도 모른다."라고.

제 3 장

모두 부자가
될 수 있을까?

돈과 부의 상관관계

———

돈은 유한한 것 같다. 돈은 경제 활동에 딱 필요한 만큼만 존재하는 것 같다.
만약 누군가가 돈을 더 가지면, 다른 누군가는 덜 가지게 되는 것 같다.
장소와 시간에 상관없이 이는 대체로 사실이었다.
이제 모두가 돈을 더 많이 가질 수 있다. 다만 기억하라.
단지 모두가 더 많은 돈을 가질 수 있다고 해서
모두가 더 많은 돈을 가져야 한다는 의미는 아니다.

빛과 노동력의 경제학

역사적으로 인류는 대부분의 시간을 암흑 속에서 보냈다. 빛을 만드는 데 엄청난 비용이 들었다. 그래서 해가 지면 사람들은 주로 판잣집이나 오두막에 옹기종기 모여 새벽이 오기만을 기다렸다.

암흑 속에 옹송그리고 있던 사람들이 스위치 하나로 빛을 창조해낸 이야기는 이 세상과 관련된 많은 의문을 해결해 준다. 이 이야기는 대부분의 사람들이 더 이상 굶어 죽을 걱정을 하지 않게 된 이유도 설명할 수 있다. 대부분의 사람이 어떻게 식량을 직접 재배하지 않고 개인 트레이너, 인사 전문가와 배관공 등의 일을 하면서 먹고살 수 있게 됐는지도 설명할 수 있다. 기후 위기의 원인도 설명해 줄 수 있다. 게다가 이 세상에 유통되는 돈의 양이 정해지지 않고 한 사람의 이득이 다른 사람의 손실이 아닌 이유와 모두가 더 많은 돈을 가질 수 있는 이유도 설명할 수 있다.

20세기가 저물어 갈 무렵, 예일대학교 경제학과 교수 빌 노드하우스Bill Nordhaus는 빛의 역사에 집착하게 됐다. 그는 빛이 사회에 영원히 필요한 존재임을 알았다. 그래서 인간이 만든 빛의 경제학을 제대로 이해한다면 물질적 진보, 즉 경제 발전의 역사를 평가할 방법을 알 수 있을 것이라 생각했다.

노드하우스는 대략 4,000년 동안 인간이 만든 빛의 가격이 어떻게 변해 왔는지 궁금했다. 기본적으로 경제학자들은 가격을 세상의 중심으로 여긴다. 그들에게 가격은 곧 돈과 현실이 만나는 관념이다.

노드하우스는 회계사들이 글쓰기를 발명한 지역이자 메소포타미아의 도시인 고대 바빌론부터 시작했다. 그는 바빌론인이 비용을 얼마나 들여서 빛을 사용했는지 파악하기 위해서 고대 램프를 샀다. 바빌론인은 램프의 원료로 쓰기에 편리한 참기름을 사용했다. 그는 식료품점에서 약간의 참기름을 샀고 예일대학교의 시설 관리자에게 노출계를 빌렸다. 그런 다음 램프를 식탁에 두고 불을 붙였다. 그는 램프에서 나오는 광량과 4분의 1컵의 참기름이 연소되는 데 걸리는 시간을 측정했다.

노드하우스는 다른 학자에게 고대 바빌론의 임금 수준과 참기름의 가격에 관한 자료를 요청했다. 자료를 참고해 역사적으로 등장했던 인공 빛의 가격 추이를 파악하기 위해서 간단한 계산을 했다. 그는 고대 바빌론의 평범한 노동자가 인공 빛을 사용하는 데 하루 일당을 모두 사용할 경우 60와트짜리 백열전구와 광량이 유사한 기름 램프로 작은 방을 얼마나 오랫동안 밝힐 수 있는지 알고 싶었다.

◆ 하루 일당으로 빛을 밝힐 수 있는 시간

(시간)
5

4

3

2

1

10분

참기름

출처: 빌 노드하우스

답은 10분이었다! 하루 종일 일해서 번 돈으로 고작 10분 동안 방을 밝힐 수 있었던 것이다.

고대 바빌론에서는 참깨를 재배하는 데 상당한 노동력과 시간이 들었다. 그리고 수확한 참깨로 참기름을 짜는 데도 아주 많은 시간이 필요했기에 램프의 원료로 사용했던 참기름은 몹시 비쌌다. 그러니 그 비싼 참기름을 연소시켜 만든 램프 불빛은 비쌀 수밖에 없었다.

사람들은 저마다의 방식으로 빛을 만들어 냈다. 카리브해 지역과 아시아 일부 지역 사람들은 반딧불이로 손전등을 만들었다. 대영 제국의 일부 지역에서 사람들은 죽은 쇠바다제비를 가져다가 목에 심지를 박아 넣어서 촛불로 사용했다.

하지만 수천 년 동안 대부분의 지역에서 인간이 만든 빛은 비쌌다. 대부분의 사람은 여전히 암흑 속에서 생활했다. 암흑 속 생활이 다소 낭만적으로 들릴 수 있다. 달빛과 별빛 아래서 보내는 시간이라니!

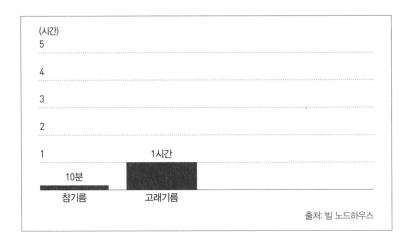

하지만 어둠은 많은 사람에게 오랫동안 끔찍한 존재였다. 어둠은 밖으로 나가서 탐험할 수 있는 아름다운 대상이 아니었다. 뭔가 위험한 존재이고 사람들을 가둬 버리는 존재였다. 한때 파리에는 밤마다 치안판사에게 열쇠를 맡기고 집으로 돌아가 문을 꽁꽁 걸어 잠그도록 하는 법이 있을 정도였다.

1700년대에 이르러 인공 빛의 새로운 연료로 고래기름이 널리 확산됐다. 고래에게는 아주 나쁜 일이었지만, 그 덕분에 인공 빛은 더 저렴해지고 품질도 더 우수해졌다. 노드하우스는 이런 변화가 1700년대 유럽에 어떤 영향을 미쳤는지를 수치적으로 풀어냈다.

분명히 삶의 수준이 개선됐다. 하루 일당으로 어둠을 밝힐 수 있는 빛을 고작 10분밖에 만들지 못했던 인류는 이제 암흑으로부터 1시간 동안 벗어날 수 있게 됐다. 놀랍게도 이런 발전을 이루는 데 무려 4,000년이 걸렸다!

하지만 1700년대 사람들의 삶은 현대보다 고대 바빌론인의 삶과 더 닮아 있었다. 사람들은 여전히 걷거나 말을 타거나 배를 타고 이동했다. 대부분의 사람들이 농민이었고 자급자족하며 살았다. 대부분 오두막에서 지냈고 굶어 죽지 않을 정도의 식량을 재배했다.

1800년경에 이르러 모든 것이 변했다. 역사를 살펴보면 1800년 이전과 이후는 경제적으로 서로 다른 두 개의 세계인 듯하다. 그 기준점이 되는 사건이 바로 산업 혁명이다. 당시 대영 제국에서 증기 기관이 등장했고 면직물이 대량 생산됐고 전 세계적으로 제조업이 확산됐다. 왜 이러한 특정 시점에 대규모의 변화가 일어났는지에 대한 이유는 분명치 않다. 하지만 빛의 역사에 없어서는 안 될 요인이 두어 가지 있다.

우선 기본적으로 과학이 일상을 파고들었다. 지구가 태양 주위를 돈다거나 두 물체의 거리를 기준으로 중력의 변화를 측정하는 것만이 중대한 발견이 아니었다. 인류 역사를 바꾼 중대한 발견은 새로운 발견들을 가능하게 하는 시스템, 즉 과학적 방법의 발견이었다. 물론 이러한 모든 발견이 실제적으로 유용하진 않았지만 일부는 사람들의 일상에 아주 유용하게 쓰였다.

1850년, 물리학은 물론 지질학까지 공부한 과학자 에이브러햄 게스너Abraham Gesner가 원유와 콜타르 등을 증류시키고 남는 검은 찌꺼기인 피치나 기름을 등유로 바꾸는 기법을 발견해 냈다. 실로 대단한 발견이었다. 등유는 빛의 연료로 사용한 그 어떤 원료보다도 품질이 우수했다. 등유는 더 밝았고 더 깨끗했고 훨씬 더 저렴했다.

노드하우스는 등유의 등장으로 유럽의 평범한 노동자가 하루 일

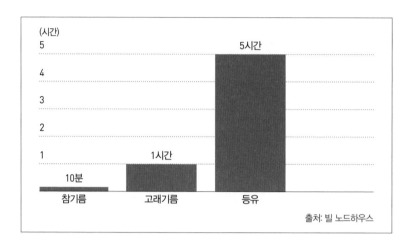

출처: 빌 노드하우스

당으로 5시간 동안 어둠을 밝힐 빛을 살 수 있게 됐음을 발견했다. 등유가 등장하기 전까지 노동자가 하루 일당으로 구입할 수 있는 광량이 5배 증가하는 데 4,000년이 걸렸다. 그런데 등유가 등장하자 약 50년 만에 노동자가 구입할 수 있는 광량이 5배 증가한 것이다.

빛의 역사를 앞당긴
돈이라는 동력

전구의 발명은 빛의 역사에서 가장 중요한 순간이다. 토머스 에디슨과 전구도 과학과 기술에 관한 이야기다. 하지만 이것이 전부가 아니다. 에디슨과 전구의 발명은 돈에 관한 이야기이기도 하다.

1870년대에는 많은 사람이 전기로 빛을 만들어 내려고 시도했다.

미국과 프랑스의 과학자들은 아크등arc lights이라 불리는 기술을 연구 중이었다. 아크등은 높은 봉에 매달린 크고 아주 밝은 전등이었다. 아크등은 가로등과 공장용 전등으로 주로 사용됐다. 너무 크고 밝아서 가정이나 사무실에서 사용하기에는 적당하지 않았다.

에디슨은 1878년 9월 초에 아크등을 처음 접했다. 그는 아크등을 보자마자 자신이 그것을 개선할 수 있을 것이라 생각했다. 하지만 오늘날 사람들이 알고 있는 백열전구를 개발하는 데는 많은 비용이 들었다. 또 에디슨이 백열전구를 개발하기 위해서 수년 동안 수천 번의 실험을 했다는 일화는 어떤 면에서는 정확한 이야기가 아니다. 우선 에디슨 혼자서 백열전구를 개발한 것은 아니었다. 그 무렵 에디슨은 뉴저지 멘로파크에 있는 자신의 집 바로 옆에 '발명 공장'을 가지고 있었다. 그는 이곳에서 필경사들과 정비공들, 기계 제작자들과 대장장이들을 고용해 자신의 발명을 돕도록 했다.

에디슨은 이미 전축을 발명해 부자인 데다 유명했다. 설령 그렇다할지라도 혼자서 백열전구를 발명하는 데 드는 모든 비용을 감당할 수는 없었다. 그는 변호사에게 편지를 썼다. "지금 저는 백열전구 발명에 속도가 붙도록 자금을 조달받고 싶습니다."

운 좋게도 당시 전도유망한 발명가는 많은 사람으로부터 빠르게 자금을 조달한 방도가 있었다. 에디슨은 법인을 설립했다. 법인은 더 이상 정부가 제국주의를 실행하기 위해 설립하는 조직이 아니었다. 누구나 필요하다면 법인을 설립할 수 있었다.

에디슨이 아크등을 접하고 한 달 반이 지난 10월 16일, 에디슨 전기 조명 회사Edison Electric Light Company가 설립됐다. 에디슨 전기 조명 회사는 제너럴일렉트릭General Electric, GE으로 변모했다. 당시 설립된 많은 법인들처럼 에디슨 전기 조명 회사는 유한 책임 회사limited liability company, LLC였다. 유한 책임 회사는 투자자들이 출자한 자금을 보장한다. 회사가 파산하면 출자금만 잃을 뿐 투자자들의 개인 재산은 영향을 받지 않는다. 당연히 투자금보다 더 많은 돈을 잃을 수는 없다. 만약 오랫동안 누군가 한 회사에 투자를 하고 그 회사가 사람들에게 빚을 지면, 그의 투자금은 묶일 수밖에 없다. 채권자들은 회사에 빌려준 돈을 되돌려 받기 위해서 투자자의 집을 압류할 수도 있다. 유한 책임 회사를 세우면 에디슨과 같은 사람들이 훨씬 수월하게 자발적인 투자자를 모을 수 있다.

에디슨 전기 조명 회사가 설립되고 몇 주일 뒤, 사람들은 앞다퉈 5만 달러(오늘날 화폐 가치로 약 100만 달러)를 투자했다. 에디슨은 이 투자금을 받아 팀원들에게 임금을 줬다. 투자자들은 자신들이 투자한 시기 동안 발명품의 폭발적인 증가를 불러올 또 다른 금융 혁신인 특허권을 통해 부자가 되기를 바랐다. 특허권은 새로운 아이디어를 만들어 내고 세상과 그 아이디어를 공유하는 사람에게 금전적 보상을 제공하기 위해서 고안된 제도였다. 또한 새로운 아이디어에 대해 정부가 부여하는 임시 독점권이다. 많은 사람이 기꺼이 돈을 지불할 새로운 아이디어를 고안해 내면 그 아이디어로 많은 돈을 벌 수 있다. 미국의 건국자들은 이를 굉장히 중요하게 여겨 헌법에까지 명시했다. 에디슨 전기 조명 회사의 투자자들도 전기나 백열전구와 관련된 특허권을 통해 에디슨이 받게 되는 수익의 일부를 약속받았다.

회사가 설립된 지 1년이 지날 무렵, 에디슨은 백열전구로 알려진 전기 램프에 관한 특허권을 취득했다. 특허 번호는 223,898번이었다. 백열전구를 연구한 사람이 그 혼자가 아니었고, 누가 언제 무엇을 발명했는지를 두고 지금도 여전히 논란이 진행 중이다. 하지만 그와 별개로 에디슨은 뒤이어 백열전구와 전구에 전력을 공급할 전력망을 설계하는 방법에 대해 수십여 개의 특허권을 취득했다.

몇 년 뒤에 에디슨은 뉴욕에 첫 번째 전력망을 세우기 시작했다. 그의 첫 번째 전력망이자 역사상 첫 번째 전력망이었다. 전력망을 세우기 위해서 더 많은 돈이 필요했다. 그는 필요한 자금을 조달하기 위해서 완전히 다른 회사를 설립했다.

에디슨이 아크등을 보고 백열전구를 발명해 낸 지 딱 4년이 흐른 1882년 9월, 누군가 새롭게 설립된 발전소에서 스위치를 올렸고, 맨해튼 남쪽 일대의 가정과 사무실의 전구에 불이 들어왔다. 마법 같은 순간이었다. 하지만 발전소에서 스위치를 올린 주인공은 에디슨이 아니었다. 그는 몇 블록 떨어진 월스트리트에서 존 피어폰 모건 J. P. Morgan 을 비롯한 많은 은행원과 역사적인 순간을 만끽하고 있었다. 백열전구가 맨해튼 남쪽 지역을 밝히는 역사적인 순간을 가능케 한 주인공은 다름 아닌 돈이었다.

맨해튼 남쪽 지역에 전기가 들어오기까지의 모든 과정이 마법 같지는 않았다. 첫 번째 발전소는 더러운 석탄을 태워 전기를 만들어 냈고 도시를 오염시켰다. 이로부터 수십 년 뒤에 에디슨은 맨해튼의 동쪽에 거대한 발전소를 지었다. 어느 날 뉴욕시 위생부가 불시에 조사관을 파견했다. 〈뉴욕타임스〉에는 "발전소 지붕에 정찰 인원을 올려 보냈다. 위생 검사관이 발전소 굴뚝을 촬영한다 싶으면 정찰 인원

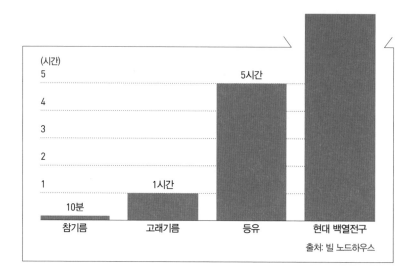

◆ 하루 일당으로 빛을 밝힐 수 있는 시간

(시간)
5
4
3
2
1

5시간

1시간

10분

참기름　　고래기름　　등유　　현대 백열전구

출처: 빌 노드하우스

은 석탄 투입을 중단하도록 지시했다."는 내용의 기사가 실렸다.

시간이 흐르면서 발전 방식도 더 깨끗해지고 무엇보다 발전 비용이 떨어졌다. 인공 빛도 저렴해졌다. 노동자는 하루 일당으로 오랜 시간을 밝힐 수 있는 빛을 구입했다. 빛뿐만 아니라 거의 모든 것에서 변화가 일어나고 있었다. 내연 기관이 발명돼 농업 생산성을 크게 개선한 트랙터의 발명이 이어졌다. 인류 역사상 최초로 대부분의 사람이 농사를 짓지 않고 생계를 꾸려가기 시작했다. 채집이나 수렵 활동도 크게 줄어들었다. 이런 변화는 20세기 내내 수십 년 동안 이어졌다. 모든 것들이 과거보다 훨씬 더 저렴해졌다.

여기서는 약간의 줌아웃이 필요하다.

◆ 하루 일당으로 빛을 밝힐 수 있는 시간

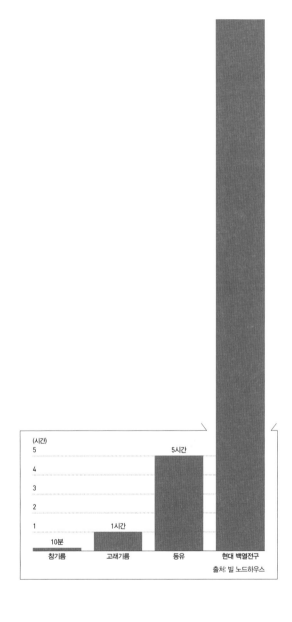

(시간)
5 ········· 5시간
4
3
2
1 ····· 1시간
10분
참기름   고래기름   등유   현대 백열전구

출처: 빌 노드하우스

계속 줌아웃 하자. 조금만 더 줌아웃을 해보자.

◆ 하루 일당으로 빛을 밝힐 수 있는 시간

현대 백열전구
20,000시간

몇 세기 동안 복잡하고 획기적인 발명품들이 지속적으로 나왔다. 이 덕분에 사람들은 하루 일당으로 200년 전에 밝혔던 것보다 20,000배 이상의 시간을 밝힐 수 있는 인공 빛을 구입할 수 있게 됐다. 이러한 모든 것들이 시간당 노동 생산성을 향상시킬 수 있는 방법을 찾아냈기에 가능했다. 단지 빛뿐만이 아니었다. 현재 우리는 선조들보다 훨씬 더 많은 식량과 면직물을 생산해 내고 있다. 노동량은 줄어들고 생산성은 증가했다.

생산성 향상이 무조건 좋은 것만은 아니다. 생산성 개선의 결과로 환경이 파괴됐다. 하지만 거의 모든 사람들이 이전보다 부유해졌다. 실질적으로 말하면 이제 거의 모두가 선조들이 상상했던 것보다 더 많은 돈을 가지게 됐다.

정말 모두 부자가
될 수 있을까?

백열전구가 기름 램프를 대체하자 사람들은 더 이상 암흑 속에서 살 필요가 없어졌다. 실을 뽑아내는 방적기가 발명되자 갑자기 사람들에게 한 벌 이상의 셔츠와 드레스를 살 수 있는 여유가 생겼다. 하지만 거리를 돌아다니며 가로등에 불을 켜던 남자나 좁은 집에서 실을 짜던 여자에게 이러한 혁신은 재앙이나 다름없었다.

우리는 일자리를 창출한 사람들을 기념한다. 하지만 아이러니하게도 사람들은 일자리를 파괴하면서 부유해졌다. 정확히 말해 사람들은 지금까지 해오던 일들을 이전보다 적은 노동력으로 해내는 방법을 찾아내면서 부를 축적했다. 실로 역설적인 상황이다. 또한 하루아침에 일자리를 잃게 된 사람들에게 실로 달갑지 않은 상황이다.

현재 우리 모두는 언젠가 일자리를 잃을지도 모른다는 극심한 긴

장감 속에서 살고 있다. 벤처캐피탈리스트 마크 앤드리슨Marc Andreessen
은 소프트웨어가 세상을 갉아먹고 있다고 말했다.

사람들은 카약Kayak과 익스피디아Expedia를 통해 쉽고 편리하게 항
공권을 예매할 수 있게 됐다. 하지만 그 결과 많은 여행사가 폐업했
다. 사람이 아닌 컴퓨터가 트럭을 운전하면 어떤 일이 벌어질까? 전국
적으로 물품을 운반하는 데 들어가는 운송 비용이 감소한다. 배송비
가 줄어든 덕분에 사람들은 저렴하게 물건을 구매할 수 있게 된다. 사
람들은 더 많은 물건을 구입하게 될 것이다. 아니면 같은 양의 물건을
사고도 돈을 더 많이 절약하게 될 것이다. 결과적으로 무인 트럭은
사회를 보다 풍요롭게 만들겠지만 트럭 운전자의 삶은 각박해질 것
이다.

과거에도 기술의 발달로 일자리를 잃어 생활이 궁핍해진 사람들이
있었다. 물론 오늘날과 상황이 완전히 동일하진 않을 것이다. 과거에
컴퓨터, 무인 트럭과 온라인 여행사 때문에 일자리를 잃은 사람은 없
었다.

하지만 분명히 기계의 등장으로 많은 사람이 일자리를 잃었고 상
전벽해에 맞먹는 엄청난 변화가 세계를 휩쓸었던 시기가 있었다.
1800년대 초 잉글랜드에서 일어난 일들이 바로 그러했다. 당시 잉글
랜드에서는 충격적일 정도로 지금과 유사한 일들이 벌어졌고 매
우 바람직하지 못한 결과를 낳았다. 러다이트Luddite의 이야기를 들
어보자.

혁신이 부른
부익부 빈익빈

러다이트의 사전적 정의는 그들의 이야기를 완전히 들려주지 못한다. 러다이트는 단순히 변화가 싫어서 신기술에 반대했던 사람들이 아니다. 그들은 기계가 자신들의 일자리를 빼앗아 가자 자신과 가족의 삶의 터전을 지키기 위해서 기계에 맞서 싸우기로 결심한 숙련공들이었다.

1800년대 초 면직물 공업을 기점으로 촉발된 산업 혁명이 한창이던 때에 사건이 터졌다. 당시 면직물은 정말 비싸고 생산하기 어려웠다. 대다수 사람이 겨우 옷 한두 벌만 살 수 있었다. 면직물은 특별한 공정을 여러 번 거쳐서 생산됐다. 주로 숙련공들이 가정이나 작은 공방에서 생산을 담당했다. 여성들은 원모나 목화를 가져다가 실을 뽑았고, 남성들은 직조기로 거친 면직물을 짰다. 전모공이라 불리는 사람들이 18킬로그램의 거대한 전단기로 면직물의 보풀을 제거했다.

이렇게 면직물 생산에 관여하는 사람들의 생활 수준은 당시 기준으로 꽤 높았다. 그들에겐 일하고 싶을 때 일할 수 있는 자유가 있었다. 방직공들은 퇴근 후에는 모자에 5파운드짜리 지폐를 꽂은 채 으스대며 술집으로 걸어 들어갔다. 그들은 자신들의 부를 과시하듯 돈을 펑펑 썼다. '과시적 소비'란 단어가 생기기 100년 전이었다. 심지어 장인들에게는 일요일에 진탕 술을 마시고 월요일에 출근하지 않는 '성월요일'이라 부르는 전통이 있었다.

그들이 일자리를 잃는 데에는 높은 보수 수준도 한몫했을 것이다. 노동자에게 높은 임금처럼 좋은 것은 없다. 하지만 방적공, 방직공, 전모공에게 임금을 주는 포목 도매상은 보다 저렴하게 면직물을 생산해 낼 방도를 강구하기 시작했다. 이때쯤 영국에 다양한 기능을 수행하는 새로운 기계들이 등장했다. 누군가는 섬유로 실을 뽑는 방적기를 개발했고, 다른 누군가는 소수의 노동자를 고용해 방적기로 뽑은 실로 면직물을 짜는 방직기를 개발했다. 또 다른 누군가가 전모공들과 그들의 18킬로그램짜리 전단기 없이 면직물에서 보풀을 제거하는 방법을 고안해 냈다.

오늘날의 실리콘밸리처럼 영국 곳곳에서 혁신이 일어났다. 사람들은 부유해졌고 상거래를 했다. 예를 들어 양말을 살펴보자. 당시에 스타킹은 떼돈을 벌 수 있는 상품이었다. 미국 건국의 아버지들을 그린 초상화를 떠올려 보라. 그들의 종아리에서도 스타킹을 확인할 수 있다. 현지 구전 설화에 따르면 영국의 어느 시골에서 로퍼Roper란 이름의 노동자가 조악하고 불완전한 기계의 시제품을 만들었다. 그가 만든 기계로는 주름진 스타킹을 짤 수 있었다. 마침 스타킹 장사를 생각 중이던 한 농부가 말을 팔아서 마련한 5파운드로 로퍼에게서 그 스타킹 기계에 대한 권리를 샀다. 농부는 막대한 부를 얻었고 부자로 생을 마감했다. 로퍼가 농부에게 막대한 부를 안겨다 준 이 거래에 대해서 어떤 생각을 했는지 알려진 바는 없다.

그동안 노동자들이 한 번도 경험하지 못한 거대하고 빠른 변화가 일어나고 있었다. 이러한 변화의 배후에는 기술이 있었다. 오늘날의 우리는 대장장이, 전화 교환원, 여행사 직원 등 몇몇 직업은 당연히 변화의 뒤안길로 사라질 것이라고 생각한다. 하지만 당시 세상은 지금과는 달랐다. 한 세대에서 다음 세대로 넘어가는 긴 시간 동안 세상은 거의 변하지 않았다. 실제로 산업 혁명 초기에 영국은 노동자를 위협하는 새로운 기계의 발명을 법으로 제한했었다. 하지만 시간이 흘러 영국 정부는 새로운 기계를 발명하는 것을 허용하기로 결정했다. 숙련공에게는 정부가 나쁜 선택을 하는 것처럼 보였다.

면직물 공장 노동자들은 은밀하게 기계와의 전쟁을 선포했다. 그들은 자신들이 행동하면 정부가 다른 선택을 하게 될 거라고 생각했다. 1811년, 신문과 장터 그리고 기계 소유주의 우편함에 비밀스러운 편지가 등장하기 시작했다. 그중 한 통의 편지를 읽어 보자. 참고로 시어링 프레임은 거대한 전단기를 사용하던 전모공에게서 일자리를 빼앗은 기계다.

> 요크셔 언덕 끝에 사는 대장장이 시어링 프레임 소유주에게
>
> 선생님, 당신이 혐오스러운 시어링 프레임의 소유주라는 정보를 입수했습니다. 나의 형제들은 제가 당신께 편지를 보내 시어링 프레임을 철거하도록 경고하라더군요. 다음 주 말까지 시어링 프레임을 철거하지 않는다면, 저는 최소 300명의 장정들로 구성된 부대를 보내 시어링 프레임을 전부 파괴할 것입니다. 당신이 이 경고를 무시하고 우리를 그 먼 곳까지 가게 만든다면 공장을 잿더미로 만들어 당신에게 더 큰 불행을 선사할 겁니다. 그리고 만약 당신이 나의 부대를 향해 발포한다면 그들에게 당신을 사살하고 집을 불태우라 명령하겠습니다.
>
> 교정자 군단의 장군
>
> 네드 러드

폭도들의 우두머리인 에드워드 네드 러드는 러다이트의 창시자다. 당시에 그가 로빈후드처럼 노팅엄셔 셔우드 숲에 은둔해 있다는 소문이 돌았다. 하지만 사실 네드 러드는 로빈후드처럼 신화 속 인물이다. 네드 러드의 정체에 대해 한 신문사의 편집자는 이렇게 말했다. 어쩌면 수십 년 전에 너무 화가 나서 스타킹 기계를 부숴 버린 네드 러드라는 이름의 스타킹 편물공이 살았는지도 모른다고. 하지만 교정자 군단을 이끄는 러드 장군은 허구의 인물이었다. 누군가가 그를 만들어 냈고 그에 관한 신화를 퍼트렸던 것이다.

이전에도 사람들은 분노에 가득 찬 편지를 썼고 가끔 공장을 공격하기도 했다. 하지만 실존하지 않는 장군을 전면에 내세우면서 상황이 급변했다. 네드 러드의 탄생으로 상황이 보다 심각해졌다. 자신들의 일자리를 빼앗는 기계에 대해 불만을 품은 노동자가 한두 명이 아니었던 것이다. 러다이트라 불리는 사람들로 구성된 비밀 군단이 영국 북부 지역으로 세력을 확장해 나갔다.

러다이트들은 기술에 반대하는 광신도 집단이 아니다. 그들은 자연으로의 회귀를 주장하는 최초의 히피도 아니다. 그들은 단지 자신들에게서 일자리를 빼앗아 가는 기계를 몰아내고 싶었을 뿐이다. 1811년 봄 노팅엄셔에서 그들은 무력을 행사하기 시작했다. 거의 매일 밤 그리고 매주, 무장한 스타킹 편물공들은 도끼와 해머를 들고 공장에 침입해 스타킹을 짜는 기계를 박살 냈다.

불과 몇 달 만에 네드 러드가 곳곳에서 출몰했다. 한 공장 소유주는 길을 걸어가던 중에 어린아이들에게 놀림을 받기도 했다. "내가 네드 러드다!" "아니야, 내가 바로 네드 러드다!" 한 정부 관계자는 네드 러드의 변호인이라 주장하는 익명의 사람으로부터 법정에 자신을 고소하겠다는 편지를 받았다고 말했다. 사람들은 술집에서 러드에 대한 노래를 불렀다.

용감한 로빈후드를 기리는 한물간 노래는 더 이상 부르지 말라
나는 그의 업적을 존경하지 않는다
나는 러드 장군의 업적을 기리는 노래를 부르리라
이제 그가 노팅엄셔의 영웅

러다이트들은 면직물 공장을 불태웠고 양모를 수확하는 기계를 부쉈다. 사람들이 몰려와 기계를 파괴하는 사건이 수십 건씩 일어났고 전역으로 확산됐다.

당시는 프랑스 혁명이 발발한 지 겨우 수십 년이 지난 무렵이었다. 영국 관료들은 공포에 떨었다. 1812년 영국 의회는 기계를 파괴하는 행위를 사형에 처할 수 있는 중범죄로 명시한 법안을 통과시켰다. 잘 알려져 있지는 않지만 시인으로 유명한 바이런 경은 의회 의원이었다. 그의 첫 연설은 러다이트 법안에 대한 그의 대답과도 같았다.

러다이트 운동은 그 무엇과도 비할 데 없는 고통스러운 상황에서 탄생했습니다. 한때 정직하고 근면 성실했던 사람들은 절대적 빈곤으로 인해 자기 자신, 자신의 가족과 지역 사회에 아주 위험한 행위를 자행하게 됐습니다.
이 사람들은 기꺼이 땅을 파고자 했지만, 삽은 다른 사람들의

손에 쥐어져 있었습니다. 그들은 구걸을 수치스러워하지 않았지만, 그 누구도 그들을 달래지 않았습니다. 그들의 생계 수단이 잘려 나갔습니다. 다른 일자리는 이미 다른 사람들이 차지했습니다. 아무리 개탄하고 규탄하더라도 그들의 지나친 행동이 전혀 놀랍지 않습니다.

이 법안의 명백한 부당함과 분명한 무능을 차치하고, 당신들이 만들어 낸 법령들에 이미 충분한 사형이 명시되어 있지 않습니까? 그대들의 형사법 위에 승천해 그대들의 악행을 증언할 충분한 피가 뿌려지지 않습니까? 이것이 굶주리고 절망에 빠진 국민들에 대한 개선책입니까?

그렇다. 영국 의회는 결정을 내렸다. 그들은 굶주리고 절망에 빠진 국민들을 개선할 방도가 교수형이라는 결정을 내렸다. 법안은 긴급 조치로 의회에서 빠르게 통과됐다. 하지만 러다이트의 공격은 계속 거세졌다.

4월 11일 밤에 대략 100여 명의 러다이트들이 영국 북쪽에 위치한 허더즈필드라 불리는 마을 근처의 들판에 모였다. 대부분 거대한 전단기로 양모 모직물에서 보풀을 제거하는 전모공들이었다. 그들은 마을 어귀에 있는 공장을 공격할 계획이었다. 그들이 공장을 향해 걸어가자 점점 많은 사람이 그들의 행렬에 가담했다. 마침내 그 규모가 150여 명으로 늘어났다. 그들은 총, 망치, 도끼 등 무기로 쓸 수 있는 것은 무엇이든 들고나왔다. 일부 사람은 손에 돌을 쥐기도 했다. 그들은 공장 주인인 윌리엄 카트라이트William Cartwright를 해칠 생각은 없었다. 그들은 오로지 자신들에게서 일자리를 빼앗은 그의 기계를 파괴할 계획이었다.

카트라이트는 공장에서 이제 막 시어링 프레임을 사용하기 시작했다. 그의 공장에서 일하던 전모공의 자리를 기계가 빼앗은 것이다. 우마차에 가득 실려 카트라이트의 공장으로 운송되는 기계를 러다이트들이 모두 파괴하는 사건이 바로 지난달에 있었다. 이번에는 카트라이트도 러다이트들의 공격에 철저하게 대비했다.

그는 군인 네 명과 일꾼 다섯 명과 함께 공장에서 대기하기 시작했다. 군인들은 위층에 자리를 잡았다. 그들은 바위 뒤에 몸을 숨긴 채 러다이트들을 향해 총을 겨눴다. 카트라이트는 공장 문에 철심을 박고 빗장을 걸었다. 계단 꼭대기에는 황산을 가득 담은 양동이를 설치했다. 문을 부수고 공장 안으로 진입하는 러다이트들에게 황산을 붓기 위한 대비였다. 공장 밖에는 정찰대 두 명이 순찰을 돌고 있었다.

자정이 막 지났을 무렵, 러다이트들이 공장으로 향했다. 그들은 가까스로 정찰병들을 잡았고 손도끼로 문을 부수고 공장 부지로 진입했다. 공장 안에서 개가 무섭게 짖기 시작했다. 개 짖는 소리에 잠이 깬 카트라이트가 군인들을 깨웠고, 그들은 공장을 향해 행군하는 러다이트들을 향해 2층에서 총을 발사했다. 망치와 손도끼를 지닌 러다이트들은 공장 문을 부수려고 시도했다. 하지만 문을 부수고 안으로 진입할 수 없었다. 그들은 후퇴했고 다시 공격했다. 러다이트들은 창문을 향해 총을 발사했지만, 공장 안에 있는 어느 누구도 총에 맞지 않았다. 하지만 러다이트 두 명이 군인들이 쏜 총에 맞아서 사망했다. 결국 러다이트들이 카트라이트의 공장에서 물러났다. 전투는 끝났고 러다이트들은 패배했다.

총에 맞아 사망한 러다이트 두 명 중 한 명의 장례식에 수백 명의 사람들이 참석했다. 나머지 한 명은 조문 행렬을 막기 위해서 아무도 모르게 땅에 묻혔다. 만일의 사태에 대비해 더 많은 병력이 허더즈필드로 몰렸지만, 더 이상의 재판은 일어나지 않았다. 몇 달 동안 어느 누구도 공장에 대한 공격에 누가 가담했는지를 말하지 않았다. 다른 마을에서 러다이트들의 공격이 계속됐다. 한 공장의 소유주는 "러다이트의 피로 물들인 뱃대끈을 매고 말을 타고 싶다."라고 말했다가 길거리에서 총에 맞아 사망했다.

마침내 정부에서 러다이트들을 체포하기 시작했다. 대략 60여 명의 러다이트들이 감옥에 갇혔다. 재판이 빠르게 진행됐고 러다이트 14명이 사형을 선고받았다. 사형을 선고받은 러다이트 중 카트라이트의 공장을 공격했던 이들은 여덟 명이었다. 좀 더 많은 사람들이 사형을 선고받은 러다이트들이 교수형에 처해지는 모습을 볼 수 있도록 교수대가 평소보다 두 배 높게 설치됐다. 그럼에도 불구하고 얼마 동안 여기저기서 네드 러드가 출몰했다. 하지만 그것이 사실상 러다이트 운동의 끝이었다. 1817년, 거대하고 장렬한 최후가 머지않았음을 알리는 암울한 분위기의 간략한 편지를 마지막으로 러다이트 운동은 막을 내렸다. "마지막 주사위가 던져질 것이고 러다이트들이나 군대 중 어느 하나가 승리할 것이다."

하지만 편지처럼 러다이트는 장엄한 최후를 맞이하진 못했다. 군대가 승리했고 러다이트는 슬그머니 자취를 감췄다. 불과 수십 년 뒤에 그 누구도 손으로 실을 뽑거나 면직물을 짜거나 보풀을 제거하지 않았다. 면직물 공장 노동자들이 성월요일을 즐겼고 모자에 5파운드짜리 지폐를 꽂고 술집을 찾던 세상은 이제 사라지고 없었다.

역사를 거스를 수 있다면 러다이트들에게 외치고 싶다. "제 말을 믿으세요. 기계가 뭐든지 훨씬 더 잘 만들어요. 당신들의 후손들은 먹을 음식과 신을 신발이 충분한 세상에서 살게 될 겁니다. 그들은 휴가도 쓰고 심지어 열여덟 살이 될 때까지 일하지 않아도 됩니다. 모두가 지금보다 더 부유한 삶을 살 겁니다. 모두가 더 많은 돈을 가지게 될 것입니다."

하지만 러다이트들의 생활은 당장 나아지지 않았다. 심지어 그들의 자녀들의 생활도 마찬가지였다. 영국이 세계 최초로 산업에 기반을 둔 경제 시스템을 구축하던 19세기 초반에 노동 생산성은 지붕을 뚫을 정도로 치솟았지만, 노동자들의 평균 임금 수준은 거의 변화가 없었다. 반면 공장 소유주들은 부유해졌다. 공장을 짓거나 기계를 수리하는 데 능숙한 노동자들도 꽤 괜찮은 생활을 했다. 하지만 기계로 대체할 수 있는 작업을 했던 숙련공들은 암울했다. 기계를 파괴했던 러다이트들만의 착각이 아니었다. 그들에게는 투표하거나 조합을 구성할 권리가 없었다. 러다이트가 자신들의 일자리를 빼앗은 기계를 부숴 경제적 이익을 스스로 보호하려 했던 것도 그 때문이다. 어느 역사학자는 이를 두고 '소요에 의한 집단 교섭'이라 불렀다.

우리는 현재 제2의 기계 시대에 살고 있다. 직물 짜는 기계가 아닌 컴퓨터와 소프트웨어가 지금의 새로운 시대를 이끌고 있다. 하지만 어떤 부분에서는 과거와 같은 일이 벌어지고 있다. 사람들은 소득 수준 상위 1퍼센트의 부상과 평범한 사람들의 정체된 소득 수준에 대해 이야기한다. 이것들은 기술이 불러온 변화의 결과 중 일부다.

전통적인 경제학자는 이런 변화를 두고서 기술의 발달로 야기된 문제는 일시적이라고 말한다. 기술이 발달하면 장기적으로 모두가 부유해질 것이라는 논리다. 하지만 러다이트들이 그 말을 들으면 아주 오랜 시간이 지나야 그런 날이 올 거라고 말할 것이다.

MONEY

제4장

그 무엇도 화폐의 가치를
보장하지 않는 세상

금본위제도의 폐지

———

생산성이 급증하고 러다이트들이 모자에 지폐를 꽂고 술집을 드나들던
시기에 금본위제도가 등장했다. 현재 우리는 정부가 화폐를 발행하고
그 무엇도 화폐의 가치를 보장하지 않는 세상에서 살고 있다.
아이러니하게도 우리가 살고 있는 이 세상은 금본위제도로 인해
세계 경제가 거의 파탄의 지경에 이르렀던 순간에 탄생했다.

금에 대한
환상

    금은 79개의 양성자를 지닌 원자다. 금은 중성자별이 충돌하기 시작할 때 생성된다. 금은 최초의 인간이 등장하기 전 수십억 년 동안 지구에 존재했다. 아마도 마지막 인간이 지구에서 사라진 뒤에도 수십억 년 동안 금은 계속 존재할 것이다. 금은 허구가 아니다. 주관적인 개념도 아니고 누군가 만들어 낸 허상도 아니다.

    금본위제도는 화폐로서의 금에 대한 환상에 관한 이야기다. 자연적이고 객관적이며 영원한 가치를 지닌 화폐, 인간의 어리석음으로부터 자유로운 화폐 그리고 정부의 개입이 없는 화폐를 꿈꾸던 사람들이 금을 화폐로 선택했다. 자유시장에 대한 믿음이 서구 세계 전역으로 퍼졌던 19세기에 정치인, 은행원 그리고 지식인은 금본위제도와 사랑에 빠졌다. 그들은 금이 전 세계를 자연스럽게 흐르는 물처럼 사

용되기를 꿈꿨다. 하지만 그들과 금본위제도와의 러브스토리는 해피
엔딩이 아니었다.

우선 데이비드 흄David Hume으로 이야기를 시작해 보자. 그는 모든
것에 회의적인 18세기 스코틀랜드 사람이었다. 당시에는 존재 자체만
으로도 충격적인 무신론자였으며, 세상에 관해 많은 일들을 바로잡
았던 철학자이자 역사학자였다. 그는 돈이 어떻게 움직이는지를 탐구
했고, 그의 초기 이론은 금본위제도를 사랑했던 사람들의 뇌리에 깊
이 새겨졌다. 그는 신앙에 관해서는 '위대한 무신론자'로 알려졌지만
화폐에 관해 여러 세대에 걸쳐 이어진 종교적 정설을 만들어 냈다.

흄이 활동했던 시대에 국가들은 화폐와 부를 어떻게 생각했을까?
그들은 '금과 은이 곧 부'라고 생각했다. 국가가 부유해지려면 금을
가능한 한 많이 축적해야 한다고 생각했다. 그리고 무역 흑자를 내면
많은 금을 확보할 수 있다고 믿었다. 쉽게 말해서 수입하는 것보다 더
많이 수출하는 것이 부를 쌓는 좋은 방법이었다. 당시 사람들은 수출
을 늘리면 해외로 빠져나가는 금보다 더 많은 금이 국가로 유입되고
국내 통화량이 증가해 결국 국가가 부유해질 것이라고 생각했다. 이
를 위해서 국가는 수입을 제한하거나(수입 쿼터제) 수입품에 더 많은
세금(관세)을 부과해야 한다고 믿었다. 어디선가 들어본 듯한 익숙한
주장이지 않은가? 일부 현대 정치인들이 무역에 대해 이와 똑같은 주
장을 한다.

하지만 흄은 이런 주장들이 모두 틀렸다고 했다. 흄은 자신의 주장
에 대한 타당성을 증명하기 위해서 사고 실험을 했다. 하룻밤 사이에
영국이 보유한 금과 은의 5분의 4가 감쪽같이 사라졌다고 가정하자.

휙! 이다음에 어떤 일이 일어나게 될까? 농부들은 계속 밀을 재배하고 노동자들은 면직물을 생산하고 석탄을 캔다. 금화와 은화가 귀해졌기 때문에 금과 은의 가치가 이전보다 네 배 뛴다. 이전에 은화 네 닢으로 밀 1부셸을 샀거나 일주일 치 일당을 지급했다면, 이제는 은화 한 닢이면 충분하다.

영국에선 그리 큰 변화는 생기지 않는다. 일주일 치 임금으로 여전히 밀 1부셸을 구입할 수 있다. 하지만 나머지 국가들은 상대적으로 영국의 물품들이 갑자기 엄청 저렴해졌다고 느낀다. 스페인과 프랑스는 영국으로부터 서둘러 밀을 수입한다. 대량의 밀이 해외로 수출되면서 영국에서 은화가 쌓이기 시작한다. 흄은 "얼마나 짧은 시간 안에 영국이 잃었던 돈(금화나 은화)을 다시 되찾고 경제를 이웃 국가들과 같은 수준으로 끌어올리는가"라고 책에 썼다.

하지만 이와 정반대의 상황도 일어날 수 있다. 영국에서 금과 은의 양이 갑자기 네 배 증가하면 물가가 상승할 것이다. 그러면 영국 소비자들은 프랑스와 스페인에서 좀 더 저렴한 물품을 앞다퉈 사들인다. 결과적으로 금화와 은화가 영국 밖으로 빠져나가게 된다.

어떤 상황이든지 물가와 무역은 자동적으로 균형 상태로 되돌아가게 된다. 이를 두고 흄은 '자연의 보통 섭리'the common course of nature라 불렀다. 또한 한 국가에 은과 금을 쌓아 두려는 시도는 바다의 어느 쪽을 다른 쪽보다 높이려는 어리석은 짓을 하는 것과 다를 바 없다고 말했다. "어디로 흐르든지 바닷물은 수평을 이룬다."

국가는 금을 쌓아 두려고 하지 말고 사람들이 열심히 일해서 가치를 창출할 수 있는 환경을 조성해야 한다고 흄은 덧붙였다. 관세와 수입 쿼터제에 대해서도 "목적을 달성하는 데 아무런 도움이 되지 않고 산업을 억제하고 우리 자신과 이웃 국가들에게서 예술과 자연의 공익을 강탈해 간다."라고 썼다.

흄은 이런 생각들을 글로 옮겨 《정치론》Political Discourses 을 발표했다. 그의 책은 널리 읽혔고, 그의 사상은 가장 친한 친구인 애덤 스미스에게 영향을 미쳤다. 스미스는 화폐와 무역에 관한 흄의 관점을 '천재적'이라 칭했다.

1776년 스미스는 《국부론》An Inquiry Into the Nature and Causes of the Wealth of Nations 을 발표했다. 현대 경제학이 탄생한 순간이었다. 그의 책은 흄의 영향을 많이 받은 듯 보였다. 스미스는 국가는 "금과 은의 양을 늘리기 위해서 관세를 높여 부를 축적할 수 없다."라고 주장했다. 그리고 "모든 국가에서 무엇이든지 재화나 서비스를 가장 저렴한 가격에 판매하는 사람들에게서 구입하는 것이 모든 사람들에게 항상 이롭다."라고 덧붙였다.

스미스의 자유 무역 옹호론은 정확하게 무역으로 부자가 된 상인과 은행원이 듣고 싶었던 말이다. 스미스의 책이 출간되고 몇십 년 뒤에 그들은 국가에 금과 은이 쌓이는 것을 막기 위해서 정부를 압박해 대부분의 관세를 철회하거나 낮추도록 만들었다.

같은 시기에 영국에서 중대한 변화가 일어나고 있었다. 이 변화로 스미스의 자유 무역주의는 전 세계로 확산되며 화폐에 관한 흄의 관점에 더 많은 무게가 실리게 된다. 영국 의회는 화폐의 정의를 수정했고 본의 아니게 국제적인 금본위제도를 탄생시켰다.

금본위제도에
대한 반론

영국은 많은 국가들처럼 오랫동안 금과 은을 기반으로 통화를 만들려고 시도했다. 그리고 그들과 마찬가지로 영국도 금화와 은화의 가치를 제대로 매길 수가 없었다. 영국의 경우 은화의 공식적인 가치는 주화를 만드는 데 들어가는 원료의 가치보다 낮았다. 그래서 존 로가 살던 시대처럼 사람들은 은화를 녹여 고철로 만들어 유럽에 내다 팔았다.

1816년 영국 의회는 은을 포기하고 영국 파운드화는 지금부터 오직 금 123그레인이라고 선포했다(그레인grain은 밀 알갱이 하나의 무게 단위다.─편집자). 그 누구도 알지 못했지만 이로써 국제 금본위제도의 시대가 시작됐다.

영국은 당시 세상에서 가장 중요한 경제국이었고 런던은 세계 금융의 중심지였다. 많은 국가들이 오랫동안 주화를 주조할 때 들어가는 금과 은의 적정한 비율을 찾으려고 애썼지만 번번이 실패했다. 결국 하나둘 은을 포기했다. 1800년대 후반이 되자, 모든 주요 경제국들이 사실상 금본위제를 채택했다. 미국에서는 해마다 20달러 67센트로 금 1온스를, 반대로 금 1온스를 20달러 67센트로 교환했다. 이 교환율은 기본적인 상식이고 변함없는 사실이었다. 1시간은 60분이고, 60분은 1시간인 것과 같은 이치였다.

많은 국가에서 금본위제를 채택하면서 경제적 문제가 대부분 해소되기 시작했다. 동일한 비율로 모든 국가의 통화를 금으로 교환할 수 있었고, 각 통화의 상대적 가치는 동일했다. 예를 들어 달러와 파운드의 환율은 1파운드당 4달러 87센트였다. 그 덕분에 국제 무역이 더 용이해졌다. 본질적으로 국제 금본위제도의 채택은 단일 국제 통화의 등장과 같았다. 증기선, 철도 그리고 전신과 같은 새로운 기술들과 함께 금본위제도가 거대한 세계화 물결을 일으켰다. 예를 들어 미국, 아르헨티나 등은 유럽에 상품과 서비스를 수출해 부유해졌고, 유럽 국가들은 미국과 아르헨티나 같은 국가에 투자해서 부유해졌다. 특히 영국에서는 관세가 하락했다. 금이 썰물과 밀물처럼 자연스럽게 영국으로 들어오고 나갔다. 스미스와 흄의 꿈이 실현됐다. 이렇게 꿈 같은 세상에서 무엇이 잘못될 수 있을까?

◆ ◆ ◆

전 세계 국가들이 점차 국제 금본위제도를 채택하자 19세기 후반에 세계 경제가 세계의 금 공급량보다 더 빨리 성장했다. 사람들의 소비도 가용한 금의 양보다 더 빨리 증가했다. 그 결과, 금에 대한 수요는 증가했고 금값은 치솟았다. 금본위제도에서 금이 비싸지면 물가는 하락한다.

흄의 사고 실험에서 살펴봤듯이, 어느 국가에서 금이 하룻밤 사이에 사라져 물가가 하락하더라도 상대 가격이 그대로이기 때문에 국내에서는 아무것도 변하지 않는다. 노동자들의 임금이 물가와 동일한 수준으로 하락하기 때문에 소비 규모는 이전과 변함이 없다. 하지만 흄이 가정한 세상은 너무 비현실적인 상상 속의 세상이다. 더욱이 돈의 본질적인 기능 중 하나인 부채 혹은 채무가 무시됐다.

누군가 오늘 1,000달러를 빌렸는데 내일 급여와 물가가 절반으로 뚝 떨어졌다고 가정하자. 이렇게 되면 그는 완전히 망한 셈이다. 이제 그는 매월 부채상환금을 내기 위해서 노동 시간을 두 배 늘려야 한다! 반면 물가가 하락했을 때 부채가 없고 은행에 1,000달러를 예금해 둔 사람이라면 어떨까? 그는 들떠서 잠을 이루지 못할지도 모른다. 이제 그는 어제보다 두 배 더 많은 상품과 서비스를 구매할 수 있다. 디플레이션은 채무자에게는 나쁜 소식이지만 채권자에게는 좋은 소식이다.

1873년, 미국이 금은본위제도에서 금본위제도로 갈아타자 물가는 20년 동안 계속 하락했다. 이 시기는 자신이 가진 돈으로 점점 더 많은 상품과 서비스를 살 수 있게 된 부자들에게 좋은 시절이었다. 하지만 빚을 지고 매월 일정하게 빚을 갚아 나가기 위해서 끊임없이 일해야 했던 가난한 사람들에게는 고통스러운 나날이었다. 그 결과 미국에서 '무엇을 돈이라고 불러야 하는가?'를 두고 싸움이 벌어졌다.

당시 농민은 주로 빚을 내서 농토를 확보했다. 그들은 금본위제도와 뒤이은 물가 하락으로 갈수록 살기 힘들어졌다. 일부 농민은 정부에 금을 가치 척도로 사용하지 않는 녹색 지폐의 발행을 요구하는 그린백당Greenback Party을 지지했다. 남북 전쟁 동안 미국 정부는 잠깐이지만 금이나 은을 가치 척도로 사용하지 않는 지폐를 발행했었다. 또다시 이런 지폐의 발행을 정부에 요구하는 것은 아주 파격적인 일이었고 많은 사람의 지지를 얻지도 못했다. 당시 많은 사람이 금이나 은으로 교환할 수 없는 종이를 돈으로 쓴다는 것은 그야말로 어처구니없는 소리라고 생각했다.

농민들은 정부가 언제든지 돈을 금이나 은으로 교환해 줄 준비가 되어 있었던 예전으로 되돌아가자고 요구했다. 과거에는 누구나 은이나 금을 미국 조폐국으로 가져가서 주화로 바꿀 수 있었다. 금과 함께 은을 가치 척도로 다시 활용한다는 것은 간단하게 말해서 국내 통화량이 증가된다는 의미였다. 통화량이 증가하면 물가가 상승한다. 그러면 농민들은 빚을 갚기가 더 수월해질 것이었다.

돈이 존재하는 곳이면 항상 일어나는 현상이 있다. 어느 시기나 돈이라고 하면 누구나 떠올리는 형태가 있다. 오직 그 형태를 갖춘 돈만이 돈으로 인정된다. 그 외에 다른 것을 돈이라고 부르는 것은 무책임한 광기로 치부된다. 이런 근시안적 사고가 금본위제도와 엮이며 절정에 도달했다. 금본위제도가 등장한 지 20년이 흐르자 사람들은 금이 돈의 역할을 맡는 것은 지극히 당연하고 자연스러운 것이라고 믿게 됐다. 모든 문명국가들이 그렇게 생각했다. 이런 세상에서 과연 누가 금이 아닌 다른 무언가를 돈이라고 생각할 수 있었겠나?

1890년대에는 거의 모든 공화당원과 대부분의 민주당원이 금본위제도를 유지해야 한다고 생각했다. 농민들의 간청은 무시됐다.

민주당은 1896년 7월 9일 시카고에서 대선 후보를 결정했다. 이날 상황이 변했다. 적어도 민주당원들의 생각은 바뀌었다. 늦은 아침에 서른여섯 살의 하원의원 윌리엄 제닝스 브라이언William Jennings Bryan이 자리에서 일어나 무대 위로 걸어 올라갔다. 그는 그 무대에서 대통령 선거 운동 역사상 가장 유명한 연설을 했고 돈의 의미를 중심으로 선거 운동을 펼치게 된다.

브라이언은 연설가로 알려졌다. 그는 미국 전역을 돌아다니며 유료

강연을 했다. 무대 위에 선 그는 민주당원들을 바라봤다. 어느 신문에서는 "그의 다부지고 넓은 어깨가 무대를 꽉 채웠다. 그런 그의 모습이 눈을 즐겁게 했다. 그는 검은 눈썹과 강한 인상을 지녔고 멀리서도 뚜렷이 그의 얼굴을 볼 수 있었다."라고 다뤘다. 그와 관련해 간과해선 안 될 점 하나가 있다. 바로 기차 화통을 삶아 먹은 듯이 목소리가 컸다는 점이다. 그는 축구장보다 넓은 경기장을 채운 2만 명의 사람들 앞에서 확성기 없이 연설했다. 일례로 그의 아내는 3블록 떨어진 호텔 방에서도 남편이 무슨 말을 하는지 정확하게 들을 수 있었다고 말했다.

그날 시카고에서 분열된 민주당과 마주한 브라이언은 금본위제도 유지를 주장하는 반대파들에게 직설적으로 말했다.

당신들이 우리에게 와서 우리가 당신들의 사업 이익을 저해하고 있다고 말한다면, 우리는 당신들의 행동이야말로 우리의 사업 이익을 저해해 왔다고 응수하겠습니다. 당신들은 사업가를 너무나 협소하게 정의하고 있습니다. 어딘가에 소속되어 임금을 받으며 일하는 노동자들도 그들의 고용주와 다름없는 사업가입니다. … 아침 일찍부터 하루 종일 땀 흘리며 땅을 일구는 농민들도 상품 거래소에서 곡물값을 흥정하는 장사치와 다름없는 사업가입니다. 땅속 300미터까지 파 내려가 귀중한 광물을 캐내는 광부들 역시 막후에서 세계의 돈을 주무르는 금융업계 거물들과 다름없는 사업가입니다. 우리는 보다 넓은 의미에서 수많은 사업가들을 대변할 것입니다.

브라이언은 만약 사업을 넓게 정의하다면 금본위제도는 사업에 하등의 도움이 안 되는 제도라고 말하는 이 부분이 연설에서 가장 중요한 대목이었다고 회고록에 썼다. 하지만 그 누구도 그날 그의 연설에서 이 대목을 기억하지 않는다. 그날의 연설은 무언가에 대한 자신의 생각을 밝힌 것이 아니었다. 그 연설은 선전 포고이자 설교였다. 정치적 논객에서 호전적인 설교자로 변모하는 순간, 브라이언은 목표 청중을 바꿨다. 그는 금본위제도 지지자들을 연설로 설득하길 멈추고 은화 자유주조주의자들을 결집시키기 시작했다.

우리는 우리의 집, 가족 그리고 번영을 보호하기 위해 투쟁하고 있습니다. 우리는 청원했습니다. 하지만 우리의 청원은 멸시됐습니다. 우리는 애원했지만, 우리의 애원은 무시됐습니다. 우리는 간청했지만, 우리에게 재앙이 닥쳤을 때 우리의 간청은 조롱당했습니다. 우리는 더 이상 간청하지 않습니다. 우리는 더 이상 애원하지 않습니다. 그리고 더 이상 청원하지 않습니다. 우리는 그들을 부정합니다!
그들이 감히 공개적으로 금본위제도가 좋은 것이라 옹호한다면, 우리는 최후의 순간까지 그들과 싸울 것입니다. 우리 뒤에는 국가와 세계를 위해 생산 활동을 하는 민중들이 있습니다. …
우리는 금본위제도를 요구하는 사람들에게 이렇게 답할 것입니다. 이 가시 면류관을 노동자의 머리에 씌우지 말라. 인류를 황금 십자가에 매달지 말라!

마지막 문장을 말하며 브라이언은 연단에서 내려와 마치 십자가 위에 있는 것처럼 양팔을 쭉 펼쳤다. 그리고 조용히 몇 초 동안 가만히 그 자리에 서 있었다. 이것은 대담한 행동이었다. 청중들이 그의 행동을 어떻게 받아들일지 알 수 없었다.

그의 행동은 엄청난 폭발력을 지니고 있었다. 브라이언이 무대에서 걸어 내려와서 청중 속으로 걸어갔다. 한 신문 기자는 "모두가 일순간 미쳐 버린 것 같았다."라고 그 순간을 기록했다. 사람들은 소리쳤고 우산을 흔들고 모자를 집어던졌다. 한 농민은 앉아 있던 의자를 때리면서 외쳤다. "오, 신이시여! 오, 신이시여! 오, 신이시여!" 군중들은 브라이언을 자신들의 어깨에 태우고 연설장을 돌아다녔다. 남부와 서부에서 온 수십여 개 주 대표단들이 자신들의 주를 상징하는 현수막을 들고 브라이언의 네브래스카주 대표단 옆에 섰다. 다음 날 그들은 브라이언을 대통령 후보로 선출했다.

윌리엄 매킨리William McKinley는 윌리엄 제닝스 브라이언의 연설을 듣고 감명받지 않았다. 매킨리는 공화당 후보였고 오하이오주에 있는 자신의 집 현관에서 후보 연설을 할 계획이었다. 브라이언이 민주당 후보로 지명된 다음 날, 그리고 그가 '황금 십자가 연설'을 한 이튿날 매킨리는 집 현관에 놓인 의자에서 일어나 그를 만나러 온 공화당원들을 바라보며 연설을 했다.

> 나의 친애하는 시민 여러분, 최근 사태들로 인해 이 나라의 애국적인 사람들은 남북 전쟁 이후 그 어느 때보다 무거운 책임감과 의무를 짊어졌습니다. 남북 전쟁은 미국 정부를 보호하려는

투쟁이었습니다. 하지만 지금은 정부의 재정적 명예를 보호하기
위한 투쟁입니다.

우리의 신조는 정직한 달러, 즉 결점 없는 국가 신용입니다. 우
리가 서 있는 바로 이 연단 위에서 미국 국민의 냉철하고 사려
깊은 판단력에 대고 맹세합니다.

브라이언처럼 매킨리도 경제에 대한 자신의 의견을 피력하기보다
는 도덕성을 내세웠다. 하지만 브라이언이 금이 낳은 억압과 은을 통
한 구원에 관한 도덕성을 내세운 것과 달리 매킨리는 책임, 의무 그리
고 명예에 관한 도덕성을 내세웠다. 냉철하고 사려 깊은 판단력을 지
닌 사람이라면 금이라는 정직한 달러를 은이라는 부정직한 달러보다
선호할 것이라고 그는 말하고 있었다.

매킨리의 도덕적 논리에 따르면 금본위제도로 인해 물가가 하락하
고 채무자들이 피해를 입었다면, 금본위제도는 절약하고 저축하는
사람들에게 이로운 제도였다. 금본위제도는 그들의 돈을 더 가치 있
게 만들었다. 금본위제도는 도덕적인 절약을 보상해 주고 분수에 맞
지 않는 생활을 하며 생계를 유지하기 위해서 돈을 빌리는 게으른 사
람들을 벌했다.

모두가 브라이언의 황금 십자가 연설을 기억한다. 반면 매킨리의
냉철하고 사려 깊은 판단력에 기반한 연설을 기억하는 이는 없다. 하
지만 왠지는 모르겠지만, 대통령 선거에서 브라이언은 패했고 매킨리
가 승리했다. 미국인은 브라이언이 제시한 공포와 구제로 점철된 성
서적 미국이 아닌 불안과 성공을 이야기한 윌리엄 매킨리의 과묵한

미국을 선택했다.

　그해 캐나다 북서부 유콘 지역의 클론다이크에서 새로운 금광이 발견됐다. 같은 시기에 사람들은 보다 효율적으로 광석에서 금을 추출해 내는 방법을 찾아냈다. 이제 금의 공급량이 세계 경제보다 더 빠르게 증가했고 물가가 상승하기 시작했다. 금본위제도에서 기본적인 형태의 돈, 즉 금의 세계 공급량은 경제적 필요나 정치적 수요에 의해 움직이지 않았다. 오로지 광부들이 금광에서 캐낸 금의 양에 의해 결정됐다. 만약 광부들이 금을 많이 캐내면 통화량이 증가해 물가는 상승할 것이다. 반대로 금을 적게 캐내면 물가는 하락할 것이다. 통화량 조절 방법이라고 하기에는 너무나 이상했다.

　1900년에 윌리엄 매킨리 미국 대통령은 금본위법에 서명했다. 금본위법은 한 세대 동안 모두가 당연하게 여겼던 사실, 즉 미국이 금본위제도 국가임을 공식화했다. 매킨리가 또다시 브라이언을 상대로 재선에 출마했을 때, 금전 위에 서 있는 매킨리와 바로 옆에 상업과 문명이란 글이 적혀 있는 선거 포스터가 등장했다. 이 선거 포스터만 봐도 그가 무엇을 지지하고 말하고자 하는지 명확히 알 수 있었다. 윌리엄 매킨리, 즉 금본위제도가 다시 승리했다.

화폐착각 위에
세워진 시스템
　　　　　　　　어빙 피셔 Irving Fisher 는 예일대학교 경제학과 교수였다. 그는 건강식품에 열광했고 금주했으며 건강 전도사였다. 그의 뉴헤이븐 저택에는 운동 기구가 가득했다. 그는 《어떻게 살 것인가?》란 책의 공동 저자였다. 이 책은 50만 부가량 팔렸고, 그는 책의 인세로 생명 연장 연구소Life Extension Institute란 조직을 설립했다.

피셔는 자신이 진행하고 있는 모든 프로젝트를 효율적으로 정리하기 위해서 카드 색인이라는 체계를 개발했고 특허도 따냈다. 그는 카드 색인 체계를 팔기 위해서 인덱스 비저블Index Visible이라는 회사를 세웠고 이 회사를 다른 큰 회사와 합병해 큰돈을 벌었다. 또한 그는 우생학을 지지했다. 당시 널리 인기를 얻던 우생학은 오늘날에는 분명히 혐오스럽고 비도덕적인 학문으로 알려져 있다. 피셔는 13달 달력, 단순화된 맞춤법과 새로운 지도 제작 방식을 제안했다. 이러한 모든 것을 놓고 봤을 때, 그는 단지 세상을 이해하고 싶을 뿐만 아니라 세상을 바꾸고 싶었던 것 같다.

1896년 대선 때 피셔는 젊은 교수였다. 그 역시 거의 모든 미국 경제학자들과 마찬가지로 윌리엄 제닝스 브라이언을 지지하지 않았다. 그도 금본위제도를 옹호하는 사람들이 지니는 도덕적 분개를 갖고 있었다. 하지만 피셔는 좀 더 지적이고 엄격한 이유에서 금본위제도를 지지했다.

브라이언이 민주당 대선 후보로 지명되고 한 달이 지났을 무렵에 피셔는 《가치 상승과 이자》Appreciation and Interest를 발표했다. 그는 물가가 오를 것으로 기대될 때 사람들은 보상 심리에서 더 높은 이자를 붙여 타인에게 돈을 빌려준다고 주장했다. 반대로 사람들이 물가가 떨어질 것이라고 기대할 때 이자는 하락한다는 것이다. 예를 들어 보자. 내가 누군가에게 5퍼센트 이자로 1년간 돈을 빌려주려고 한다. 나는 물가 상승률이 2퍼센트가 될 것이라 생각한다. 결국 나는 상대방에게 7퍼센트 이자를 받게 될 것이다. 반대로 물가가 1퍼센트 하락하리라 생각한다면 이자는 원금의 4퍼센트가 된다.

그러면 사람들이 실제로 지불하는 이자, 즉 기대 인플레이션이나 기대 디플레이션을 고려한 이자는 물가가 오르거나 내려도 변하지 않는다. 다시 말하자면, 금본위제도에서 물가가 지속적으로 하락하는 것은 실제로 문제가 되지 않는다. 이것이 피셔의 주장이다. 자신들이 갚아야 할 부채에 대해서 불평을 늘어놓는 모든 농민은 물가가 하락하는 대신 상승한다면 더 많은 이자를 내게 된다. 결국 은이 돈이든 아니든 그들이 부채를 상환할 돈을 마련하기 위해서 감당해야만 하는 노동의 양은 변함없다.

출간 후 몇 년 동안 피셔는 자신의 주장이 옳은지를 확인하기 위해서 관련 데이터를 면밀히 살폈다. 그러고 나서 유명 경제학자는 물론 일반인이라도 절대 하지 않을 일을 했다. 그는 자신이 틀렸음을 인정했다.

그는 현실을 직시했다. 자신의 경제 모델과 달리 현실에선 이자율이 기대 인플레이션과 기대 디플레이션에 발맞춰 오르고 내리지 않았다. 1896년 그는 "나는 불안정한 돈의 폐해뿐만 아니라 사업가들이 예측만으로 불안정한 돈이 야기할 수 있는 폐해에 대비할 수 없다는 점을 제대로 인식하지 못했다."라는 글을 남겼다.

피셔는 달러의 가치가 변하면 사람들의 삶이 어떻게 망가질 수 있는지를 이해하고 그 문제를 해결하려고 집착적으로 매달렸다. 그는 인플레이션과 디플레이션과 같은 경제 이론을 활용해 자신의 회사

종업원들의 임금을 계산했다. 물가가 오를 때 임금을 올렸고, 물가가 내릴 때 임금을 내렸다. 하지만 인플레이션을 고려하면 종업원들의 임금 수준은 변함없었다. 임금 인상은 별도로 처리했다. 이 얼마나 합리적인가!

피셔는 다음과 같이 썼다. "생활비가 오르는 시기에 인덱스 비저블의 종업원들은 점점 두둑해지는 월급봉투를 반겼다. 높은 생활비를 감안해 책정된 월급이었다. 그들은 자신들의 임금 수준이 오르고 있다고 착각했다. 그들에게 실질 임금은 거의 변함이 없다고 조심스럽게 설명했다. 생활비가 하락하는 시기에 그에 맞춰 임금을 주자 그들은 임금 '하락'에 분개했다."

피셔는 이러한 사고의 오류를 주제로 《화폐 착각》The Money Illusion을 썼다. 우리는 오늘날의 1달러가 1년 전의 1달러와 똑같다고 생각한다. 하지만 그렇지 않다. 그것은 착각이다.

내가 1975년에 10만 달러를 주고 산 집을 2020년에 40만 달러에 팔았다면, 마치 내가 뜻밖의 횡재를 한 것처럼 보일지도 모른다. 하지만 실제로 나는 손해를 봤다. 2020년에 통용되는 40만 달러의 가치는 1975년에 통용되는 10만 달러의 가치보다 낮다.

미국 박스오피스 역사상 가장 큰 수익을 올린 영화는 2015년과 2016년에 9억 달러 이상의 수익을 낸 〈스타워즈: 깨어난 포스〉가 아니다. 바로 1939년에 2억 달러의 박스오피스 수익을 올린 〈바람과 함께 사라지다〉다. 똑같은 2억 달러라도 1939년에는 2016년보다 더 많은 상품과 서비스를 구매할 수 있었다.

연봉이 1퍼센트 삭감되고 물가가 2퍼센트 하락한다면, 사실상 소득 수준이 오른 것이다. 1퍼센트 삭감된 급여로 이전 급여보다 더 많은 물건과 서비스를 소비할 수 있기 때문이다. 하지만 그 누구도 이런 식으로 생각하지 않는다.

화폐착각은 금본위제도에서 특히나 강력했다. 실제로 어떤 면에서 금본위제도는 화폐착각 위에 세워진 시스템이었다. 금본위제도는 화폐의 가치와 일정량의 금의 가치가 등가 관계를 유지하도록 하는 제도다. 금본위제도상에서 1달러의 가치는 변하지 않았다. 그렇지 않은가? 해가 바뀌어도 1달러의 가치에 해당하는 금의 양은 변하지 않았다. 이런 사고가 피셔를 화나게 만들었다.

"현재 달러의 가치는 단순히 금의 일정 무게다. 가치 단위로 둔갑한 무게 단위인 것이다. 달러가 이전과 같은 무게임을 확인하는 것이 무슨 소용일까? 이 사실이 높은 생활비를 감당하는 데 조금이라도 도움이 될까? 우리가 정말 알고 싶은 것은 지금 가지고 있는 달러로 이전보다 더 많은 상품이나 서비스를 소비할 수 있느냐 없느냐다."

또 피셔는 "우리는 끈덕지게 달러의 가치는 결코 변하지 않는다는 행복에 겨운 추정에 매달린다. 바넘(P.T. Barnum, 미국의 쇼비즈니스 개척자이자 정치인 — 편집자)이 말했듯이 우리는 속아 넘어갈 뿐만 아니라 스스로를 속이는 것을 즐기는 것 같다."라고 썼다.

설령 사람들이 화폐착각을 꿰뚫어 보더라도 달러의 가치는 그 누구도 예측할 수 없는 방향으로 변한다. 물가가 오르거나 내릴 때, 이러한 예기치 못한 변화로 인해 채권자들과 채무자들 사이에서 엄청난 양의 돈이 제멋대로 왔다 갔다 했다. 이것은 단순히 부당한 상황이 아니라 경제에 끔찍한 영향을 미쳤다. 최우수 농장, 가장 정직하게 운영되는 은행과 가장 효율적으로 돌아가는 공장처럼 완벽한 사업체들도 인플레이션이나 디플레이션이 발생했을 때 운이 나빠 애매한 위치에 있다면 파산할 수 있다. 해가 거듭되며 1달러의 가치가 시도 때도 없이 달라진다는 사실이 피셔에게는 해마다 1분의 길이가 달라진다는 주장만큼이나 터무니없고 시대에 뒤처진 생각이었다.

피셔에게는 해결책이 분명했다. 그는 화폐를 다시 정의하면 된다고 생각했다. 달러를 정량의 금 대신 1달러로 구매할 수 있는 물건의 정량으로 정의하는 것이다. 그는 "우리는 같은 양의 빵, 버터, 소고기, 베이컨, 콩, 설탕, 옷, 연료 등 생필품을 살 수 있는 1달러를 원한다."라고 썼다. 그의 생각은 기발했고 오늘날 통화량이 조정되는 방식에 아주 근접했다.

하지만 금과 묶여 있는 달러를 피셔가 제시한 새롭고 안정된 달러로 바꾼다는 것은 어려운 일이었다. 훨씬 뒤에 그가 썼듯이, 만약 그가 다짜고짜 달러와 금의 등가 관계를 없애자고 주장했다면 사람들은 그에게 콧방귀를 뀌었을 것이다. 그는 몹시 복잡하고 실행하기 불가능한 아이디어를 제안했다. 달러의 금 함량을 자주 바꾸자는 것이었다. 이렇게 하면 모든 것들의 가격은 변함없을 것이라고 그는 생각했다. 물가가 오르면, 정부가 달러의 가치와 등가 관계에 있는 금의 무게를 줄이는 것이다. 이렇게 하면 물가는 다시 하락할 것이다. 물가가 내리면, 금의 무게를 늘리는 것이다. 일종의 가짜 금본위제도였다.

피셔는 이 아이디어를 여기저기 홍보했고 모든 것을 기록했다. 실로 그다운 행동이었다. 그는 아흔아홉 번 연설을 했고 언론사에 서른일곱 통의 편지를 보냈으며 161편의 기획 기사를 기고했다. 게다가 정부 기구의 공청회에서 아홉 차례 증언했고 개인적으로 광고 전단을 열두 차례 인쇄했으며 관련 주제를 다루는 책을 열세 권 썼다. 그는 '안정 통화 연맹'Stable Money League을 설립해 자신의 정책들을 펼쳐 나갔다. 1920년 섣달그믐날 피셔와 안정 통화 열성 신봉자 몇몇이 워싱턴 기념비를 찾았다. 그곳에서 그는 "우리는 새로운 운동에 헌신하며 새해를 맞이했다."라고 썼다.

당시 사람들은 오늘과 같은 방식으로 인플레이션에 대해서 이야기하지 않았다. 사람들은 생활비가 너무 높다고 불평했지만 그 표현 방식은 애매하고 정성적이었다. 그들은 특정 상품의 가격이 오른다고 생각했지만 정량적인 총량의 가격 수준에 대해선 이야기하지 않았다. 그래서 피셔는 수년 동안 물가 지수를 계산하는 다양한 방법을 분석했다. 심지어 자신이 계산한 물가 지수를 신문사에 판매하기 위해서 회사를 설립했다. 신문사는 피셔의 물가 지수를 매주 신문에 실었다.

그리고 피셔는 기발한 선전 활동을 진행했다. 당시 사람들은 달러는 안정됐고 물건값이 변한다고 생각했다. 이 사실을 알고 있었던 피셔는 물가 변화는 달러의 가치가 변하고 있다는 의미임을 사람들에게 이해시키고 싶었다. 그래서 물가 지수를 발표하는 대신에 그는 화폐의 구매력을 발표했다. 피셔의 물가 지수는 물가가 지난주에 올랐다고 말하는 대신 달러의 구매력이 하락했다고 표현했다. 화폐의 구매력이 하락했다는 것은 수학적으로 물가 하락을 말하는 또 다른 방식일 뿐이다. 하지만 달러의 가치가 변한다는 사실을 사람들에게 보여 준다는 것이 중요했다.

피셔는 "달러가 안정적이지 않다는 사실을 이해해야 사람들이 달러 안정화에 관심을 가지게 만들 수 있음을 깨달았다. 수백만 명의 사람들은 월요일 아침마다 달러의 구매력 지수를 보며 매주 달러의 가치가 어떻게 변하는지를 파악할 수 있었다."라고 썼다. 그는 사람들을 자신의 운동에 동참시키려면 우선 화폐에 대한 사람들의 사고방식을 바꿔야 한다는 것을 알고 있었다.

유례없는 경제 성장으로 호황을 누리던 1920년대에 피셔는 자신의 인덱스 비저블을 팔고 큰돈을 챙겼다. 이후 그 돈을 호황이던 주식 시장에 투자해 큰 수익을 얻었다. 그는 벌어들인 돈을 자신이 집착하며 매달리는 것들에 썼다. 예를 들면 매년 2만 달러는 안정 통화를 선전하는 데 썼고, 개인적으로 트레이너와 의사를 고용해 그들의 급여를 지급했다. 그의 전담 의사는 배구를 변형시킨 새로운 운동을 개발했다. 피셔는 그 운동을 배틀 볼이라 불렀다. 그의 아들에 따르면 그는 장미 정원 뒤에 시멘트 코트를 마련했고, 그곳에서 그의 직원들은 오전과 오후에 녹초가 될 정도로 운동을 했다고 한다.

피셔는 행복한 전사였다. 그는 자신과 다른 과학자들이 세계가 안고 있는 문제에 대한 해결책을 찾아내고 있다고 믿었다. 그리고 라디오, 대량 생산되는 소비재 등 당대의 신기술과 효과적인 새로운 관리 방식이 주식 시장의 호황을 이끌 것이라 확신했다.

1929년 10월 15일 피셔는 주식 시장이 영원히 고점을 찍을 것이라 연설했다. 그의 공언은 다음 날 〈뉴욕타임스〉에 '피셔, 주식 시장이 영원히 고점을 찍을 것이라 예상'이란 제목으로 대서특필됐다. 그가 이 말을 한 타이밍은 참으로 절묘했다. 2주 뒤에 주식 시장은 폭락했다.

피서는 훌륭한 경제학자이지만 주식 시장을 완전히 잘못 평가한 경제학자로도 기억되고 있다. 하지만 화폐에 대한 그의 생각은 옳았다. 1929년 주식 시장의 붕괴는 분명 굉장히 나쁜 조짐이었다. 하지만 대공황을 일으키기에 주식 시장의 붕괴만으로는 충분치 않았다. 전 세계 경제를 깊은 수렁에 빠뜨린 장본인은 금본위제도와 심각한 불안정성이었다.

공평하게 말하면 세계 경제를 파탄에 이르게 한 것은 금본위제도만은 아니었다. 화폐를 쥐락펴락하고 금본위제도의 수호자를 자처했던 강력한 기구들에도 책임이 있었다. 그 기구는 바로 중앙은행들이다. 대표적인 것이 바로 미국의 연방준비은행이었다.

은행과 화폐를 둔
공방전

　오늘날 연방준비은행Federal Reserve Bank, FRB은 전 세계에서 가장 강력한 조직들 중 하나다. 연방준비은행은 언제든 수조 달러를 만들어 낼 수 있다. 연방준비은행에서 지폐를 발행하면, 이 지구상에서 화폐를 사용하는 거의 모든 사람들이 영향을 받게 된다.

　1929년 주식 시장이 붕괴되던 시점에 연방준비은행은 설립된 지 20년이 채 안 된 조직이었다. 당시에 연방준비은행은 조금은 이상한 중앙은행이었고 심지어 그 누구도 그것을 중앙은행이라고 부르려 하지 않았다. 100년 동안 미국은 중앙은행을 세울지 말지를 두고 치열한 논쟁을 벌여 왔다.

　중앙은행의 설립 문제를 놓고 치열한 공방전이 벌어졌다. 이것은 민주주의 국가에서 통화가 어떻게 운영되어야 하는가를 놓고 벌이는 일종의 힘겨루기였다. 정부는 무엇을 해야 하고 무엇을 자유시장에 맡겨야 하는가? 누가 이익을 챙기고, 누가 구제 금융을 받아 마땅한가? 이 중에서도 가장 근본적인 주제는 누가 화폐를 발행하느냐에 관한 것이었다.

이 이야기는 연방준비은행이 설립되기 1세기 전에 시작된다. 미국에서 두 번째로 강력한 사내(은행원)가 미국에서 첫 번째로 강력한 사내(대통령)와 사람들이 중앙은행인지도 몰랐던 조직을 놓고 전쟁을 벌였다.

대통령과 전쟁을 벌인 은행가는 니컬러스 비들Nicholas Biddle이었다. 그는 필라델피아에서 자랐고 1801년 열네 살에 프린스턴대학교를 수석으로 졸업한 천재 소년이었다. 그 역시 수많은 사람들처럼 대학교를 졸업하고 무엇을 할지 몰라서 방황했다. 비들은 나중에 변호사가 됐지만 자신의 직업을 매우 싫어했다. 그는 누군가에게 보내는 편지에 다음과 같이 썼다. "나는 악행과 불행이 저지른 옹호할 수 없는 사건들을 변호하는 신세로 전락했다네. 내가 성장하는 것을 지켜본 이 땅에서 나는 버섯처럼 죽어 갈 거라네." 그는 부업으로 문학 잡지를 만들었고 루이스와 클라크 원정대로 명성을 얻은 윌리엄 클라크William Clark의 원정 일지를 편집했다.

스물네 살이던 해에 비들은 펜실베이니아주 의회에 선출됐다. 아직 야구가 등장하지 않았던 19세기 초, 미국인들은 은행 업무와 화폐를 두고 취미처럼 공방전을 벌였다. 그는 의회 의원으로 선출되며 공방전의 한가운데로 뛰어들게 됐다.

정부가 화폐를 발행한다는 것은 너무 터무니없어서 논외였다. 미국 독립 혁명 시기에는 전쟁 비용을 마련하기 위해서 미국의 13개 식민지 대표자 회의인 대륙 회의에서 지폐를 발행했다. 하지만 지폐 발행량이 증가하면서 지폐는 가치 없는 종이 쪼가리로 전락했다. 통상 주정부로부터 허가받은 민간 은행들이 지폐를 발행했다. 그들은 각자 고유의 지폐를 발행했다. 사람들은 지폐를 발행한 은행에서 해당 지폐를 은이나 금으로 교환할 수 있었다. 이런 방식에 이의를 제기하는 이는 단 한 명도 없었다.

미국에서는 권력과 돈을 둘러싼 다툼이 계속됐다. 특히 의회에선 단일 국법 은행을 설립해야 하느냐 마느냐를 두고 논쟁이 끊이지 않았다. 확실히 단일 국법 은행이 존재하면 편리할 것이다. 단일 국법 은행은 모든 미국인이 어디서든 사용할 수 있는 지폐를 발행하고, 정부는 국법 은행을 이용해 화폐를 주에서 다른 주로 쉽게 옮길 수 있다. 하지만 단일 국법 은행이 설립되면 민간에 엄청난 권력이 집중될 수 있다. 심지어 헌법이 국법 은행의 설립을 허용하느냐를 두고도 논쟁이 벌어졌다. 미국 헌법의 아버지 제임스 매디슨James Madison은 단일 국법 은행 설립을 두고 우왕좌왕했던 것으로 보인다.

결국 의회는 국법 은행을 설립했지만 20년 뒤에 없애 버린다. 하지만 두 번째 국법 은행이 미국에 설립된다. 의회가 두 번째로 세운 국법 은행은 미합중국제2은행Second Bank of the United States이라 불렸다. 미합중국제2은행은 출발부터 순탄치 않았다. 많은 직원이 은행에서 돈을 훔쳤다. 미합중국제2은행의 통화 정책은 1819년 대규모 금융 위기가 발생한 원인 중 하나였다. 그해 미국의 대통령이었던 제임스 먼로James Monroe는 비들을 미합중국제2은행의 국장으로 임명했다. 그로부터 몇 년 뒤에 비들은 동료 국장들의 지지를 받아 미합중국제2은행의 은행장이 된다.

미합중국제2은행의 은행장이 갖는 권력은 실로 어마어마했다. 이렇게 생각해 보자. 연방준비은행의 회장이 오늘날 JP모건 체이스J.P.Morgan Chase의 CEO에 버금간다면 당시 은행은 애플, 구글 그리고 엑슨모빌을 합친 것보다 더 큰 조직이었을 것이다. 미합중국제2은행의 은행장이 된다는 것은 이런 의미였다. 다시 말해 미합중국제2은행 은행장은 미국에서 두 번째로 강력한 인물이었다. 미국으로서는 다행스럽게도 비들은 미합중국제2은행 은행장으로서 유능하게 일을 처리했다.

비들이 미합중국제2은행 은행장이 된 시기에 미국 전역에는 250여 개의 주법 은행들이 산재해 있었다. 주법 은행들은 대출을 하고 독자적으로 지폐를 발행했다. 항상 그렇듯이 가끔 주법 은행은 통제 불능 상태가 되기도 했다. 주법 은행들은 돈을 갚을 능력이 없는 위험한 대출자들에게 점점 더 많은 돈을 대출해 줬다. 대출을 너무 많이 해주거나 갑자기 많은 사람이 대출금 상환을 중단해 버리면 주법 은행들은 직접 발행한 지폐를 금으로 교환하지 못할 수도 있었다. 그러면 지폐를 소유한 사람들에게도 문제였지만, 지역 경제에도 부정적인 영향을 미쳤다. 달러의 가치가 불확실해지고 신용이 얼어붙으면 은행은 사업을 하기가 더욱 힘들어졌다.

비들은 미합중국제2은행이 새로운 역할을 잘 수행할 수 있도록 이끌었다. 미합중국제2은행은 주법 은행들과 전반적인 은행 시스템을 관리하고 감독했다. 이것은 주법 은행들의 무분별한 대출 행위를 막기 위한 것이었다. 비들은 주법 은행들이 적정선을 유지하도록 감독하고 재정 상태에 맞게 대출을 하도록 관리하는 것이 미합중국제2은행의 의무라 생각한다고 의회에서 말했다.

연방 정부는 여전히 관세, 토지 취득세 등 중앙 세금을 주법 은행들이 발행한 지폐로 받았다. 당시 소득세는 없었다. 미합중국제2은행도 연방 정부 산하 은행으로서 각 지점에서 주법 은행들이 발행한 지폐를 지불 수단으로 받도록 했다. 그 덕분에 주법 은행들이 발행한 지폐가 쌓였고, 미합중국제2은행은 주법 은행들을 관리하고 감독할 수 있는 힘이 생겼다. 미합중국제2은행은 주법 은행이 발행한 지폐를 돌려주고 금이나 은으로 교환을 요청하거나 주법 은행이 진행한 대출을 양도받았다.

비들은 국제 무역의 변동성으로 야기되는 부정적인 효과를 완화시키는 완충제로 미합중국제2은행을 이용했다. 금이 국가로 흘러들어올 때 은행에 쌓아 두었다가 금이 갑자기 국외로 유출되고 국내 은행들이 금 수요를 따라갈 수 없을 때 미국 전역에 금을 풀었다.

비들은 미합중국제2은행을 확실히 성공적으로 이끌었다. 사람들은 은행을 점점 더 신뢰하게 됐고, 마침내 미국에 통합된 금융 시스템이 등장했다. 번영과 안정의 시대가 열렸다.

지금은 누구나 은행들을 규제하고 통화량을 조절하려면 하나의 은행을 이용해야 한다고 생각한다. 미국과 주요 경제국들이 중앙은행을 세운 목적도 바로 이것이다. 다소 추상적이지만 명확한 원리다. 하지만 1820년대는 중앙은행으로 시중 은행을 규제하고 통화량을 조절한다는 생각이 명확하게 정립되지 않았던 시기였다. 잉글랜드 은행은 100년이 넘는 세월 동안 존재했다. 하지만 영국인 사이에서는 '그 것은 민간 은행인가?' 또는 '그것은 국가에 대해 어떤 의무를 지녔나?' 등 잉글랜드 은행의 역할과 의무를 두고 설전을 벌어졌다.

아직 중앙은행이란 단어가 등장하지 않았던 시기였다. 하지만 비들은 시대를 앞서 나간 인물이었다. 어느 현대 금융 역사학자는 비들을 '세계 최초의 자각 있는 중앙은행 총재'라고 불렀다. 다시 말해 은행장으로서 주주들의 이익뿐만 아니라 국가의 화폐에 대한 책임이 자신에게 있다고 믿고 중앙은행을 운영한 최초의 인물이 바로 그였다.

은행을 싫어한
대통령

니컬러스 비들이 권력의 정점에 있었던 1828년, 앤드루 잭슨Andrew Jackson이 미국 대통령으로 당선됐다. 잭슨은 비들의 대척점에 선 인물이었다. 잭슨은 열세 살에 미국 독립 전쟁에 참전했고 열네 살에 고아가 됐고 개척자이자 장군으로 성장했다. 비들은 문학 잡지를 발간했고, 잭슨은 결투에서 사람을 죽였다. 비들은 연설로 명성을 얻었고, 잭슨은 1812년 영미 전쟁의 뉴올리언스 전투에서 영국군과 싸운 것으로 유명해졌다. 비들은 루이스와 클라크의 탐험 일지를 편집했고, 잭슨은 미국 원주민을 도살한 것으로 오늘날에도 악명 높다. 비들은 국가의 지폐를 통제하는 법을 배웠고, 잭슨은 지폐를 혐오하는 법을 배웠다.

열여덟 살에 잭슨은 테네시주의 토지를 소유했고 매형과 가게를 운영하고 있었다. 그는 필라델피아주로 출장을 가서 토지를 담보로 어느 상인에게 돈을 빌렸고 그 돈으로 가게에서 팔 물품을 구입했다. 오늘날로 따지면 상인이 개인 수표로 물건을 산 것이다. 하지만 상인은 약속한 돈을 주지 않았다. 잭슨은 빚을 지게 됐다. 그는 채권자들에게 진 빚을 갚기 위해서 가게를 팔아야만 했다. 그 이후에 그는 부채나 은행 혹은 지폐를 좋아하지 않았다. 그는 은화와 주화를 화폐라고 생각했다. 그 이외에는 화폐라고 불리는 모든 것들이 선량한 사람들을 벗겨 먹으려는 은행원들의 사기술이라고 믿었다.

1828년 잭슨은 미국 대통령으로 선출됐다. 1829년 비들이 백악관에 예방했을 때 잭슨은 "나는 은행 중에서 당신의 은행이 제일 싫소."라고 말했다고 한다.

이 일화는 거짓이었는지도 모른다. 하지만 잭슨은 동부 해안 엘리트 계층에 맞서고 연방 권력을 경계하는 국민들의 대통령이라는 분위기를 풍겼다. 그에게 미합중국제2은행은 연방 정부로부터 특권을 받은 부유한 은행원들이 더 많은 부를 쌓는 데 혈안이 된 조직이었다. 미합중국제2은행은 이러한 모든 특권의 정점에 있는 조직이었다. 그는 하나의 민간 기업에 이렇게 막대한 권력이 집중되는 것은 민주적이지 않다고 생각했다. 그의 말을 빌리면 이것은 '자유에 위험'한 것이었다.

당시에는 의회의 특별 허가가 있어야 회사를 설립할 수 있었다. 그렇게 설립된 회사들은 유한한 권리를 명시한 헌장을 받았다. 의회는 헌장을 만료시켜 마음에 들지 않는 회사를 없앨 수 있었다. 비들의 미합중국제2은행은 1836년 만기 예정인 20년 헌장을 갖고 있었다.

비들은 잭슨이 재선되기 전에 헌장을 갱신하고 싶었다. 의회는 비들의 편이었고 미합중국제2은행의 헌장을 갱신하는 법안을 통과시켰다. 법안이 통과되던 날 비들은 의회 의원석에 앉아 있었고, 후에 이를 축하하기 위해 인근에서 파티를 열었다.

나중에 앤드루 잭슨 행정부의 법무장관 로저 태니Roger Taney는 "그들은 성대한 파티를 열었고 축배를 들고 연설을 하며 승리를 자축했다. 그들은 거리에도 들릴 정도로 시끌벅적하게 그리고 대통령의 귀에도 들릴 정도로 성대하게 자신들의 기쁨을 표현했다. 승리를 마음껏 즐긴 뒤에 비들은 대통령을 가볍게 예방하고 워싱턴을 떠났다. 그것은 그가 승리했고 잭슨 장군이 패배했다는 증거였다."라고 책에 썼다.

잭슨은 싸움꾼이었고 늘 자신이 하던 대로 반응했다. 축하 파티가 끝난 뒤에 그는 부통령 밴 뷰런Van Buren에게 "이보게, 이 은행이 날 죽이려고 해. 하지만 내가 은행을 없애 버릴 거네."라고 말했다.

며칠 뒤 잭슨은 헌장을 갱신하는 법안에 대해 거부권을 행사했다. 그는 의회에서 법안에 대한 거부권을 유지할 수 있는 지지 세력을 확보하고 있었다. 이로써 미합중국제2은행의 헌장은 갱신되지 않았다. 잭슨이 이겼고 비들이 패배했다. 그 결과 미국에는 7년 넘게 중앙은행이 존재하지 않게 됐다.

미합중국제2은행의 헌장이 만료되자, 비들은 펜실베이니아주 의회로부터 헌장을 받았고 자신의 은행을 펜실베이니아 미합중국은행으로 바꿨다. 그는 잠깐 재기를 꿈꿨다. 새로운 국가 헌장을 받으려고 시도했다. 하지만 그의 은행은 1841년 도산했고, 실의에 빠진 그는 3년 뒤에 세상을 떠났다.

1832년 잭슨은 미합중국제2은행 헌장 갱신에 대해 거부권을 행사하면서 법률안 거부서를 의회에 전달했다. 법률안 거부서의 일부를 법무장관인 로저 태니Roger Taney가 작성한 것으로 전해진다. 법률안 거부서에서 잭슨은 미합중국제2은행 때문에 너무나 많은 권력이 민간에 집중돼 위험하다며 공격적으로 주장했다. 이것은 합리적인 주장이었다. 법률안 거부서의 핵심 내용은 현재 비들의 은행에 너무나 과도하게 권력이 집중되어 있고 설령 비들이 정직하고 공공의 이익을 생각하는 은행장이라 할지라도 그의 후임자들이 악행을 저지를 수 있다는 것이었다.

그리고 잭슨은 미합중국제2은행을 부자들의 도구라고 불렀다. 법률안 거부서에는 다음과 같이 적혀 있었다. "부유하고 권력을 지닌 계층이 자신들의 이기적인 목적을 위해서 정부의 행위를 자주 왜곡시켜 유감스러울 따름이다. 법이 부자를 더 부유하게 만들고 빈자를 더 가난하게 만들기 위해 시행될 때, 스스로의 이익을 확보할 시간이나 수단이 없는 농민, 기계공, 노동자처럼 이 사회의 겸손한 구성원들은 자신들의 정부가 행하는 부당함에 대해 항의할 권리를 지닌다."

하지만 앤드루 잭슨의 거부권 행사는 부자나 은행을 겨냥한 일격이 아니었다. 그것은 니컬러스 비들의 미합중국제2은행과 부유한 투자자들, 그리고 뜻밖의 횡재를 누린 주법 은행들과 그들의 부유한 투자자들에게 가하는 일격이었다. 자신들을 규제하는 미합중국제2은행이 없었다면 주법 은행들은 고삐 풀린 망아지처럼 대출을 늘리고 이전보다 훨씬 더 많은 지폐를 찍어 냈을 것이다.

8,370 종류의
돈을 보유하다

1840년대와 1850년대 미국의 많은 지역에서는 누구나 지폐를 발행할 수 있었다. 당연히 많은 이들이 직접 지폐를 발행하고 싶어 했다.

이때까지 은행을 설립하고 싶은 사람은 주의회로부터 특별 허가를 받아야 했다. 이것은 주의원들 중 절반에 이르는 이들을 뇌물로 매수해야 한다는 뜻이었다. 은행 헌장을 확실히 확보하고 싶다면 주의원 과반수로부터 동의를 얻어야 했다. 당연히 많은 스캔들이 잇따랐다.

1837년 주들이 특정 규칙만 따르면 누구나 은행을 설립하고 은행권을 발행할 수 있도록 하는 법안을 통과시키기 시작했다. 미합중국 제2은행이 단일 국법 은행의 지위를 상실한 뒤였고 여전히 미국에는 국가 차원에서 발행한 단일 지폐가 없었다.

법에 따르면 은행은 채권을 구입해 주의 금융 당국에 예치해야만 했다. 많은 주들이 주로 연방 정부가 발행한 채권을 구입하도록 규정했지만 일부 주들은 철도 회사 채권이나 심지어 주택 담보 대출권도 허용했다. 은행은 예치한 채권 규모에 맞춰 은행권을 발행하고 고객들에게 대출을 해줘서 시중에 유통시켰다. 누구나 발권 은행에서 지폐를 은화나 금화로 바꿀 수 있었다. 그리고 만약 은행이 도산하면 금융 당국이 도산한 은행이 예치한 채권을 팔아서 마련한 수익금으로 해당 은행의 지폐를 회수했다.

이것이 '자유 은행 제도'다. 물론 자유 은행 제도가 항상 잘 돌아가는 것은 아니었다. 채권 가치의 폭락으로 채권을 모두 팔아도 금융 당국이 지폐와 교환할 금과 은을 충분히 확보할 수 없는 경우가 종종 발생했다. 그리고 은행들이 정해진 규정을 따르지 않는 경우도 종종 있었다.

주 정부들은 시중 은행들이 정직하게 운영되도록 만들려고 애썼다. 그래서 은행들에게 최소한의 금과 은을 비축하도록 권고했고 조사관을 보내 운영 상태를 점검했다. 미시간주 은행들은 길거리에 첩보원을 심어서 이러한 주 정부의 방침에 대응했다. 주 정부 조사관이 등장하면 첩보원들은 시중 은행들에 이 사실을 알렸다. 그러면 시중 은행들은 조사관이 도착하기 전에 부랴부랴 금을 확보했다. 1838년 어느 조사관이 시중 은행들의 이러한 행태를 보고 다음과 같은 시적인 글을 남겼다. "금과 은이 마법처럼 재빠르게 나라 안 여기저기로 이동하네. 그것의 소리가 숲 깊은 곳에서도 들렸네. 허나 바람처럼 그것이 어디서 오는지 아니면 어디로 가는지 그 누구도 아는 이 없네." 어떤 은행은 조사관에게 금화로 가득 찬 듯한 상자들을 보여 줬다. 하지만 실제로는 상자를 못으로 가득 채우고 그 위를 금화로 살짝 덮어 놓은 것이었다.

모든 은행이 이렇게 불법적으로 운영되진 않았다. 대부분의 은행은 주 정부가 정한 규정을 잘 이행했다. 하지만 수상한 은행이 발행한 지폐가 정직한 은행이 발행한 지폐와 다름없이 시중에서 합법적으로 유통됐다. 시중에는 은행이 발행한 지폐가 차고 넘쳤다. 한때 〈시카고 트리뷴〉은 미국에 8,370가지 지폐가 유통되고 있다고 보도했다. 이것은 일상의 부조리를 만들어 냈다.

이렇게 생각해 보자. 고객이 가게로 들어와 밀가루 한 포대를 달라고 한다. 고객은 밀가루 값을 치르기 위해서 가게 주인에게 종이 한 장을 건넨다. 고객이 건넨 종이에는 산타클로스가 그려져 있고 수백 마일 떨어진 위스콘신주 와편(아무렇게나 지어낸 마을 이름이다.)에 있는 어떤 은행의 이름이 적혀 있다. 산타클로스가 그려진 종이는 2달러짜리다. 가게 주인은 이것이 받아도 되는 지폐인지 어떻게 알까?

가게 주인은 미국에 있는 모든 은행의 명단, 각 은행이 발행하는 지폐의 모양과 은행의 지불 능력 등이 기록된 정기 간행물인 《톰슨스 뱅크 노트 리포터》를 꺼낸다. 가게 주인은 위스콘신주 섹션에서 와편 은행을 찾았다. 거기에는 와편 은행이 합법적인 은행이라는 것과 그곳에서 발행한 2달러짜리 지폐에 대한 간략한 설명이 적혀 있다. 와편 은행의 2달러 지폐에는 '2s'라는 글자와 함께 산타클로스와 썰매를 끄는 순록 그리고 '하우스 앤씨'라고 적혀 있다고 나와 있다. 고로 고객이 건넨 산타클로스가 그려진 지폐는 진짜 돈이다!

또 《톰슨스 뱅크 노트 리포터》에 와편 은행의 2달러 지폐가 1퍼센트 할인이 적용된다고 적혀 있다. 즉, 와편 은행이 발행한 2달러 지폐의 실질 가치는 1달러 98센트다. 할인율은 도시마다 달랐다. 발권 은행으로부터 멀리 떨어진 곳에서 해당 지폐를 사용할수록 할인율은 커졌다. 발권 은행이 지폐를 회수하는 데 들어가는 비용을 고려한 것이었다. 발권 은행이 파산할 기미가 있다면 할인율은 빠르게 증가했다.

《톰슨스 뱅크 노트 리포터》는 위조지폐 판독서와 미국에서 유통되는 국내 주화와 모든 외국 주화를 소개한 주화 보충서도 출판했다. 위조범들은 수천 가지에 이르는 지폐가 존재하는 세상에서 활개를 쳤다.

당시 정부는 몇몇 규정만을 마련하고 경제 주체들이 자유롭게 경제 활동을 하도록 내버려 뒀다. 화폐의 유통도 자유시장에 맡겼다. 이것은 정부의 의도적인 행동이었다. 어느 법원은 뉴욕의 자유 은행법을 지지하며 "사람들은 밀이나 목화를 자유롭게 거래하듯이 화폐도 자유롭게 거래할 수 있는 권리를 요구했다."라고 썼다. 이것은 앤드루 잭슨 시대의 식민지들이 꿈꾸던 세상이었다. 이런 세상에서 켄터키주에서 버지니아주까지 여행하면 어떤 일이 벌어질까? 어느 여행가의 여행 일지를 통해 알아보도록 하자.

켄터키주 지폐를 갖고 집을 나섰다. 메이즈빌에서 버지니아주 지폐가 필요했지만 구할 수가 없었다. 휠링에서 50달러짜리 켄터키주 지폐를 버지니아주 노스웨스턴 뱅크의 지폐로 교환했다. 프레드릭타운에 도착했다. 그곳에선 버지니아주 지폐도 켄터키주 지폐도 사용할 수 없었다. 아침 식사와 저녁 식사를 5달러 휠링 지폐로 해결했다. 거스름돈으로 어느 펜실베이니아주 은행의 1달러 지폐 두 장과 볼티모어 앤드 오하이오 레일로드의 1달러 지폐 한 장을 받았고 나머지는 굿 인텐트 소액권(가치 없는 지폐)으로 받았다. 여관에서 100야드 떨어진 곳에서는 볼티모어 앤드 오하이오 레일로드 지폐만을 사용할 수 있었다.

마침내 우리의 주인공은 버지니아주 경계를 넘어 집으로 되돌아왔다. 거기서 그는 아무짝에도 쓸모없는 지폐를 자신에게 필요한 버지니아주 지폐로 교환하는 데 이틀이나 허비해야 했다. 그는 지폐를 교환하면서 10퍼센트나 손해를 봤다.

수상쩍은 은행, 가치가 서로 다른 여러 종류의 지폐, 위조지폐 그리고 은행 시스템을 관리할 중앙은행의 부재 등 자유 은행 제도는 악몽과도 같은 시스템으로 들린다. 때로는 자유 은행 제도는 악몽 그자체였다.

1970년대 자유시장에 대한 믿음과 정부 개입에 대한 회의가 대두되기 시작했다. 그러자 경제 역사학자들은 자유 은행 시대를 다시 평가하기 시작했다. 그들은 켄터키주에서 버지니아주로 떠난 운이 나빴던 어느 여행자의 여행기 같은 일화 대신 전체 은행 수, 은행 도산 건수, 화폐 교환 비용 등 객관적인 데이터에 주목했다. 그리고 자유 은행 제도가 그렇게 나쁜 것만은 아니란 결론을 내렸다.

여행자들은 지폐를 교환할 때 대략 1~2퍼센트 정도 손해를 봤다. 이것은 오늘날 거래 은행이 아닌 타 은행의 ATM을 사용할 때 내야 하는 수수료와 엇비슷한 수준이다. 경제사학자들은 당시에 수상쩍게 운영되던 은행이 그렇게 많지 않았다는 사실도 확인했다.

서부 개척지에서 시중 은행들이 미친 듯이 지폐를 발행하는 것도 쓸모가 있었다. 정착민들은 씨앗과 가축 그리고 필요한 농기구를 구입하기 위해서 시중 은행으로부터 쉽게 돈을 빌릴 수 있었다. 경제학자 존 케네스 갤브레이스John Kenneth Galbraith는 "신용을 엄격하게 관리하고 통제하는 정돈된 시스템보다 무정부 상태가 개척지에 더 적합했다."라고 썼다.

남북 전쟁이 발발해 연방 정부가 전쟁 자금을 조달해야 했을 때 에이브러햄 링컨 행정부의 재무장관은 일종의 자유 은행 제도를 수립하기 위해서 새로운 법안을 통과시켰다. 이로써 규정을 충족하면 누구나 국법 은행을 설립할 수 있게 됐다. 결정적으로 국법 은행법은 전쟁 자금을 조달하기 위해서 정부 채권을 지폐 발행의 준비금으로 삼도록 했다. 그리고 모든 국법 은행은 북부 연합에 대출을 해줘야만 했다. 남부 연합도 지폐를 발행했는데, 남부 연합이 전쟁에서 패배하면서 무용지물이 됐다.

1865년 3월 3일 에이브러햄 링컨 대통령이 최종 은행 법안에 서명했다. 경제 역사학자 브레이 해먼드Bray Hammond는 "그날은 집권 2기 취임 전날이었고 남부 연합의 수도인 리치먼드가 함락되기 한 달 전이었으며 그가 살해되기 6주 전이었다."라고 썼다. 이 법으로 주법 은행이 발행한 지폐에 10퍼센트 세금이 부과됐다. 이것은 주법 은행의 지폐에 세금을 부과해 시중에서 유통되지 않도록 만들고 국법 은행이 발행한 단일 지폐만이 미국에서 유통되도록 만들려는 의도였다. 법은 효과가 있었고 곧 주법 은행이 발행한 지폐는 모두 사라졌다.

남북 전쟁 이후 사람들은 '미합중국들' 대신에 '미합중국'이라고 말하기 시작했다. 즉, 서로 다른 주들로 구성된 연합체가 단일 국가로 다시 재편된 순간이었다. 주법 은행이 마구잡이로 발행한 수천 가지 지폐가 유통되던 세상이 사라지고 국법 은행이 발행하는 단일 지폐가 유통되는 세상이 탄생한 것이었다. 이것은 국법 은행법이 가져온 거대한 변화의 작은 부분에 지나지 않았다. 하지만 단일 화폐의 사용은 국가를 국가답게 만드는 요소 중 하나임은 분명했다.

반복되는 금융 공황을
막을 방법

국법 은행이 발행한 지폐는 액면가로 유통됐다. 지금까지는 모든 것이 순조로웠다. 국법 은행은 정부 채권을 사들이고 채권 규모에 상응하는 규모로 지폐를 발행했기 때문에 시중에 유통되는 통화량은 정부 채권 규모에 의해 제한됐다. 매해 가을이 되면 농부들은 추수를 위해서 사람들을 고용할 돈이 필요했고 상인들은 곡물을 살 돈이 필요했다. 가을이면 통화량이 부족했고 대출 금리가 치솟았다.

자주 발생하지는 않았지만 또 다른 심각한 문제가 있었다. 대규모 금융 위기였다. 10년을 주기로 미국에는 대형 은행이 도산하거나 투기 거품이 터져 버리는 거대한 금융 위기가 닥쳤다. 금융 위기가 발생하면 사람들은 너도나도 은행으로 달려가 모든 예금을 인출하거나 금으로 교환하려고 했다. 항상 그렇듯 심지어 건전한 은행조차도 이러한 뱅크런 사태를 견뎌 낼 만큼 충분한 자금이 없었다. 그래서 뱅크런 사태가 발생하면 경제가 거의 붕괴 직전까지 갔고 수백만 명의 사람들이 일자리를 잃었다. 이러한 금융 위기를 금융 공황이라 불렀다. 아주 적절한 명칭이다.

유럽에서는 정부로부터 지폐 발행 독점권을 인가받고 국가의 화폐를 관리할 의무를 수여받은 중앙은행을 통해 금융 공황의 빈도와 강도를 줄일 수 있음을 깨닫기 시작했다. 모두가 공황에 빠졌을 때 중앙은행이 재정적으로 건전한 대출자(시중 은행)에게 자유롭게 대출을 해주는 것이 핵심이었다.

19세기에 활동한 《이코노미스트》 편집자 월터 배젓Walter Bagehot은 "그들은 상인, 소규모 은행의 직원 그리고 '이 사람과 저 사람'에게 대출을 해줘야 한다."라는 유명한 글을 남겼다. 거래 은행이 중앙은행으로부터 자금을 빌려서 도산을 피할 수 있다면 사람들은 서둘러 예금을 인출하려 들지 않을 것이다. 그러면 공황 상태가 발생하지 않고 금융 위기도 닥치지 않을 것이다.

하지만 미국은 여전히 잭슨의 그늘에서 벗어나지 못했다. 미국인은 중앙은행에 거부감을 가지고 있었다. 그들은 여전히 중앙은행은 월가나 워싱턴의 엘리트 계층의 부를 축적하는 수단이고 어떤 경우에는 빈자들에게서 돈을 빼앗아 부자들에게 주고 전반적으로 민주주의에 위협이 되는 조직이라고 생각했다.

1907년 가을 작은 뉴욕 은행을 경영하던 어느 거물이 재정난에 처했고, 사람들은 그의 은행에서 예금을 인출하기 시작했다. 그의 작은 은행에서 시작된 뱅크런은 빠르게 뉴욕의 다른 은행들로 확산됐다. 앤드루 잭슨 집권 시기 이후 최악의 금융 공황이었다. 당시 가장 영향력 있던 은행가인 J. P. 모건은 개인 서재에 은행가들을 모아 놓고 이 위기에서 벗어나도록 서로를 구제해 주겠다고 약속할 때까지 문을 열지 않겠다며 엄포를 놨다.

그러고 나서 모건은 그 자리에 모인 은행가들이 자신의 제안에 동의하고 해결 방안을 강구할 때까지 혼자서 카드놀이를 하며 시가를 태웠다. 은행가들은 마침내 구제 방안을 만들어 냈고 금융 공황은 막을 내렸다. 하지만 실물 경제를 구제하기에는 이미 늦어버렸다. 실업률이 두 배 치솟았고 기업의 절반이 도산했다. 이로 인해 1907년 미국에서 중앙은행법이 통과됐다.

하지만 금융 공황에도 불구하고 미국인은 중앙은행의 필요성을 제대로 이해하지 못했다. 한 은행가의 글을 빌리면, 사람들은 이 모든 사태가 '기업의 이기적이고 무모한 경영', '과도한 투기', '은행의 탐욕' 또는 '월가의 교활한 관행' 때문이라고 비난했다.

물론 은행은 탐욕스럽고, 기업은 이기적이며, 월가는 교활하다! 이러한 속성 때문에 금융 위기가 발발했다고 주장하는 것은 물이 습하기 때문에 홍수가 일어났다고 주장하는 것과 다름없다. 한 20세기 경제학자는 월가의 탐욕이 금융 위기를 초래했다면 우리는 매주 금융 위기를 경험했어야 한다고 지적했다. 당시에 생각했어야 했던 그리고 우리가 항상 고민해야 할 문제는 따로 있다. 탐욕, 이기심 그리고 교활함이 사회에 유용하게 쓰이도록 하고 금융 시스템에 내재된 폐해를 제한할 통화 시스템을 어떻게 추구할 수 있을까?

1907년 금융 공황은 몇몇 사람들로 하여금 이 문제에 대해 진지하게 고민하게 만들었다. 그중에는 '킹핀'으로 알려진 상원의원 넬슨 올드리치Nelson Aldrich가 있었다. 그는 은행과 금융에 관한 서적들을 읽기 시작했고 당시 새롭게 출범한 통화위원회의 의장을 맡았으며 화폐가 어떻게 운영되는지 살펴보기 위해서 유럽으로 갔다.

1910년 올드리치는 미국에도 중앙은행 또는 그와 비슷한 조직이 필요하다고 확신했다. 미국인이 이에 찬성하지 않을 것임을 알았던 그는 합리적인 상원의원이 할 법할 일을 했다. 비밀리에 영향력 있는 은행가들을 불러 모았고 중앙은행을 설립하기로 묘안을 짠 것이다. 그들은 그것을 중앙은행이라 부르지 않기로 했다.

정부의 은행
vs. 민간의 은행

1910년 9월의 어느 날 밤에 영향력 있는 사람들이 한 명씩 차례로 뉴저지주 호보컨에 정차한 기차에 몸을 실었다. 그중에는 넬슨 올드리치 상원의원, 미국에서 가장 영향력 있는 은행가 세 명 그리고 미국 재무장관을 위해 일하는 하버드대학교 경제학자 한 명이 있었다.

그들의 여행은 비밀이었다. 올드리치는 그들에게 해가 지고 나서 오리 사냥꾼 차림에 심지어 라이플총을 들고 수행원 없이 홀로 오라고 했다. 그리고 신분을 숨기기 위해서 성을 뺀 이름만 사용하도록 했다. 그 기차에 오른 한 은행가는 "기차에 올라타자 창문에 블라인드가 드리웠다. 오직 블라인드 사이로 새어 나오는 빛줄기만이 거기에 창문이 있음을 알렸다. 기차에 오르자 우리는 성을 밝히지 말라는 규칙을 따랐다. 우리는 서로를 벤, 폴, 넬슨 그리고 아베라고 불렀다." 라는 글을 남겼다. 기차는 남쪽을 향해 달리기 시작했다. 그들 중 한 명이 11월이 되면 인적 없는 조지아주 해안가에 위치한 고급 사냥 클럽에 숙소를 마련했다. 그들이 향한 곳은 음모론자들의 꿈을 실현시켜 주는 듯한 이름을 지닌 지킬 아일랜드였다. 바로 그곳에서 그들은 미국에서 쓰이는 화폐의 본질을 완전히 바꿀 계획을 모의하게 된다.

그들은 미국에 중앙은행이 필요하고 생각했다. 하지만 미국인은 은행의 권한을 어느 하나의 조직에 집중시키는 것을 경계했다. 이를 잘 알고 있던 그들은 타협점을 마련했다. 실로 미국인다운 발상이다. 미국 전역에 존재하는 은행을 하나로 연결하지만 그들의 중심이라고 하기에는 무언가 부족한 은행 네트워크를 만들기로 했다. 그리고 그들은 그 네트워크를 중앙은행으로 부르지 않고 '준비 연합'이라 부르기로 했다. 미국에 존재하는 모든 은행은 미합중국 준비연합Reserve Association of the United States을 중심으로 서로 연결됐다. 유럽의 중앙은행처럼 준비 연합은 정부 관료가 아닌 민간 은행가에 의해 관리됐다. 그리고 지폐를 발행하고 시중 은행에 대출을 해줄 수 있었다. 비밀 회동은 해산됐고, 올드리치는 몇몇 은행가들이 모여서 은밀하게 만들었다는 사실을 밝히지 않고 해당 계획을 발표했다.

하지만 준비 연합을 설립할 계획은 누가 봐도 은행가 몇몇이 모여서 모의해 나온 계획처럼 보였다. 의회는 이에 대해 논쟁을 벌였고 올드리치는 은퇴했다. 앤드루 잭슨의 정당이자 미합중국제2은행을 없앤 장본인인 민주당이 의회에서 권력을 장악했다. 해당 법안을 하원에서 통과시킨 한 민주당 의원은 "앤드루 잭슨의 유령은 낮에는 내 눈앞을 으스대며 활보했고, 밤에는 내 침상에 나타났다."라고 남겼다.

민주당은 민간 은행가들이 통제하는 은행 네트워크를 인정할 수 없었다. 그래서 지킬 아일랜드에서 모의된 계획과 반대로 대통령이 임명한 위원들로 구성된 운영위원회가 오늘날 연방준비은행Federal Reserve Banks으로 이름이 바뀐 각 지역의 준비 연합을 워싱턴에서 감독하기로 했다.

미국은 금본위제도를 채택하고 있었고 의회는 연방준비은행의 지폐 발행 권한을 제한했다. 연방준비은행은 금 보유량을 기준으로 4달러 가치를 지닌 금으로 10달러 지폐만을 발행할 수 있었다. 마지막으로 연방준비은행이 발행한 지폐는 '미국 정부의 채무'가 됐다. 그것은 민간 은행이 발행한 사채가 아닌 공채였다. 단, 그 공채를 발행한 조직은 12개 은행으로 구성됐지만 일종의 중앙은행 역할을 하는 공공과 민간이 합쳐진 이상하면서도 새로운 조직이었다.

연방준비은행은 여러 위원회들의 위원회가 만들어 낸 엉뚱한 결과였다. 그것은 어떻게 보면 좋은 아이디어이고 어떻게 보면 어처구니없는 아이디어였다. 놀랍게도 연방준비제도는 실제로도 그랬다. 앞으로 12년 동안 연방준비은행은 미국에 쓸모 있는 화폐를 제공했고 계절적으로 발생하던 통화 부족을 유연하게 해소했다.

하지만 분절된 연방준비은행은 평범한 경기 침체로 끝날 수 있었던 1929년 주식 시장의 붕괴로 촉발된 경제 위기를 20세기 최악의 경제 재앙으로 바꾸는 데 일조한다.

돈은 영원할 수
있을까?

금본위제도의 핵심에는 간단한 규칙이 있었다. 누구나 연방준비은행에서 20달러 67센트를 금 1온스로 교환할 수 있었다. 하지만 1933년 이 규칙으로 인해 연방준비은행에 문제가 생겼다.

미국은 역사상 최악의 은행발 금융 공황에 빠져 있었다. 사람들은 너도나도 은행으로 달려가 예금을 인출했고 연방준비은행으로 가서 인출한 돈을 금으로 교환했다. 3월 초 금융 공황은 현재 미국 금융의 중심지인 뉴욕에도 영향을 미쳤고 뉴욕 연방준비은행에서 보유하고 있던 금이 곧 바닥날 지경이었다.

1933년 3월 4일 새벽 1시경, 뉴욕 연방준비은행의 은행장이 뉴욕 주지사의 파크 애비뉴 아파트에 나타났다. 그는 주지사에게 은행 휴업을 선포해 줄 것을 요청했다. 뉴욕에 있는 모든 은행원에게 휴가를 달라는 것 같았지만 실제로는 모든 은행의 영업을 중단해 사람들이 예금을 인출하지 못하게 만들려는 속셈이었다. 뉴욕 주지사는 마지못해 은행장의 요구를 수락했다. 새벽 2시 30분을 기점으로 뉴욕 주지사는 3일 동안 뉴욕에 있는 모든 은행의 영업을 중단하라는 행정명령을 내렸다.

이날 아침 미국 전역에서 똑같은 일들이 벌어졌다. 일리노이 주지사 역시 일리노이주에 있는 모든 은행의 영업을 중지시켰다. 새벽녘이 되자 펜실베이니아 주지사도 은행 영업 중단을 선언했다. 당시 행정 명령에 서명한 뒤에 그는 주머니에 달랑 95센트밖에 없다고 말했다. 매사추세츠주와 뉴저지주 역시 아침 느지막이 은행 영업 중단을 선포했다. 수십여 개의 주들이 앞서 자신들의 주에 있는 은행들의 영업을 이미 중단한 상태였다.

당시에는 ATM과 신용카드가 없었다. 은행들이 문을 닫자 대부분의 사람들이 돈을 구할 방도가 없었다. 미국의 화폐 역사상 최악의 사태가 벌어지고 사람들이 혁명과 자본주의의 종말을 논하고 기관총을 멘 군인들이 워싱턴 D. C. 거리를 활보하던 때에 프랭클린 루스벨트Franklin Roosevelt가 미국 대통령으로 취임했다.

대통령 취임 선서를 하고 몇 달 안에 루스벨트는 가까운 조력자들과 미국의 저명한 경제학자들의 조언을 무시하고 당시 사람들이 생각하던 화폐를 과감히 없애고 오늘날 우리가 사용하고 있는 화폐를 만들어 낸다.

대공황으로 이어진
통화량 부족

오늘날에는 대부분의 국가에서 정부가 은행 예금을 보호한다. 하지만 과거에도 그랬던 것은 아니다. 은행이 파산하면 예금자들은 자신들의 돈을 되돌려 받지 못했다. 그래서 사람들은 거래 은행에 대해 약간의 불안감만 느껴도 곧장 은행으로 달려가 예금을 전부 인출했다. 지극히 합리적인 행동이었다. 하지만 모든 사람이 한꺼번에 예금을 인출하기 시작하면 어떤 은행도 살아남을 수가 없다. 사실상 사람들이 은행에 맡긴 돈은 은행에 없다. 은행은 예금을 또 다른 누군가에게 대출해 준다. 1940년대 한 사회학자는 '자기 충족적 예언'이란 단어를 만들면서 건전한 은행에 발생한 뱅크런을 첫 번째 사례로 제시했다.

이웃 동네에 있는 은행이 파산하는 것을 보면 예금자들은 자신들의 거래 은행도 파산할지 모른다는 불안감을 느낀다. 경제가 호황일 때도 미국의 은행 시스템은 거대한 도미노와 같았다. 그래서 모두가 초조하게 어디 흔들리는 곳이 없는지 거대한 도미노를 지켜봤다. 1800년대와 1900년대 초반에는 10년이나 20년 주기로 전국적인 은행발 금융 공황이 발생했다.

연방준비은행은 이러한 은행발 금융 공황을 방지하기 위해 설립됐다. 연방준비은행은 기초 체력은 탄탄하지만 뱅크런으로 궁지에 몰린 은행에 돈을 빌려줄 권한이 있었다. 뱅크런에 빠진 은행들은 연방준비은행에서 빌린 돈으로 예금 인출을 원하는 모든 예금자에게 예금을 되돌려 줬다. 그 덕분에 소수의 은행에서 발생한 뱅크런 사태가 전

국적인 뱅크런으로 이어져 금융 공황이 발생하는 일을 막을 수 있었다.

1929년 주식 시장이 붕괴했을 때, 뉴욕 연방준비은행은 정확하게 자신이 해야 할 일을 했다. 뉴욕 연방준비은행은 낮은 이자로 뉴욕씨티 은행에 대규모로 대출을 해줬다. 이것은 효과가 있었다! 이 조치 덕분에 사태를 악화시킬 수 있는 은행의 줄도산을 막을 수 있었다.

하지만 1930년 실업률은 계속 상승했고 소비와 물가는 계속 하락했다. 뉴욕 연방준비은행 은행장은 경제가 다시 돌아가도록 은행 대출 기준을 완화했다.

오늘날과 메커니즘은 다르지만 연방준비은행은 과거와 동일한 기본 원칙으로 운영된다. 경제 상황이 나빠지면 연방준비은행은 돈을 찍어 내고 투자와 고용을 활성화시키기 위해서 대출을 늘린다.

하지만 1930년 당시 미국 전역에 분포한 연방준비은행 대부분은 경제에 개입하기를 원치 않았다. 시카고 연방준비은행은 통화량이 늘어나면 기업가들의 생산적인 투자보다 무역상들의 투기 활동을 촉진시킬까 봐 걱정했다. 그리고 댈러스 연방준비은행은 '인위적인 수단을 통한 경제 동향에 대한 간섭'을 경고했다.

그래서 연방준비은행은 아무런 조치도 취하지 않았다. 물가 하락과 실업률 상승이 사람들과 기업들의 채무 상환을 더욱 어렵게 만들었다. 은행들은 줄줄이 도산했다. 1920년대 부분 지급 준비금 제도가 을씨년스러운 마법을 부렸다. 부분 지급 준비금 제도는 고객들의 예금액의 일부분만 지급 준비금으로 남겨 두고 나머지는 대출해 주는 은행제도다. 은행은 이 제도를 통해 대출을 늘렸고, 사람들은 지폐와 금을 은행에 예치하는 것을 줄였다. 이처럼 부분 지급 준비금 제도는 시중 통화량을 늘렸다. 하지만 1930년 부분 지급 준비금 제도의 마법이 역효과를 냈다. 사람들이 은행 예금을 한꺼번에 되찾기 시작하자 은행들은 문을 닫았고 통화량이 줄어들기 시작했다.

불확실한 미래에 대해 불안감을 동시에 느낀 사람들은 소비를 줄이고 가능한 한 모든 것을 저축했다. 물가 하락이 예상되면 시간이 지날수록 상품이 보다 저렴해지기 때문에 가격이 더 떨어질 때까지 기다렸다가 소비하기 마련이다. 통화량 감소와 소비 하락으로 물가는 하락했다. 물가가 하락하자 채무자들의 상황은 더욱 나빠졌다. 그들은 대출금을 갚을 수 없었다. 이런 사태로 인해 은행 도산이 예상됐다. 은행이 도산하면 시중 통화량은 더욱 줄어든다. 이렇게 꼬리에 꼬리를 무는 악순환이 시작됐다.

이를 '디플레이션 소용돌이'라고 부른다. 자연스러운 현상도, 앞선 경기 과열에 대한 불가피한 조정도 아니었다. 디플레이션 소용돌이는 화폐로 인해 발생한 심각한 경제적 재난 사태이지만 완벽하게 막을 수 있는 위기이기도 했다. 연방준비은행이 디플레이션 소용돌이를 막아내야 했다. 하지만 연방준비은행은 상황을 더욱 악화시켰다.

금본위제도에 묶인
세계 경제

전 세계 경제는 국제 금본위제도로 인해 하나로 묶여 있었다. 세계 경제가 성장할 때는 문제가 없다. 하지만 1930년대 초반 금본위제도는 유럽과 북미를 깊은 심연으로 끌어내린 장본인이었다. 유럽과 북미에서 은행들이 쓰러졌다. 당시 세계 금융의 중심지인 런던에서 사람들은 겁에 질려 어쩔 줄 몰랐고 앞다퉈 영국 파운드화를 금으로 교환했다. 1931년 가을에 존 로가 살인죄로 재판을 받은 뒤에 곧바로 설립된, 세계에서 가장 중요한 은행인 잉글랜드 은행의 금고가 바닥을 드러내기 시작했다. 그러자 잉글랜드 은행은 자신들 외에는 그 누구도 상상하거나 실행할 수 없는 결단을 내렸다. 파운드화와 금의 교환을 중단하기로 한 것이다.

미국의 부유층은 영국의 상황을 지켜봤고 '맙소사! 영국이 자신들이 만든 금본위제도를 포기했어! 미국도 곧 영국의 뒤를 따를 거야' 라고 생각했다. 그러자 대다수 미국인도 서둘러 달러화를 금으로 교환하기 시작했다. 잉글랜드 은행이 파운드화와 금의 교환을 중단하고 5주가 지났을 무렵, 미국인은 연방준비은행에서 7억 5,000만 달러를 금으로 교환해 갔다.

연방준비은행은 이러한 금 유출 사태를 막을 방법을 알고 있었다. 연방준비은행은 금리를 인상했다. 금리가 인상되면 사람들은 돈을 금으로 교환하는 대신에 돈을 은행에 맡겨서 더 큰 수익을 얻으려고 할 것이다. 금리 인상은 효과적이었다. 금리가 인상되자 사람들은 돈을 금으로 교환하길 중단했다.

하지만 금리 인상 역시 의도치 않은 (하지만 예측할 수 있는) 결과를 낳았다. 농가와 기업에서는 대출에 대해 높은 이자를 물어야만 했고 파산하는 농가와 기업이 증가했다. 이로 인해 실업률은 더욱 악화됐고 물가는 더욱 하락했다.

연방준비은행은 오히려 금리를 인하했어야 했다. 오늘날 연방준비은행은 거의 모든 사람이 고용되고 물가가 빠르게 오르는 시기에 경기가 과열되면 금리를 인상한다. 반대로 경기가 위축되면 금리를 인하한다. 1931년 가을, 연방준비은행은 금리 인상을 통해 지난 2년 동안 경기 위축으로 빈사 직전에 내몰렸던 경제의 목줄을 한껏 더 졸라버린 꼴이었다. 연방준비은행 총재는 '모두가 아는 규칙대로' 금리 인상을 결정했다고 말했다. 다시 말해 금본위제도를 근거로 결정한 조치였다는 것이었다.

수십 년 뒤에 경제학자 밀턴 프리드먼Milton Friedman과 안나 슈워츠Anna Schwartz는 미국의 화폐 역사에 관한 사료를 수집했다. 두 사람은 소위 금본위제도의 규칙에 따라 통화량을 줄이고 금리를 인상시킨 연방준비은행의 정책이 심각하지만 평범한 경기 침체를 대재앙으로 바꾸었음을 증명했다. 결국 연방준비은행과 금본위제도가 대공황을 일으켰던 것이다.

이제 금본위제도는 몇몇 사람이 향수에 젖어 회상하는 옛것이 됐다. 정치인들은 때때로 금본위제도로의 회귀를 주장한다. 하지만 금본위제도에 대해 잘 아는 사람들은 그들의 주장이 재앙으로 이어질 것임을 알고 있다. 2012년 미국에서 다양한 정치 성향을 지닌 경제학자들을 대상으로 금본위제도에 관한 설문조사가 실시됐다. 경제학자 39명이 금본위제도로의 회귀에 반대했다. 금본위제도로 돌아갈 것을 주장하는 경제학자는 단 한 명도 없었다. 오늘날 경제학자들에게 금본위제도는 논쟁거리도 안 된다. 거의 모든 학자가 금본위제도는 끔찍한 시스템이라고 생각한다.

하지만 불황이 지속되는 중에도 금본위제도와 대공황 확산 사이의 연결 고리는 불분명했다. 사람들은 1920년대에 일어난 경제 대호황과 1929년에 있었던 주식 시장 붕괴의 불가피한 결과로 인해 자신들이 고통을 받고 있다고 생각했다. 사람들은 대공황이 화폐의 실패와 아무런 관련이 없다고 생각했다. 1932년, 물가 하락과 실업률 상승이 3년 동안 지속되고 모자를 쓴 남자들은 빵을 얻기 위해 줄을 서서 기다리고 여자들은 허름한 판잣집에서 깡마른 어린아이를 달랬다. 그해 실시된 대통령 선거에서 재선을 노리던 허버트 클라크 후버Herbert Clark Hoover 대통령은 여전히 금본위제도를 전폭적으로 지지하며 이렇게 말했다.

"강제로 금본위제도를 폐지하는 것은 미국에 엄청난 혼란을 가져올 것입니다. 인류가 이미 경험을 통해 증명했습니다. 금본위제도를 폐지하는 것은 한번 발을 들이면 다시 되돌아올 수 없는 길이며, 통화와 채권이 한낱 휴지조각이 될 테니 정부의 도덕성이 희생될 것입니다."

반면 그의 경쟁 후보인 루스벨트는 '건전 화폐'를 약속했다. 전통적으로 금본위제도의 연관어인 건전 화폐는 화폐로서의 가치나 지불수단으로 통용되는 힘이 안정된 화폐를 말한다. 그는 건전 화폐라는 용어를 사용했지만 자신의 통화 정책을 분명히 설명하지는 못했다. 미국 역사상 최악의 통화 위기 속에서 루스벨트는 국민들에게 자신이 생각하는 옳은 통화 정책이 무엇인지 밝히지도 않고 대통령 선거에서 압승했다. 지금까지 상황을 놓고 봤을 때 그 역시 어떤 통화 정책을 펼쳐야 할지 본인도 전혀 모르고 있었던 것 같다.

과연 당시의 위기를 타개하기 위해서 어떤 통화 정책이 필요할지

누가 알았을까? 빌어먹을 피셔는 알고 있었다. 그는 20년 동안 사방 팔방 쫓아다니며 화폐가 초래한 경제 위기를 어떻게 해결해야 하는지 이야기했다. 문제의 본질은 통화의 가치가 불안정하다는 것이었다. 불안정한 통화의 가치 때문에 물가가 하락했던 것이었다. 물가 하락은 사재기, 채무 불이행 그리고 은행 도산의 근본 원인이었다. 해결책은 물가를 다시 올리는 것이었다. 하지만 그렇게 하려면 미국인의 화폐에 대한 사고방식이 바뀌어야 한다는 사실도 피셔는 이미 알고 있었다.

금본위제도에서
해방되다

어빙 피셔와 같은 주장을 하는 사람들이 속속 등장했다. 영국의 저명한 경제학자 존 메이너드 케인스John Maynard Keynes는 피셔의 영향을 받았다. 미국에서 피셔와 같은 생각을 지닌 사람으로 몇몇 사업가들과 그리 유명하지 않은 농업 경제학자 조지 워런George Warren이 있었다. 1932년 가을에 그들은 피셔의 안정 통화 연합Stable Money Association의 정신을 계승하면서 전국 물가와 구매력 재건을 위한 위원회를 설립했다. 역사학자 아서 슐레진저 주니어Arthur Schlesinger Jr.는 "위원회는 인플레이션 정책에 대해 일종의 거짓된 존경심을 심어 줬다."라고 썼다.

그 존경심은 정말로 거짓된 것이었다. 워런은 코넬대학교 경제학과 교수였다. 그는 농업을 연구했고 수년 동안 암탉이 더 많은 달걀을

낳게 만드는 방법을 찾으려고 애썼다. 농산물과 육류의 가격이 1920년 대 하락하기 시작하자 그는 금과 상품 가격의 관계에 집착하기 시작했다. 그는 수년 동안 수 세기에 걸쳐 생산된 자료를 수집하고 분석하는 데 매진했다. 마침내 그는 대공황을 벗어나는 유일한 방법은 물가 상승이고 물가 상승의 유일한 방법은 100여 년간 이어진 금본위제도의 폐지라는 피셔의 주장에 동조됐다.

워런은 개인적으로 루스벨트를 알고 있었다. 루스벨트가 주지사였을 때, 워런은 뉴욕 북부에 있는 루스벨트의 토지에서 자라는 나무에 대해서 상담을 해주고 농업에 대해 조언을 해줬다. 대통령 선거 이후에 워런과 피셔는 루스벨트와 편지를 주고받았고 그의 최고 보좌관들을 만나 화폐에 관한 자신들의 이론을 피력했다.

루스벨트가 대통령으로 취임하기 전날, 워런은 찰스 린드버그Charles Lindbergh가 6년 전 대서양 횡단 비행을 할 때 사용했던 것과 동일한 소형 전용기에 몸을 실었다. 워런은 워싱턴으로 날아가서 개인적으로 루스벨트를 만날 생각이었다.

워런이 대통령을 만나기 전 몇 주 동안 미국의 경제 상황은 급격히 악화됐다. 사람들은 대공황으로 인해 직장을 잃고 배고픔에 시달렸으며 길거리에 나앉았다. 엎친 데 덮친 격으로 심각한 뱅크런이 미국 전역에서 연이어 발생했다. 은행이 연이어 도산하고 은행 휴업이 선포되자 돈이 씨가 마르기 시작했다.

사람들은 대공황에 즉흥적으로 대응했다. 100여 개의 도시에서 차용증이 발행되어 임시 화폐로 유통됐다. 심지어 디트로이트에 있는 어떤 백화점은 농부들과 물물교환을 했다. 청어 세 통과 옷 한 벌을 교환하거나 220킬로그램의 암돼지와 신발 3켤레를 교환하는 식이었다. 매디슨 스퀘어 가든에서 열리는 복싱 경기를 주최한 기획사는 '모자, 신발, 시가, 머리빗, 비누, 끌, 주전자, 감자 포대, 풋밤'과 복싱 경기 티켓을 교환해 줬다.

취임 선서에서 루스벨트는 미국 역사상 최악의 뱅크런 사태에 대해 완벽에 가까운 말을 남겼다. "우리가 두려워해야 할 것은 오로지 두려움 그 자체다." 그의 말은 그야말로 자기 충족적 예언이었다. 미국 전역에서 대규모 뱅크런 사태가 벌어지는 가운데, 경제 상황을 대공황으로까지 몰고 간 본질적인 원인은 두려움 자체였다.

워런은 취임식 다음 날 밤 10시 30분에 백악관에서 루스벨트와 마주할 기회를 얻었다. 몇 시간 뒤에 루스벨트는 서재에 앉아 상아로 된 파이프를 입에 문 채 미국 전역에 있는 모든 은행의 영업을 일시적으로 중단하는 성명서에 서명했다. 이로써 그에게 대통령으로서의 인생 2막이 열렸다. 워런은 그의 결정에 매우 흥분했다.

기자들은 루스벨트가 금본위제도를 포기한 것이라 주장했다. 하지만 프랭클린 루스벨트 행정부의 재무장관인 윌 우딘will Woodin은 그들의 주장에 동의하지 않았다. 우딘은 "미국이 금본위제도를 포기한다고 주장하는 것은 터무니없고 본질을 호도하는 것이다. 미국은 분명히 금본위제도를 따른다. 그저 며칠 동안 금을 구할 수 없을 뿐"이라고 기자들에게 말했다. 즉, 미국은 그 어느 때보다 금본위제도를 충실히 이행하고 있으며 정말로 금본위제도를 잘 따르고 있다는 것을 재차 강조했다.

1933년 3월이 돼서도 피셔와 워런은 여전히 외부인이었다. 루스벨트의 보좌진들과 함께 미국의 일류 경제학자들과 은행가들은 거의 만장일치로 미국은 금본위제도를 유지해야 한다고 믿었다. 우딘은 이를 분명히 하고 싶었다. 하지만 루스벨트는 금본위제도 유지에 대해 확신이 생기지 않았다. 미국 내 모든 은행의 영업을 중단하고 금 공급을 엄격히 통제한 지 3일 뒤에 루스벨트는 첫 번째 기자 회견을 열었다. 그는 비공개를 전제로 기자들에게 "금본위제도나 금본위를 폐지할 것이냐 말 것이냐에 대한 질문을 제외하고 모든 질문을 환영한다." 라고 말했다.

은행 영업이 중단된 그 주에 의회는 부랴부랴 긴급은행법을 통과시켰다. 이 법안은 영업을 재개할 은행을 결정하는 방법이 상세히 명시되어 있었다. 그리고 긴급은행법은 모든 미국인이 보유한 금을 정부에 팔도록 강제하는 권리를 정부에게 부여했다.

다음 주말에 루스벨트는 대통령 취임 후 첫 번째 대국민 라디오 연설을 했다. 미국이 절체절명의 위기에 빠진 순간이었다. 사람들은 자본주의의 붕괴에 대해 심각하게 토론했고 농민들은 물가 하락에 대해 공개적으로 불만을 토로하며 정부 정책에 반기를 들었다. 하지만 루스벨트는 이에 대해 일언반구도 없었다. 그 대신 신임 대통령으로서 라디오에 출연해 "저는 은행이 어떻게 운영되는지에 대해 국민 여러분들과 잠시 이야기를 나누고자 이 자리에 섰습니다."라고 운을 뗐다. 그리고 나서 대뜸 은행과 화폐가 움직이는 기본 원리에 대해 사람들이 알기 쉽게 설명하기 시작했다.

"우선 여러분이 은행에 돈을 맡기면 은행은 여러분의 돈을 안전한 은행 금고에 보관하지 않습니다. 은행은 산업과 농업의 바퀴가 계속

돌아가도록 여러분의 돈에게 일을 시킵니다. 이 나라에서 유통되는 전체 통화량은 이 나라에 있는 모든 은행이 보유한 예치금의 극히 일부에 지나지 않습니다. 자, 2월 말과 3월 초에 어떤 일이 벌어졌을까요? 은행에 대한 공공의 신뢰가 무너져 일반 대중이 대거 은행 예금을 현금이나 금으로 교환하기 시작했습니다. 한꺼번에 너무나도 많은 사람이 은행으로 몰려와 돈을 인출한 까닭에 이 나라에서 가장 건전한 은행들조차도 자금이 부족했고 대규모 인출 사태를 감당할 수 없었습니다."

루스벨트는 연방 정부가 미국의 모든 은행을 조사하고 있다고 말했다. 건전한 은행들은 곧 영업을 개시할 것이고 대부분의 은행이 곧 영업을 개시할 것이라고 덧붙였다. 무엇보다 그는 꼬리에 꼬리를 무는 뱅크런 사태의 원인이 되는 두려움의 고리를 끊고 싶었다. 루스벨트는 말을 이어 갔다.

"여러분! 이 나라의 금융 시스템을 재정비하는 데 화폐와 금보다 더욱 중요한 것이 있습니다. 그것은 바로 국민 여러분의 신뢰입니다. 우리 모두 힘을 합쳐 이 두려움을 떨쳐 냅시다! 우리가 함께한다면 결코 실패하지 않을 것입니다!"

루스벨트는 '사람들이 화폐라고 믿기 때문에 화폐라고 불리는 것이 화폐일 수 있다'는 사실을 잘 이해하고 있었다. 은행권이 신뢰를 잃자, 사람들은 은행에 맡긴 예금을 돈이라고 생각하지 않았다. 그래서 사람들은 앞다퉈 예금을 인출하고 자신들의 돈을 지폐의 형태로 보관하기를 원했다. 지폐에 대한 신뢰마저 상실하자, 사람들은 지폐를 금으로 교환하고 싶어 했다. 예금을 지폐로 교환하고 지폐를 다시 금으로 교환하는 일이 이어지자 다른 곳에까지 영향을 미쳤다. 미국은 제 기능을 수행하지 못하는 화폐를 사용하는 데다 그런 화폐조차 부족한 세상으로 후퇴하고 있었다. 루스벨트는 이런 사태를 되돌리려고 했다.

다음 날, 은행들이 영업을 재개했다. 또다시 은행 앞에 사람들이 길게 줄을 늘어섰다. 하지만 이번에는 예금을 인출하기 위해서 늘어선 줄이 아니었다. 사람들은 은행에 돈을 맡기려고 줄을 서서 기다렸다. 놀랍게도 뱅크런이 역전됐다! 은행 휴업과 루스벨트의 노변담화가 효과를 발휘한 것이다. 사람들은 은행을 신뢰하기 시작했고 은행에 지폐를 예금했다. 사람들이 은행 예금을 화폐라고 다시 믿었기 때문이다.

은행들이 차례로 영업을 재개했다. 하지만 여전히 많은 사람이 두려워했고 물가는 하락했고 대출도 감소했다. 몇 주 뒤 루스벨트는 또다른 폭탄을 떨어뜨렸다. 행정 명령 6102호가 발동했다.

지금부터 모든 국민은 1933년 5월 1일까지 개인적으로 소유하고 있는 모든 금화, 금괴 그리고 금증서를 연방준비제도Federal Reserve System, FED 소속 은행에 맡겨야 한다. 누구든지 의도적으로 이 행정 명령, 관련 규제나 규칙을 어길 시 10,000달러 이하의 벌금이나 10년 이하의 징역형 또는 둘 다에 처한다.

존 로처럼 루스벨트는 개인이 금을 소유하는 것을 불법으로 만들었다. 그의 말대로라면 사람들은 보석류와 푼돈 정도를 제외하고 책상 서랍에 있는 몇백 달러 상당의 금화 몇 닢 때문에 감옥에 갈 수 있었다. 만약 오늘날 대통령이 모든 미국인은 금을 전부 정부에 반납해야 한다고 선언한다면 사람들은 어떻게 반응할까? 하지만 더 충격적인 것은 루스벨트의 금 환수 명령이 1933년 봄에 일어난 가장 충격적인 사건이 아니라는 점이다. 1933년 봄, 모두가 제정신이 아니었다. 그리고 몇 주 뒤에 가장 충격적이고 비정상적인 사건이 터졌다.

당시 의회에서 농업과 관련한 법안을 두고 치열한 논의가 벌어지고 있었다. 오클라호마주 소속의 한 상원의원은 100년 만에 최초로 금과 달러의 교환 가치를 바꿀 수 있는 권한을 대통령에게 부여하는 급진적인 개정안을 밀어붙였다. 당시 금본위제도 아래에서 사람들은 1달러와 정해진 양의 금을 교환할 수 있었다. 달러와 금의 정해진 교환 비율이야말로 모든 시스템의 기반이 되는 금본위제도의 근간이었다. 그러니 사람들이 이 개정안을 반대할 것은 불 보듯 뻔했다.

4월 18일, 루스벨트는 경제 보좌관들 중에서도 최측근들을 한데 불러 모았다. 그리고 그는 개정안을 지지할 생각이라고 말했다. 보좌관들이 충격을 받을 만한 말이었다. 대통령이 개정안을 지지한다면 그 급진적인 개정안은 법으로 제정될 것이 거의 확실했다. 루스벨트는 "축하해 주게들. 이로써 금본위제도는 폐지됐네."라고 말했다.

한 보좌관의 말을 빌리면, 그들이 모인 방에서 생난리가 났다고 한다. 은행가 출신의 보좌관이 루스벨트에게 국가를 "걷잡을 수 없는 인플레이션과 완전한 혼란"으로 이끌고 있다고 말했다. 두 사람은 방안을 왔다 갔다 하면서 사사건건 대립하며 맹렬히 싸웠다. 은행가 출신의 보좌관은 루스벨트를 설득해 마음을 돌리려고 애썼다. 하지만 루스벨트는 그의 말을 웃어넘겼고 주머니에서 10달러짜리 지폐를 꺼

냈다. "이봐, 내가 이 지폐가 쓸모가 있는지 어떻게 알까? 바로 내가 쓸모가 있다고 생각하기 때문에 이 지폐가 화폐로서 쓸모가 있는 거라네." 이윽고 대통령은 전혀 동요하지 않고 잠자리에 들었다. 경제 보좌관들이 방을 나설 때 예산 국장은 "아, 이것이 서구 문명의 종말이구나."라고 말했다.

다음 날, 이 소식을 들은 피셔는 아내에게 편지를 썼다. "난 이 세상에서 가장 행복한 사람이랍니다. 우리가 번영을 되찾게 되어 행복합니다. 그리고 국면을 전환하고 수년 전 오늘의 기반을 닦는 데 내가 일조했다는 사실에 너무나 행복하다오. 아무래도 이번 주가 내 생애 최고의 날이 될 것 같소. 여생 동안 더 이상 무언가를 이루지 못하더라도 괜찮소. 난 이미 한 사람이 살면서 달성할 수 있는 의미 있는 일을 충분히 이뤘답니다."

루스벨트는 화폐와 관련된 이슈들에 대한 좁은 견해를 바탕으로 즉흥적인 대응을 했다. 그는 화폐에 대해서 많은 지식을 보유한 선하고 현명한 사람들이 대통령으로서 마땅히 해야 한다고 생각했던 것과는 정반대로 행동했다. 그것은 아름답지도 완벽하지도 않았다. 하지만 분명히 효과가 있었다.

1933년 봄, 대공황이 절정에 달했다. 다시 말해 그해 봄은 미국 역사상 최악의 경제 위기 중 최악의 순간이었다. 아이러니하게도 루스벨트가 은행 영업을 강제로 중단하고 국민들로부터 금을 몰수하고 금본위제도를 포기한 뒤에 모든 것이 호전되기 시작했다. 물가가 오르기 시작했고 채무자들의 채무 상환에 대한 부담이 마침내 완화됐다. 실업률이 떨어지기 시작했고 소득 수준과 주식 시장의 지수가 오르기 시작했다. 하지만 회복세는 더디고 고르지 못했고 많은 문제들이 산재해 있었다. 미국 경제는 제2차 세계 대전 때까지 완전히 회복되지 못했다. 하지만 경제가 살아나고 있다는 징후는 분명했다.

수십 년 뒤에 경제사학자들은 미국뿐만 아니라 영국, 프랑스 그리고 독일을 되돌아보며 이 국가들 사이에서 명백한 상관관계를 발견했다. 정부가 금본위제도를 포기하자 차례대로 경제가 되살아나기 시작했다. 경제사학자들은 경제 위기와 금본위제도 사이에 인과관계가 존재한다고 결론을 내렸다. 금본위제도가 국가들을 끔찍한 경제적 순환 주기에 가뒀던 것이었다. 하지만 금과의 연결 고리를 끊어 내자 끔찍한 순환 주기 역시 끊어졌다.

그 이후에도 수십 년 동안 세계는 가짜 금본위제도 위에서 움직였다. 외국 정부들은 여전히 달러를 금으로 교환할 수 있었다. 교환 비율은 1934년 루스벨트가 정의한 금 1온스당 35달러였다. 하지만 일반인들은 더 이상 달러와 금을 교환할 수 없었다. 마침내 1971년 미국은 금본위제도에서 완전히 벗어났다. 더 이상 금이 아닌, 미국인이 일상적으로 소비하는 물품들을 기준으로 연방준비은행이 달러의 가치를 관리했다. 다시 말해 마침내 미국은 다른 모든 국가와 마찬가지로 피셔가 원했던 대로 돈을 바라보기 시작한 것이다.

하지만 정말 역사적인 순간은 1933년에 찾아왔다. 그해 가을 루스벨트는 금본위제도로의 회귀를 주장하는 하버드대학교 경제학 교수이자 친한 고문에게 편지를 썼다. "그대는 인간의 고통과 이 나라가 절실히 필요로 하는 것보다 이전의 인위적인 금본위제도를 우선시하는구먼." 이 문장에서 핵심어는 '고통'이나 '절실히'가 아닌 '인위적인'

이다.

금본위제도 신봉자들은 금본위제도에 자연의 힘을 부여했다. 그들은 화폐로서의 금을 자연의 질서처럼 너무나도 당연한 것으로 여겼다. 그리고 금본위제도가 아닌 다른 통화 정책들은 어리석을 뿐만 아니라 부자연스럽기 때문에 실패할 수밖에 없다고 생각했다.

하지만 루스벨트는 금본위제도에 자연스러운 부분은 하나도 없음을 인지했다. 그것은 다른 통화 정책처럼 인위적인 정책이었다. 금본위제도는 사람들의 선택이었다. 사람들이 인지하지 못했지만, 금본위제도는 사람들이 인위적으로 선택한 통화 정책이었다. 루스벨트의 천재성이 "우리는 다른 것을 선택할 수 있다."고 말했고 세계는 금본위제도에서 벗어났다.

제 5 장

유로화부터 비트코인까지
현재진행형인 돈의 변신

새로운 화폐의 탄생

———

화폐의 역사는 은행과 정부 그리고 대중이
누가 무엇을 해야 하느냐를 놓고 벌인 투쟁의 역사다.
그것은 그림자 금융, 유로화 그리고 비트코인으로 대변되는
화폐의 현재이기도 하다.

리먼 사태와
그림자 금융

일반적으로 2008년 금융 위기에 대해서 사람들은 다음과 같이 이해하고 있다.

1. 어딘가 수상쩍은 대출 기관이 제값보다 비싼 주택을 사려는 주택 구입자들에게 말도 안 되는 주택 담보 대출을 해줬다.

2. 말도 안 되는 주택 담보 대출은 하나로 합쳐지고 분할되어 투자자들에게 투자 상품으로 팔렸다.

3. 주택 가격이 떨어지자, 자격이 없는 주택 구입자들은 그 말도 안 되는 주택 담보 대출을 갚을 수가 없었다.

4. 말도 안 되는 주택 담보 대출로 만든 투자 상품에 투자한 투자자들이 파산했고 그들과 함께 경제가 고꾸라졌다.

위 이야기는 진실인 데다 극적이라는 장점이 있다. 하지만 이 이야기는 미완성이다. 단지 2008년 금융 위기의 일면에 지나지 않는다. 말도 안 되는 주택 담보 대출 상품만으로 전 세계 경제가 한 번에 고꾸라질 순 없는 일이다. 그 이면에는 거의 회자되지 않는 숨겨진 이야기가 있다.

그것은 화폐 자체에 대한 이야기다. 새로운 종류의 화폐가 그 누구도 금융 시스템으로 인지하지 못했던 새로운 금융 시스템으로 흘러들어 가기 시작했다. 이 새로운 화폐로 인해 20세기 후반과 21세기 초반에 금융 산업이 급성장했다. 그리고 새로운 화폐 때문에 미국의 주택 담보 대출 시장의 구석진 자리에서 불거진 위기가 전 세계 경제를 깊은 수렁으로 빠트릴 수 있었다. 이 새로운 화폐는 그 누구도 완전히 고칠 수 없는 고질병을 안고 있었다. 이 고질병을 고치지 않는다면, 이 세상은 다시 경제적 혼돈에 빠질 수도 있다.

이번 장은 바로 이 새로운 화폐에 관한 이야기다.

두 사내와
머니마켓펀드

　　　　　　　"나는 항상 돈에 끌렸습니다."라고 브루스 벤트Bruce Bent가 말했다. 제2차 세계 대전 이후 롱아일랜드에서 자란 여덟 살의 벤트는 빈 탄산음료 병을 수거해 돈을 벌었다. 그는 신문 배달을 하려고 했지만 수지가 맞지 않았다. 그는 "신문 배달은 쓰레기 같은 일이었죠. 일을 죽어라고 하는데 임금이 짰어요."라고 말했다. 그래서 그는 식료품점에서 일했다. "저는 열네 살에 식료품점에서 일하고 일주일에 70달러를 받았습니다. 당시 저에겐 큰돈이었어요."라고 덧붙였다.

고등학교를 졸업한 뒤에 벤트는 자신의 아버지처럼 우편 배달원이 됐다. 그는 예비역으로 6개월 동안 해병대에 복무했고 세인트존슨대학교를 졸업했다. 그리고 돈에 끌리는 많은 사람들처럼 그 역시 금융업에 종사하고 싶었다. 그는 "월스트리트로 내려가서 금융 회사 소속 전무 이사들의 허드렛일을 했다."고 한다.

그로부터 몇 년 뒤 벤트는 한 보험 회사의 투자 부서에 취직했다. 그는 해리 브라운Harry Brown과 같은 날 첫 출근을 했다. 브라운은 훗날 벤트의 상사가 된다. 브라운은 하버드대학교를 졸업했고 연방 판사의 손자였다. 그는 벤트와는 완전히 다른 부류의 사람이었다.

출근 첫날, 두 사람은 벤트의 상사인 브라운의 상사 사무실에서 처음 만났다. 몇 분 뒤에, 정확히 말하면 두 사람이 만난 지 불과 몇 분 뒤에 브라운은 벤트를 쳐다보며 자신의 상사에게 말했다.

"전 이 사람이 마음에 안 들어요. 함께 일하고 싶지 않아요."

"왜?"

"그는 그 잘난 뉴욕 출신이잖아요. 제 부서에 두기 싫습니다."

"데리고 가서 알아서 해."

하지만 유쾌하지 못한 첫 만남과 달리 두 사람은 손발이 척척 맞았다. 몇 년 뒤에 둘은 회사를 나와서 브라운 앤드 벤트Brown and Bent를 설립했다. 그들은 투자할 여유 자금이 있는 보험 회사들과 대출이 필요한 회사들을 서로 연결해 줄 생각이었다. 하지만 사업은 신통치 않왔다.

벤트에게는 아내와 두 아들 그리고 주택 담보 대출금 두 개가 있었다. 그는 버스 요금을 아끼려고 중고 자전거를 샀다. 그는 자전거로 집과 지하철역을 오갔고 지하철로 출퇴근했다. 그는 브라운의 사무실 건너편에서 일했다. 두 사람은 브라운의 사무실에서 자유롭게 아이디어를 주거니 받거니 했다. 벤트는 "우린 회사에 수익을 가져올 무언가를 찾고 있었습니다."라고 말했다.

그들은 하루하루 근근이 버텼다. 그로부터 몇 년 뒤에 그들에게 기회가 찾아왔다. 1933년에 제정된 연방 규정은 적금 계좌의 금리 한도를 설정했고 예금 계좌에는 이자를 일절 지급하지 않도록 했다. 그러자 돈이 많고 몇 주 혹은 몇 달 동안 돈을 묶어 둘 의향이 있는 사람들은 10만 달러 적금 계좌를 개설하거나 트레저리 빌Treasury bills 또는 T-빌T-bills로 알려진 단기 국채를 매입해서 더 많은 이익을 챙겼다.

하지만 일부 투자자들은 여유 자금을 장기간 묶어 두기 싫어했고 투자자들 중에는 거금을 투자할 여력이 없는 사람도 있었다. 두 사람은 이런 투자자들을 위해서 단기 국채와 고액 적금 계좌처럼 높은 이자 수익을 제공하는 투자 상품을 개발하기로 결심했다. 어느 날 오후 벤트에게 한 가지 아이디어가 떠올랐다. 벤트는 "전 브라운을 쳐다보며 뮤추얼 펀드는 어떠냐고 말했죠. 그랬더니 해리가 자신은 뮤추얼 펀드에 대해서 아는 것이 하나도 없다고 하더군요. 그래서 나 역시 뮤추얼 펀드를 전혀 모르지만 효과가 있을 것 같다고 말했어요."라고 당시를 회상했다.

뮤추얼 펀드는 주식이나 채권에 투자되는 자금이다. 퇴직 계좌가 있는 사람은 자신도 모르게 한두 개 이상의 뮤추얼 펀드에 투자하는 투자자일 가능성이 높다. 뮤추얼 펀드에 투자한다는 것은 사실상 해당 뮤추얼 펀드를 구성하는 주식이나 채권에 투자하는 것과 같다. 뮤추얼 펀드의 가치는 펀드를 구성하는 주식과 채권의 가치와 함께 매일 오르고 내린다.

브라운 앤드 벤트는 주식이나 채권에 대한 투자가 아니라, 은행에 있는 돈처럼 느껴지는 뮤추얼 펀드를 만들고자 했다. 예금 계좌의 편의성을 모두 갖지만 이자율이 높은 뮤추얼 펀드 상품을 원했다. 그래서 뮤추얼 펀드 모델을 약간 변형하기로 했다.

뮤추얼 펀드에 사람들이 투자하면 그들은 투자자의 돈을 단기 국채 형태로 정부에 대출해주고, 고액 적금 계좌의 형태로 은행들에 대출을 해줬다. 이 금융 상품들은 매우 안전한 단기 투자 상품이었다. 너무나 안전해서 뮤추얼 펀드 가격은 펀드를 구성하는 주식이나 리스크가 높은 채권처럼 매일 오르내리지 않았다. 브라운 앤드 벤트는 주가를 주당 1달러로 정했다. 그리고 외부에서 어떤 일이 일어나더라도 주가를 주당 1달러로 유지할 수 있는 회계 시스템을 사용했다. 그야말로 은행에 맡긴 돈이나 다름없었다.

그들은 자신들이 만든 뮤추얼 펀드를 '적금 펀드'라 부르려 했지만, 뮤추얼 펀드를 규제하는 증권거래위원회Securities and Exchange Commission, SEC가 이를 허락하지 않았다. 그래서 '적금 펀드'만큼이나 재미없는 '리저브 펀드'Reserve Fund라는 이름을 붙였다. 리저브 펀드는 '준비금'이란 의미를 담고 있었다. 바로 정확히 그들이 노린 것이었다.

리저브 펀드는 1972년부터 운용되기 시작됐다. 1973년 말까지 그들은 리저브 펀드를 통해 1억 달러를 운용했다. 몇 년 만에 경쟁 펀드들이 많이 생겨났다. 이것들은 머니마켓펀드money-market funds, 즉 MMF라고 불리게 될 새로운 종류의 펀드들이었다. 머지않아 사람들은 자신의 머니마켓펀드로 수표를 발행할 수 있게 됐다. 다시 말해 머니마켓펀드에 들어 있는 돈으로 소비 활동을 할 수 있게 된 것이었다. 마침내 머니마켓펀드에 투자한 돈은 은행에 맡긴 돈처럼 사용되기 시작했다!

머니마켓펀드에 뛰어든 대형 은행

이익 잉여금을 보유한 기업들이 수억 달러를 머니마켓펀드에 투자하기 시작했다. 벤트와 브라운이 작은 사무실에서 머니마켓펀드의 씨앗이 되는 아이디어를 생각해 낸 지 10년이 흐른 시점인 1982년, 머니마켓펀드에 2,000억 달러 이상의 자금이 흘러들어 갔고, 매년 수십억 달러의 돈이 머니마켓펀드 시장에서 움직였다.

머니마켓펀드 시장에 주체할 수 없을 정도로 많은 돈이 유입됐다. 벤트와 브라운은 고액 적금 계좌와 단기 국채에 계속 투자했지만 다른 펀드 회사들은 새로운 투자 상품을 찾기 시작했다. 일부는 펀드 자금으로 '기업 어음'을 매입하기 시작했다. 주로 안전하고 탄탄한 기업의 어음을 매입해 어음을 발행한 기업에 단기로 돈을 융자해 줬다. 1980년대 머니마켓펀드는 기업 어음의 최대 매수자가 됐다.

거대한 자금이 은행에서 머니마켓펀드로 흘러들어 갔다. 미국 거대 은행 중 하나인 씨티은행이 막대한 자금 흐름에 뛰어들었다. 그들은 법조계와 금융업계를 교묘하게 활용해 소위 '자산 담보부 기업 어음'asset-backed commercial paper, ABCP을 만들어 냈다. 자산 담보부 기업 어음은 머니마켓펀드 운용사에 기업 어음을 발행하기에는 재정 상태가 안정적이지 않은 기업들에게 돈을 빌려주기 위한 새로운 수단이었다.

곧 다른 은행들도 머니마켓펀드 시장에 뛰어들었다. 1990년대 초반까지 수십억 달러가 자산 담보부 기업 어음으로 흘러들어 갔고 은행들은 매달 더 많은 자산 담보부 기업 어음을 팔았다.

이 모든 일들을 시작한 벤트는 기업 어음의 리스크가 너무나 커서 머니마켓펀드로 투자하기에 적당하지 않다고 생각했다. 2001년 벤트는 한 신문사와의 인터뷰에서 "기업 어음은 머니마켓펀드의 개념과 정반대되는 금융 상품입니다. 사람들은 쓰레기로 펀드를 구성해 수익을 얻고 있습니다. 그야말로 머니마켓펀드의 개념을 헐값에 넘긴 겁니다."라고 말했다.

벤트의 리저브 펀드는 여전히 정부가 담보하는 채권과 전통적인 은행이 발행하는 예금 증서에만 투자했다. 당시 리저브 펀드의 사장이었던 벤트의 아들은 〈월스트리트저널〉과의 인터뷰에서 자신들의 행보에 대해 "소박하다기보다 신중한 것"이라고 말했다.

그로부터 몇 년 뒤에 벤트 일가는 아무도 모르게 이러한 철학을 포기하게 된다. 참고로 그 시기가 적절치 못했다.

넘쳐흐르는 돈이 만든
금융 거품

20세기의 마지막 수십 년 동안 금융 산업은 놀랍도록 성장했다. 그 결과, 부자와 기업 그리고 연금 펀드 운용사와 각국 정부는 넘쳐 나는 돈 때문에 행복한 비명을 질렀다.

그들은 그 많은 돈을 어딘가에 투자하는 대신 예금 계좌에 잠깐 넣어 뒀으면 했다. 다음 주에 급여를 지급하거나 다음 달에 퇴직금을 지급할 때 쓸 돈이었기 때문이다. 뭐가 됐든 가까운 시일에 사용해야 될 돈이라 장기적으로 투자하기는 곤란했다. 국영 보험은 당좌 예금 10만 달러까지만 보호했다. 잠깐 현금을 맡길 만한 마땅한 장소가 없었다. 이런 경우 주로 초단기 국채를 매입한다. 하지만 당시 시중에 현금이 넘쳐 났어도 매입할 국채는 한정적이었다.

그래서 많은 사람들이 머니마켓펀드에 투자했다. 심지어 머니마켓펀드의 투자 모델을 모방해 자신이 직접 투자하는 사람들도 있었다. 머니마켓펀드로 엄청난 돈이 몰려들었다. 그리고 머니마켓펀드 운용사들은 이 막대한 자금을 보통 은행처럼 정부 보증도 없고 예금과 대출도 하지 않는 월가의 투자 은행에 빌려주기 시작했다. 21세기 초반의 거대한 금융 거품을 팽팽하게 부풀린 공기는 다름 아니라 그저 잠깐 안전하게 저장할 장소가 필요했던 돈이었다.

21세기 들어 첫 10년 동안 부동산 시장은 호황이었다. 신용 등급이 아주 낮은 사람들조차도 주택 담보 대출을 잔뜩 받아서 가격이 과도하게 오른 주택을 구입했다. 자, 여기까지는 누구나 알고 있는 이야기다.

지금부터는 신용 등급이 낮은 사람들이 터무니없이 비싼 주택을 구입하기 위해서 받은 주택 담보 대출금의 출처에 주목할 것이다. 우리는 그 돈이 어디서 나왔는지 이미 알고 있다. 그렇다. 바로 머니마켓펀드였다. 다시 말해 막대한 자금을 잠시 맡겨 둘 곳을 찾던 연금 펀드 운용사와 기업의 주머니에서 나온 돈이었다. 새로운 유형의 이 막대한 돈이 머니마켓 뮤추얼 펀드, 자산 담보부 기업 어음과 투자 은행으로 흘러들어 갔고 금융 거품에 끊임없이 펌프질을 했다.

2006년 주택 가격의 상승세가 멈췄고 기업 재무 책임자와 머니마켓펀드 운용사는 불안해지기 시작했다. 그래서 그들은 자산 담보부 기업 어음을 통해 주택 담보 대출 상품에 투자했던 투자 펀드 운용사에게 돈을 되돌려 줄 것을 요청했다. 하지만 몇몇 투자 펀드 운용사들은 그들에게 돌려줄 돈을 마련하지 못했다. 그러자 불안감을 느낀 사람들은 너도나도 자신들의 투자금을 돌려줄 것을 요구하고 나섰다.

이것은 금융업에 종사하지 않는 사람들로서는 좀처럼 이해할 수 없는 이상한 일이었다. 하지만 폴 맥컬리Paul McCulley에게는 매우 우려스러운 일이었다.

그림자
금융이 만든 위험

폴 맥컬리는 대형 투자 회사 핌코PIMCO 소속의 경제학자였다. 그는 머니마켓펀드와 자산 담보부 기업 어음을 둘러싸고 일어나는 일들을 주의 깊게 살폈다. 그는 "이것은 단지 불가사의한 투자 수단이 아니다. 그 누구도 인식하지 못하지만 완전한 금융 시스템이다."라고 말했다.

은행은 예금자에게서 빌린 돈을 융통해서 장기 대출을 해준다. 참고로 예금자는 언제든지 은행에서 돈을 인출할 수 있다. 간단하게 말하면 은행은 단기로 빌린 돈을 장기로 빌려주는 일을 한다. 머니마켓펀드와 자산 담보부 기업 어음도 마찬가지다. 머니마켓펀드와 자산 담보부 기업 어음은 투자자들에게서 빌린 돈을 융통해서 대출을 해준다. 투자자들도 예금자와 마찬가지로 언제든지 투자금을 회수할 수 있다. 규제가 존재하는 금융 시스템의 그늘에서 유사 은행들이 새로운 금융 시스템을 속속들이 만들어 냈다. 여기서 문제가 생겨났다.

2007년 여름 맥컬리는 은행 총재들과의 미팅에서 "지금 벌어지고 있는 일은 정말 단순하게 설명할 수 있습니다. 그림자 금융 시스템에서 뱅크런이 벌어지고 있는 겁니다."라고 말했다. 그때까지 그 누구도 이 새로운 금융 시스템을 '그림자 금융'이라고 부르지 않았다.

모두가 대공황의 뱅크런 사태를 해결했다고 생각했다. 정부는 은행 예치금을 보증하기 시작했다. 예금자들은 무슨 문제가 발생할 것 같은 징후를 포착하고 불안감에 부랴부랴 거래 은행으로 달려가 예금을 찾을 필요도 없어졌다. 연방준비은행은 일시적으로 재정 부족에 시달리는 건전한 은행에게 언제든지 대출해 줄 준비가 되어 있었다. 정부는 모든 국민의 은행 예금을 보증했다. 은행에 맡긴 돈은 안전했다.

하지만 아무도 눈치채지 못한 사이에 은행과 유사한 기능을 하는 새로운 금융 시스템이 갑자기 생겨났다. 그 시스템은 거대했고 세계적이었다. 헤지 펀드 운용사와 투자 은행은 그림자 금융을 통해 더 많은 투자를 진행하기 위해서 차입을 늘렸다. 많은 사람이 그림자 금융을 통해 돈을 융통해서 집을 구입했다. 그림자 금융은 전통적인 금융 시스템의 리스크를 모두 안고 있었지만 변변한 안전망 하나 없었다. 그래서 그림자 금융은 전체 경제 시스템을 파괴할 수 있는 뱅크런 위험에 완전히 노출되어 있었다.

트레이더 출신의 법대 교수인 모건 릭스Morgan Ricks는 "그림자 금융 기관들이 발행한 단기 차용 증서는 현금 등가물이라 불린다. 하지만 기업 재무 책임자들과 여타 사업가들은 그것을 그냥 현금이라 부른다."라고 썼다. 다시 말해 그림자 금융에서 진짜 돈이 만들어지고 있었던 것이다.

2007년 그림자 금융은 전통적인 금융보다 비대해졌다. 기업 재무 담당자, 머니마켓펀드 운용사 그리고 연금 펀드 운용사는 수조 달러에 달하는 현금을 그림자 금융에 투자했다. 하지만 불안감을 느낀 그들은 돈을 회수하기 시작했다. 이로써 미국 역사상 최악의 뱅크런이 촉발됐다.

베어스턴스Bear Stearns에서 첫 번째 뱅크런이 발생했다. 베어스턴스는 공격적으로 투자하는 소형 투자 은행이었다. 베어스턴스는 머니마켓펀드를 통해 엄청난 액수의 돈을 융통해 주택 저당 채권을 매입했다. 2008년 3월 머니마켓펀드 운용사들은 베어스턴스에 자금을 빌려주는 것이 더 이상 의미가 없다고 판단했다. 예를 들어 미국에서 가장 큰 머니마켓펀드를 운용하는 피델리티Fidelity는 거의 100억 달러를 베어스턴스에 빌려줬다. 하지만 한 주 만에 모든 머니마켓펀드 운용사들이 빌려준 돈을 모두 되돌려 줄 것을 베어스턴스에 요구했다.

뱅크런이 발생했을 때 거의 모든 예금자가 예금을 인출하려고 거래 은행 앞에 길게 줄지어 섰다. 마치 영국 해군의 한 관계자가 "지폐는 돈이 아니다."라고 말했던 순간과 같았다. 하지만 이번에는 차원이 달랐다. 5,000명의 개인이 은행에 맡긴 수천 달러를 한꺼번에 인출해 가는 것이 아니었다. 50여 개의 대형 기관들이 각자 베어스턴스에 빌려준 수억 달러에 달하는 돈을 찾아가려는 것이었다. 베어스턴스는 빌린 돈으로 수십억 달러를 주고 주택 저당 채권을 매입했다. 하지만 이제 그 누구도 주택 저당 채권을 원치 않았다. 머니마켓펀드 운용사들을 포함해 베어스턴스의 예금자들은 자신들이 맡긴 돈을 되돌려 달라고 했지만, 베어스턴스는 그들에게 되돌려 줄 돈이 없었다.

베어스턴스는 상업 은행이 아니었다. 그래서 일반 예금은 없었고 연방준비은행으로부터 자금을 빌릴 수도 없었다. 하지만 연방준비은행은 '특이하고 긴박한 상황'에 처한 사람에게 자금을 빌려줄 수 있는 법 조항을 근거로 베어스턴스에 130억 달러를 빌려줬다. 연방준비은행은 '상인, 소형 은행가 그리고 이 사람 저 사람에게 융자'해 주라던 월터 배젓의 19세기 조언을 따랐다. 연방준비은행은 최후의 대출 기관으로서 최악의 뱅크런을 막기 위해서 그림자 금융에 돈을 퍼붓기 시작했다.

베어스턴스는 연방준비은행에서 빌린 돈으로 금요일에 영업을 개시했다. 주말이 되자 번갯불에 콩 볶아 먹듯이 JP모건 체이스가 현금으로 베어스턴스를 인수했다. 연방준비은행은 인수 거래의 조건으로 베어스턴스로부터 300억 달러의 주택 저당 채권을 매입하는 데 동의했다. 그렇게 베어스턴스가 이 세상에서 사라졌다. 마침내 주택 저당 채권은 안정화됐고, 연방준비은행은 이자와 함께 빌려준 돈을 회수했다.

몇 달 뒤에 또 다른 투자 은행에서 뱅크런이 터졌다. 바로 리먼 브라더스였다. 리먼 브라더스는 베어스턴스와 같은 투자 은행이었지만, 규모가 훨씬 컸다. 리먼 브라더스는 부실한 주택 담보 증권을 엄청나게 보유하고 있었고 너무나 많은 돈을 대출해 줬다. 2008년 9월 리먼 브라더스에 돈을 맡긴 거의 모든 사람이 돈을 돌려 달라며 찾아왔다. 하지만 리먼 브라더스는 그들에게 돌려줄 돈이 한 푼도 없었다. 그 누구도 사려고 하지 않는 주택 저당 채권만 잔뜩 안고 있었다. 9월 15일 월요일 이른 아침에 리먼 브라더스는 파산을 선언했다.

단 1퍼센트의 손실로
달러를 깨다

리먼 브라더스가 파산을 신청하기 3일 전, 〈월스트리트저널〉에는 머니마켓펀드 업계에 대한 불분명한 규제에 의문을 제기하는 작은 기사가 실렸다. 기사에는 머니마켓펀드 운용사들이 너무나 큰 리스크를 감수하며 위험한 투자를 하고 있다고 주장하는 머니마켓펀드의 발명자 브루스 벤트의 말이 인용됐다. "우리는 잊어서는 안 됩니다. 머니마켓펀드의 목적은 투자자를 따분하게 만들어 밤에 푹 자게 만드는 것입니다."

벤트는 기사의 주제를 좋아했고 신랄하게 말했다. 몇 달 전에 공개

된 리저브 펀드의 연차 보고서에 그는 다음과 같이 썼다.

투자자들이 머니마켓펀드에 투자한 자신들의 돈의 안전성에 대
해서 의구심을 갖게 만든 서브프라임 위기가 금융 시장의 근간
을 뒤흔든 지 1년이 지났다. 좋다! 여러분에게 이 사실을 알리
게 되어 너무나 기쁘다. 투자자의 원금을 보호하겠다는 이념에
기반을 두고 리저브 펀드를 설립했다. 현재 전반적으로 이 이념
이 머니마켓펀드 시장에 자리를 잡은 듯하다.

하지만 벤트의 연차 보고서를 자세히 들여다봤다면 놀라운 한 가
지가 눈에 들어올 것이다. 리저브 펀드는 너무나 안전해서 지루한 은
행 예금 증서와 정부 보증 채권에만 한정적으로 투자하던 "소박하기
보다 신중하게 구성된" 펀드가 더 이상 아니었다. 리저브 펀드는 투자
자들의 돈으로 수조 달러의 기업 어음을 사들이고 있었다. 이것은 머
니마켓펀드가 지양해야 한다고 벤트가 주장했던 바로 그 리스크 높
은 투자 방식이었다.

2008년 9월 15일까지 벤트의 리저브 '프라이머리' 펀드는 리먼 브
라더스가 발행한 기업 어음에 무려 7억 8,500만 달러를 투자했다. 다
시 말해서 이제 막 파산을 선언한 리먼 브라더스는 리저브 펀드에 무
려 7억 8,500만 달러를 빚졌다. 이것은 리저브 펀드가 운용하는 전체
자금의 1퍼센트가 조금 넘는 액수였다. 코딱지만 한 금액일 뿐이었
다. 설령 리저브 펀드가 리먼 브라더스로부터 단 한 푼도 회수하지 못
하더라도 펀드를 구성하는 99퍼센트의 자금은 안전했을 것이다. 어

쩌면 전액은 아니지만 리먼 브라더스로부터 조금이나마 돈을 회수할 수 있었을 것이다. 만약 리저브 펀드가 평범한 뮤추얼 펀드였다면 리먼 브라더스의 파산은 별일 아니었을 것이다. 뮤추얼 펀드는 항상 1퍼센트 손실이나 수익을 발생시킨다.

하지만 리저브 펀드는 평범한 뮤추얼 펀드가 아니었다. 그것은 머니마켓펀드였다. 손실이 발생할 수 있다는 표준 경고문에도 불구하고 사람들은 머니마켓펀드에 돈을 맡기는 것을 투자라고 생각하지 않았다. 그들은 머니마켓펀드에 넣은 돈을 자신들의 돈이라 생각했고 안전하다고 믿었다. 은행에 1달러를 맡기면, 언제든 원하기만 하면 1달러를 되찾을 수 있다. 만약 머니마켓펀드가 1퍼센트 손실을 기록하면 투자자들은 원금을 모두 되찾을 수 없게 된다. 이 말은 곧, 머니마켓펀드에서 펀드의 주당 순자산 가치가 1달러 이하로 떨어지는, 즉 '달러를 깬' 재앙과도 같은 사태다.

그림자 금융에서 어떤 일이 일어나고 있는지 잘 아는 약삭빠른 기관 투자자들은 부랴부랴 리저브 펀드에서 돈을 회수해 갔다. 리먼 브라더스가 파산을 선언하고 몇 시간 뒤에 투자자들이 리저브 펀드에게 회수하겠다고 한 금액은 모두 합쳐서 무려 100억 달러에 이르렀다. 평상시보다 10배 많은 규모였다. 그런데 리저브 펀드도 은행처럼 수중에 현금이 없었다. 투자자들에게 돌려줄 자금을 확보하려면 보유하고 있던 채권과 기업 어음을 처분해야만 했다. 오전 10시 10분에 리저브 펀드의 상환을 맡은 은행은 투자자들에게 자금을 돌려주는 것을 중단했다.

그로부터 몇 시간 동안 예금자들은 80억 달러를 추가로 인출하려고 시도했다. 하지만 리저브 펀드는 자금 인출 속도에 맞춰 빠르게 자산을 처분할 수 없었다. 평범한 사람들은 그림자 금융에서 뱅크런이 발생했음을 알지 못했다. 하지만 리저브 펀드의 임원들은 뱅크런이 터졌다는 전화를 받았다. 나중에 재판 조서를 통해 통화 내용이 공개됐다. 한 임원이 "지금 당장 8장이 필요해요."라고 말했다. 놀랍게도 그는 수십억 달러의 자금이 지금 당장 필요하다고 말하고 있었던 것이다. 몇 분 뒤에 다음과 같은 대화가 이어졌다.

"지금까지 얼마나 확보했나요?"
"대략 10억 정도요. 이게 우리가 확보할 수 있는 전부입니다."
"이런, 젠장."
"하."
"이거 상황이 정말 안 좋은데."

이것이 리먼 브라더스가 파산한 날 아침에 오간 대화다. 70년 만에 겪는 최악의 금융 위기였다. 모두 여기저기서 자신들의 돈을 돌려 달라고 아우성쳤다. 모든 그림자 금융 기관이 보유한 모든 자산을 일순간에 처분해야 할 지경에 이르렀다. 하지만 그들의 자산을 살 사람이 아무도 없었다!

앞선 통화를 한 두 사람의 눈앞에서 뱅크런이 벌어지고 있었다. 리저브 펀드에 돈을 맡긴 대형 기업들이 전화를 걸어 돈을 되돌려 줄 것을 요구했다. 그중에는 기업에 인적 자본 관리 솔루션을 제공하는 ADP도 있었다.

한 임원의 목소리가 전화기에서 흘러나왔다. "이런 젠장. … 빌어먹을 ADP가 무려 213을 회수해 갔어." 그는 ADP가 2억 1,300만 달러를 회수해 갔다고 말하고 있었다.

또 다른 임원은 "이젠 돈이 바닥났어."라고 말했다.

이 대목에서 혼비백산해 은행으로 달려와 돈을 되돌려 달라고 아우성치는 예금자들을 뒤로하고 은행 직원이 창구를 닫고 책상에서 일어선다.

"이 고객들은 오늘 밤 돈을 회수하지 못할 거야."

"이제 끝장이구만."

다음 날 화요일 아침까지 벤트 일가는 돈을 빌리려고 동분서주했다. 그들은 회사 지분의 상당 부분을 매각하려 했지만 실패했고 고객들에게 상환해 줄 돈을 마련할 수 없었다. 화요일 오후에 리저브 펀드는 "리먼 브라더스가 발행하고 리저브 펀드가 보유한 채무 증권의 가치가 뉴욕 시간으로 오늘 오후 4시를 기점으로 0이 됐습니다. 이로써 리저브 펀드의 주당 순자산 가치는 오후 4시부로 주당 97센트입니다."라고 발표했다. 리저브 펀드가 달러를 깬 것이다.

이 소식이 퍼져 나가자 투자자들은 다른 머니마켓펀드에서도 수천억 달러를 환수하기 시작했다. 환수금을 마련하기 위해서 머니마켓펀드 운용사들은 기업 어음을 포함해 자산을 매각해야만 했다. 하지만 누구도 기업 어음을 매입하려 들지 않았다. 심지어 재정적으로 건전한 기관에도 대출을 해주려는 사람은 아무도 없었다.

뉴욕 연방준비은행 소속 변호사는 "갑자기 GE, 캐터필러 그리고 보잉에서 직원들에게 급여를 주고 거래 업체에 대금을 지급할 돈을 빌리는 데 문제가 발생했습니다. 모두가 모든 기업 어음을 외면했죠. 선배 경제학자 중 한 명이 '글쎄. 그건 합리적인 행동이 아니야'라고 말했죠. 전 욕실로 달려가서 헛구역질을 했어요."라고 말했다.

진짜 돈이 된
그림자 화폐

리저브 펀드가 달러를 깨고 3일이 지났다. 금요일에 조지 W. 부시 대통령이 백악관 장미 정원에서 연설을 했다. "재무부는 미국 금융 시스템의 핵심 요소인 머니마켓펀드에 대한 신뢰를 회복하기 위해서 움직이고 있습니다." 그러고 나서 미국 정부는 머니마켓펀드에 대해 보증을 제공할 것이라 덧붙였다.

1930년대 미국 정부는 일반 국민의 자산을 보호하기 위해서 은행 예금에 '울타리'를 둘렀다. 그랬다. 울타리 안에 있는 것은 이제 평범한 예금자들이 은행에 빌려주고 나면 회수하거나 회수할 수 없을지도 모르는 돈이 아니었다. 은행 계좌에 있는 돈은 예금자의 돈이었다. 미국 정부는 예금자가 자신의 돈을 언제든지 찾아갈 수 있도록 울타리 안에 있는 돈을 보증했다. 또한 미국 정부는 은행을 철저히 규제하고 정부 보증에 대해 수수료를 지불하고 예금자의 돈을 안전하게 지키도록 만들었다.

부시 대통령은 본질적으로 정부가 안전하게 지키겠다고 약속했던 돈이 울타리를 뛰어넘었다는 사실을 인정하고 있었던 것이다. 이제 사람들이 머니마켓펀드에 투자한 돈은 더 이상 회수하거나 회수할 수 없을지 모르는 투자금이 아니었다. 그것들 역시 은행에 있는 돈이나 자물쇠를 채우고 총을 든 군인들이 지키는 상자 안에 든 금화처럼 미국 정부가 보증하는 돈이었다. 부시 대통령은 "정부가 보증하는 펀드에 투자된 모든 돈에 대해 투자자들은 투자금을 회수할 수 있을 것"이라고 말했다.

대통령의 이후 발언은 지루하지만 매우 중요했다. "연방준비은행 역시 머니마켓펀드 시장에 추가 유동성을 공급하기 위한 조치를 밟고 있습니다. 이 조치는 금융 시장의 압박을 완화하는 데 도움이 될 것입니다." 이로써 오로지 은행들만 기댈 수 있는 최후의 대출 기관이었던 연방준비은행이 그림자 금융 기관들에게도 최후의 대출 기관이 됐다. 즉, 머니마켓펀드가 보유하고 그 누구도 매입을 원하지 않던 기업 어음을 담보로 연방준비은행이 돈을 빌려줄 준비가 됐다는 의미였다.

이틀 뒤에 독자적으로 운영되던 최후의 대형 투자 은행인 모건스탠리와 골드만삭스가 은행 지주 회사가 됐다. 이것은 모건스탠리와 골드만삭스 역시 오로지 전통적인 은행들만 최후의 수단으로 받을 수 있었던 연방준비은행 대출을 받을 수 있게 됐다는 의미다. 수천억 달러를 자산 담보부 기업 어음에 투자해 그림자 금융에 참여했던 씨티은행과 뱅크오브아메리카는 앞으로 몇 달 동안 정부 공채와 보증으로 수천억 달러에 달하는 구제 금융을 받게 됐다.

그림자 금융 그리고 그것이 만들어 낸 그림자 화폐는 비용을 단 한 푼도 지불하지 않고 수십 년 동안 돈에 제공되는 모든 안전망을 누리게 됐다. 이로써 그림자 화폐가 진짜 돈이 됐다.

머니마켓펀드는 살아남았지만 리저브 펀드는 그러지 못했다. 리저브 펀드는 해체됐고 투자자들은 달러당 99센트를 회수했다.

머니마켓펀드와
그다음 위기

2009년 30인 위원회The Group of Thirty가 머니마켓펀드 시장의 미래를 제시했다. 30인 위원회는 노벨상을 수상한 경제학자들, 주요국의 중앙은행 총재들 그리고 초대형 은행의 은행장들로 구성된 국제 경제 및 금융에 관한 싱크탱크다. 30인 위원회는 머니마켓펀드 시장이 오리처럼 뒤뚱거리고 헤엄치며 꽥꽥 울어댄다면 오리처럼 머니마켓펀드 시장을 규제해야 한다고 말했다.

30인 위원회는 보고서를 통해 "머니마켓 뮤추얼 펀드가 은행과 유사한 금융 서비스를 계속 제공하길 바란다면 신중한 규제의 적절한 통제를 받는 특수 목적 은행으로 인식되어야 한다."라고 지적한다. 또 만약 머니마켓펀드 운용사가 은행처럼 규제되길 원치 않는다면, 머니마켓펀드 운용사는 펀드 계좌를 이용해 개인 수표를 발행하고 주당 1달러의 실질 가치를 공개하는 것을 멈춰야 한다고 보고했다. 한마디로 시중 은행처럼 규제를 받지 않으면 머니마켓펀드 운용사는 사람들의 돈을 안전하게 보관하는 은행처럼 행동할 수 없다는 것을 의미했다.

하지만 머니마켓펀드 운용사들은 규제를 받지 않고 계속 은행처럼 행동하길 원했다. 30인 위원회 보고서가 발표된 지 몇 달 뒤에 해당 업계에서는 "기본적으로 머니마켓펀드의 본질을 바꾸는 것은, 그리고 투자자들과 미국 머니마켓펀드 시장의 입장에서 매우 성공적인 상품을 없애는 것은 도가 지나친 행위이고 새로운 위기를 초래할 것이다."라며 반박했다. 머니마켓펀드 시장에서 대규모 뱅크런이 발생한 지 1년이 채 안 된 2009년에 '매우 성공적인'이란 표현을 사용했다는 것은 해당 업계가 얼마나 오만한지를 잘 보여 준다.

2008년 금융 위기 시기에 정부가 제공한 보험은 위기를 지나 만료됐다. 사람들은 몇 년 동안 머니마켓펀드를 어떻게 관리하고 규제할 것인지를 두고 열띤 토의를 했다. 결국 머니마켓펀드 시장을 규제하기 위해 새로운 법률이 마련됐지만 머니마켓펀드 업계는 자신들이 원하는 바를 상당히 많이 얻어 갔다.

법인과 기금처럼 오직 대형 투자자만이 참여할 수 있는 머니마켓펀드 상품들은 가치의 변화를 일일 단위로 보고해야 한다. 변화의 폭이 1페니보다 적어도 보고의 의무를 이행해야만 한다. 하지만 일반 투자자들을 대상으로 운용되는 펀드는 투자자들에게 실질 달러 가치a constant dollar value, real-dollar value를 보여주는 이전과 같은 회계 시스템을 사용한다. 사람들은 여전히 머니마켓펀드 계좌를 이용해서 개인 수표를 발행할 수 있다. 머니마켓펀드 운용사들은 은행처럼 규제를 받진 않지만 대부분의 사람들은 여전히 머니마켓펀드에 맡긴 돈을 은행에 맡긴 돈처럼 생각한다.

2020년 봄 코로나19가 전 세계로 확산되자 혼비백산한 사람들은 또다시 머니마켓펀드에서 돈을 회수해 가기 시작했다. 갑자기 수십억 달러가 머니마켓펀드 시장에서 빠져나갔다. 이에 미국 정부는 다시

한번 부랴부랴 펀드를 보호하려고 나섰다. 전 재무부 금융 기관 담당자 실라 베어Sheila Bair는 "우선 이걸 정말로 고칠 수 없다는 사실에 너무나 짜증이 납니다. 업계 로비 단체가 규제 기관을 설득해서 임시방편을 마련했죠. 머니마켓펀드로 인해 미국 경제가 또다시 곤경에 처했습니다."라고 말했다.

◆ ◆ ◆

머니마켓펀드가 불러온 2008년 공황 사태가 주는 핵심 교훈은 '돈을 따라가라'는 것이다. 전통적인 금융 시장에서 돈이 흘러가는 곳을 살펴보란 의미가 아니다. 그림자 금융의 관점에서 새로운 종류의 유사 화폐가 탄생하는 곳을 면밀히 살피란 의미다. 사람들이 대출이라고 생각하지 않는 대출을 받는 곳을 주의 깊게 살펴야 한다. 여기에 돈을 맡기면 은행에 맡긴 돈처럼 느껴진다. 이 말인즉, 지금 당장이라도 완전한 액면가로 인출이 가능한 돈이다.

1690년 금세공업자들이 발행한 차용 증서, 1930년 은행 예금 또는 2007년 머니마켓펀드 사태가 우리에게 전하는 메시지는 무엇일까? 돈이라고 여겨지는 것을 가진 모든 사람이 한번에 그것을 현금화하겠다고 결심하면 또다시 세계 경제는 걷잡을 수 없는 속도로 악화될 것이다.

유로화가 바꾼
국가의 운명

베를린 장벽이 붕괴되던 장면은 이제 어렴풋한 역사의 한 페이지로 남았다. 이후 소비에트 연방이 무너지고 세계무역센터와 미국 국방부에 대한 테러 공격이 일어나는 동안 베를린 장벽이 붕괴되던 장면은 세상이 권선징악의 논리로 돌아가고, 독일이 다시 하나의 국가가 됐으며, 모든 것이 잘될 것이라는 달콤한 망상의 마중물이 됐다.

하지만 베를린 장벽이 무너질 무렵 독일의 이웃 국가들은 겁에 질려 있었다. 프랑스, 영국 그리고 소련은 독일이 재통일되면 불과 50년 전에 유럽 전역을 파괴했던 공격적인 팽창주의자 독일이 되살아날 수 있다고 생각했다.

베를린 장벽이 무너지는 순간, 미하일 고르바초프Mikhail Gorbachev 소련 대통령은 프랑수아 미테랑François Mitterrand 프랑스 대통령에게 "독일의 재통일을 막는 데 힘을 보태주세요. 그러지 않으면 군인이 나를 몰아낼 것이고 당신이 전쟁에 대한 책임을 지게 될 것입니다."라고 부탁했다.

미테랑 대통령은 마거릿 대처Margaret Thatcher 영국 총리를 만났다. 당시 대처는 제2차 세계 대전 이후 독일에서 폴란드로 이양된 동유럽 영토가 그려진 지도를 펼쳤다. 그리고 "그들이 이 영토를 모두 장악할 겁니다. 체코슬로바키아 역시 그들의 손아귀에 들어갈 겁니다."라고 말했다.

하지만 미테랑 대통령은 독일을 몰아내고 싶지 않았다. 그는 화폐를 이용해 독일을 유럽의 테두리 안에 붙잡아 두고 싶었다. 그는 단일 국가가 아닌 유럽 국가들이 공동으로 관리하고 사용하는 새로운 종류의 화폐를 만들어 내고 싶었다. 이것은 실로 급진적이며 과격한 아이디어였다.

그는 그것이 유일한 희망이며 그렇게만 되면 유럽이 독일에게 경제적으로 지배당하지 않을 수 있다고 생각했다. 미테랑 대통령은 "공동 통화 없는 우리 모두, 프랑스와 영국은 독일의 의지에 종속될 것입니다."라고 말했다.

여러 유럽 국가들은 그렇게 자국 통화를 포기하고 단일 통화를 만들기로 결정했다. 이것은 단지 돈에 관한 이야기가 아니다. 돈이 한 국가에게 어떤 의미를 가지는지에 관한 이야기다. 여기서 우리는 '자국 통화에 대한 통제권을 포기하면 국가가 잃는 것은 과연 무엇인가?'에 대해 중점적으로 살펴볼 것이다.

준비 없이
진행된 화폐 실험

　　　　　　　베를린 장벽이 무너지고 한 달이 채 안 됐
을 때 미테랑 대통령은 헬무트 콜Helmut Kohl 독일 총리에게 제안을 했
다. 독일이 공동 통화에 동의한다면 프랑스는 독일 재통일을 지지한
다는 내용이었다. 만약 독일이 동의하지 않는다면 프랑스는 독일 재
통일을 반대한다는 말이기도 했다. 그러면 영국과 소련도 프랑스와
함께 독일 재통일을 반대할 것이고 독일은 제1차 세계 대전처럼 고립
되게 된다. 미테랑 대통령은 콜 총리에게 "그러면 우리는 1913년으로
되돌아가게 될 것입니다."라고 말했다.

　자국 화폐를 포기한다는 것은 어떤 국가에게도 대단히 큰 결심이
뒤따른다. 독일에게는 거의 상상할 수도 없는 일이었다. 제2차 세계
대전 이후 수십 년 동안 독일은 그럴 만한 이유로 국가주의를 포기했
고 강한 경제 대국을 건설하는 데 집중했다. 무엇보다 안정적인 화폐
를 만들고자 애썼다. 독일은 자국 통화 도이치마르크를 중심으로 나
라를 재건했다. 콜 총리는 "도이치마르크는 독일의 신념을 상징하는
기치입니다. 그것은 독일이라는 국가 자긍심의 본질이죠. 독일에겐
도이치마르크를 제외하고 국가 자긍심을 느낄 만한 것이 그리 많지
않습니다."라고 말했다.

　유럽인은 수십 년 동안 하나의 통화를 공유하는 것에 대해 논의해
왔지만 별다른 진전이 없었다. 독일 중앙은행인 분데스방크Bundesbank
의 카를 오토 푈Karl-Otto Pöhl 총재는 유럽이 단일 통화를 가지는 데 족
히 100년은 걸릴 것이라 예측했다. 그는 공동 통화 제작 위원회에 임

명됐을 때, 위원회 회의 중에 단일 통화에 대한 경멸의 의미로써 신문을 읽었다. 이것은 쓸데없는 행동이었다.

하지만 그에겐 다른 이유가 있었다. 단일 통화를 둘러싸고 프랑스와 독일은 좁힐 수 없는 의견 차이를 보였다. 갑자기 같은 통화를 사용하겠다고 결정하는 것은 급작스럽게 유럽에서 같은 언어를 사용하겠다고 결정하는 것보다 더 말도 안 되는 결정이었다. 이것은 갑자기 모든 유럽 국가가 같은 문화를 공유할 거라고 결정하는 것과 다름없었다.

프랑스인은 화폐가 선출직 공직자가 자신의 목표를 달성하기 위해 사용하는 도구라고 생각했다. 프랑스의 중앙은행인 방끄 드 프랑스Banque de France는 정치인들로부터 지시를 받아 움직였다. 정치인들은 경제만 활성화된다면 더 높은 인플레이션을 발생시키더라도 통화량을 늘리고 금리를 인하하려고 했다.

반면에 독일인은 화폐 관리를 정치인에게 맡길 수 없다고 생각했다. 정부가 점점 더 많은 돈을 찍어 내는 유혹에 굴복한다면 인플레이션이 한없이 상승할 수 있기 때문이다. 1920년대 독일인은 초인플레이션hyperinflation 속에서 살았다. 도이치마르크의 가치는 분 단위로 떨어졌다. 사람들은 술집에 가면 맥주 두 잔을 기본으로 주문했다. 한 잔을 마시는 동안 맥주 한 잔 값이 초 단위로 올랐기 때문이다.

독일인은 화폐의 가치가 보잘것없다는 사실을 배웠고, 전쟁 이후 그 보잘것없는 화폐의 가치를 보호하는 데 중점을 두고 경제를 재건했다. 그들은 위험한 인플레이션보다 경기 후퇴를 기꺼이 감내했다. 정치인들은 기술관료technocrat들을 임명했고 중앙은행의 운영을 전적으로 그들에게 맡겼다. 한 프랑스 정치인이 "모든 독일인이 신을 믿진 않지만, 그들은 모두 분데스방크를 믿는다."라고 말했을 정도로 독일인은 중앙은행을 신뢰했다.

그런 분데스방크를 운영하는 기술관료와 화폐의 가치를 전혀 모르는 유럽인이 함께 도이치마르크를 포기하고 통화를 공유하는 방안을 논의하는 회의에 참석했으니, 푈 총재가 회의에 집중하지 않고 신문만 읽을 수밖에 없었던 것이다.

1989년 가을, 프랑스 재무장관은 독일 은행가들로 가득한 방에서 "기술관료 체제 반대! 민주주의 찬성! 중앙은행 관계자들은 상위 권한을 부여받을 권리가 없다!"라고 외쳤다. 그 방의 맨 앞줄에는 분데스방크 총재가 앉아 있었다.

이 연설이 있고 3일 뒤에, 베를린 장벽이 무너졌다. 미테랑 대통령은 콜 총리에게 독일이 유럽의 단일 통화에 찬성한다면 유럽은 독일이 하나의 독일이 되도록 내버려 두겠다고 말했다. 콜 총리에게는 정말로 선택의 여지가 없었다. 독일을 재통합하는 것은 다수의 적대적 이웃 국가들의 반대가 없어도 너무나 어려운 일이었다. 그래서 그는 미테랑 대통령의 제안을 받아들였다. 베를린 장벽이 무너진 바로 그 달에 콜 총리는 독일의 중앙은행과 수많은 국민의 소망에 반하는 결정을 내렸다. 그는 독일의 귀하디귀한 도이치마르크를 포기하기로 결정했다.

푈 총재는 도이치마르크를 포기하는 조건에 대한 협상을 시작했다. 그는 경제 활성화 대신 인플레이션을 잡고 정치에 좌우되지 않는 기술관료들이 운영하는 유럽 중앙은행European Central Bank, ECB이 새로운 통화를 통제하길 바랐다. 또한 화폐의 안전을 위해서 유럽 중앙은행의 본부가 독일에 있다면 더할 나위 없이 완벽했다. 기본적으로 그는 도이치마르크를 그대로 두고 나머지 유럽 국가들이 단일 통화로 도이치마르크를 사용하길 바랐다. 하지만 그것만으로도 충분하지 않았다.

1990년 푈과 그의 동료들은 머지않아 화폐의 가치가 통화를 공유하는 모든 국가의 행동에 따라 영향을 받을 것이라고 설명했다. 단일 통화 시스템이 제대로 작동하려면 모든 유럽 국가가 적자 수준과 인플레이션을 낮춰야 했다. 하지만 장기적으로 이런 조치만으론 충분하지 않았다. 독일 중앙은행 총재는 "유럽 국가들이 '포괄적인 정치 연합'에 동의할 때, 다시 말해 유럽합중국처럼 단일 국가에 가까운 단체가 될 때만 공동 통화가 효과가 있을 것"이라는 글을 썼다.

유럽인은 푈이 제시한 첫 번째 조건에 동의했다. 인플레이션을 잡는 독립적인 중앙은행에 의해 새로운 통화가 통제됐고 본부는 독일에 됐다. 시민들은 자유롭게 국경을 넘나들며 일을 할 수 있게 됐다. 하지만 유로존에서 세금을 거두고 부를 재분배하는 포괄적인 단일 유럽 정부가 들어서진 않았다. 유럽인들은 유럽합중국을 세울 준비가 전혀 되어 있지 않았다.

이로써 수억 명의 사람들이 제멋대로 진행되는 실험의 대상이 됐다. 권력자 중 누구도 이것이 아무 기준 없이 제멋대로 진행되는 통화 실험임을 인정하지 않았다. 과연 경제 시스템뿐만 아니라 모든 것이 전혀 다른 12개국이 단일 통화를 사용하면 어떤 일이 벌어질까?

유로가 이룬
기적

2001년 12월 31일 자정을 눈앞에 두고 만 명의 사람들이 프랑크푸르트에 새롭게 설립된 유럽 중앙은행의 본부 앞에 위치한 유로화 기념 조각상 주변으로 모였다. 자정이 되자, 유로 지폐와 주화가 법정 통화가 됐다. 폭죽이 터지고 축하 연설이 이어졌다. 유로 지폐 수십억 장이 발행되고 수만 대의 ATM이 교체됐다. 그야말로 물류의 승리였다.

2월 말이 되자 사람들은 이탈리아의 리라lira와 프랑스의 프랑franc, 독일의 마르크mark와 스페인의 페세타peseta 그리고 그리스의 드라크마drachma를 더 이상 사용하지 않았다. 로마 제국의 몰락 이후 최초로 모든 서유럽이 같은 화폐를 사용하게 됐다.

꿈이 실현되고 있었다. 단일 통화가 상징적으로 유럽을 하나로 연결했고 경제적으로 유럽을 하나로 묶었다. 오랫동안 독일, 프랑스, 네덜란드 등 서유럽 핵심부에 위치한 국가들은 포르투갈, 스페인, 이탈리아, 그리스 등 주변부에 위치한 국가들보다 저렴하게 돈을 빌릴 수 있었다. 주변부의 국가들은 역사적으로 높은 인플레이션과 적자에 시달렸기 때문에 대출 기관에서는 위험에 대한 보상으로 높은 이자를 요구했다. 유로존에 들어가려면 적자 수준과 인플레이션을 낮게 유지해야 했다. 그래서 주변부의 국가들은 1990년대 적자 수준과 인플레이션을 낮추기 위해 최선을 다했다. 적자 수준과 인플레이션이 낮아지자 유럽 주변부의 국가들도 점점 더 저렴하게 돈을 빌릴 수 있게 됐다. 일단 유로존에 가입하면, 유럽의 은행 규제 기관들은 모든

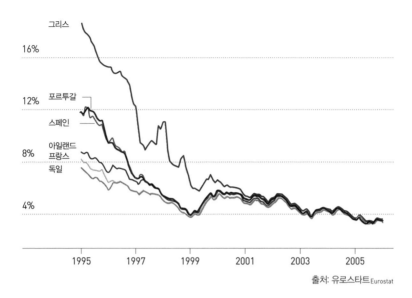

◆ 10년 국채 금리 비율

그리스

16%

포르투갈

12%

스페인

아일랜드
프랑스
8%
독일

4%

1995   1997   1999   2001   2003   2005

출처: 유로스타트Eurostat

유로존 국가들이 발행한 국채를 동일하게 취급했다. 관계자들에 따르면 그리스 국채는 독일 국채와 똑같이 안전했다.

　모두가 유로를 사용하기 시작한 2000년대 초반까지 이자율이 완전히 평준화됐다. 그래프로 보면 유로의 등장은 그야말로 기적처럼 보인다.

　차입 비용만 평준화된 것은 아니었다. 유럽 주변부에 있는 일부 국가들은 경제적으로 핵심부에 있는 국가들을 따라잡았다. 그리스, 스페인과 아일랜드는 21세기 초반에 평균보다 높은 경제 성장률을 기록했다. 유로존은 통합된 단일 경제 체제는 아니었지만 옳은 방향으로 움직이고 있었다. 적어도 그 당시에는 그렇게 보였다.

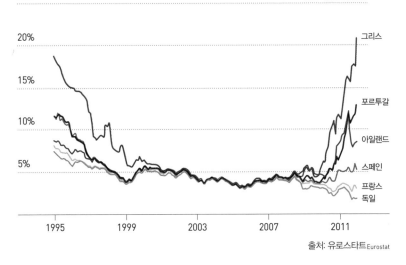

출처: 유로스타트Eurostat

덫에 빠진
유로

　　　　　　2009년 10월 신임 그리스 총리가 의회에
서 국가 차입 규모와 지출 규모에 대해 그리스 정부가 그동안 엄청난
거짓말을 해왔다고 폭로했다. 그리스의 재정 적자는 이전 정부가 말
했던 6퍼센트가 아닌 12퍼센트였다.

　며칠 뒤에 유로존 국가들로 구성된 단체의 수장은 "게임은 끝났
다."라고 말했다. 그는 자국의 경제 데이터를 조작했던 그리스를 두고
이렇게 말했다. 하지만 되돌아보면 이것은 훨씬 더 큰 게임이 끝나고
있다는 의미이기도 했다. 앞서 본 그래프를 몇 년 더 이어서 살펴보면
무슨 말인지 이해가 될 것이다.

갑자기 그리스에 돈을 빌려주는 것이 독일에 돈을 빌려주는 것과 같다고 그 누구도 생각하지 않았다. 머지않아 그들은 아일랜드와 포르투갈을 넘어 스페인과 이탈리아에 대해서도 걱정하기 시작했다.

금리 인상은 걸리면 꼼짝없이 죽게 되는 죽음의 덫이었다. 높은 이자를 지불하기 위해서 국가들은 세금을 인상하거나 지출을 줄여야 했다. 이것은 이미 높은 실업률을 더 높이게 될 것이다. 실업률이 더 높아지면 세수가 줄어들게 되고 빚을 갚는 것이 더 어려워진다.

이 죽음의 덫에서 벗어나기 위해서 주로 사용되는 방법이 있다. 중앙은행이 통화량을 늘리고 공개 시장에서 국채를 매입하는 것이다. 이로 인해 금리가 낮아지면 기업들은 대출, 투자 그리고 고용을 늘려 세수가 증가할 것이다. 그러면 정부는 부채를 갚기가 수월해진다. 여기에는 또 다른 장점도 있다. 금리가 내려가면 통화의 가치가 떨어져 수출이 늘어나게 된다. 하지만 이 방법을 너무 지나치게 사용하면 역효과가 날 수 있다. 인플레이션이 걷잡을 수 없을 정도로 높아질 수 있다. 하지만 적절하게 사용하면 소비가 늘고 고용이 증가하고 수출이 늘어난다. 이것은 일시적인 재정 위기를 벗어나기 위한 완벽한 해결책이다.

하지만 그리스는 자국 화폐인 드라크마를 포기했다(스페인은 페세타, 포르투갈은 에스쿠도escudo, 아일랜드는 아일랜드 파운드Irish pound를 포기했다). 유럽 주변부에 속하는 국가들에게는 금리를 낮출 중앙은행과 평가 절하할 화폐가 없었다. 그들은 죽음의 덫에서 빠져나갈 수 없었다.

그래서 그리스는 유럽 연합에 구제 금융을 요청했다. 독일의 유력

일간지 〈빌트〉는 그리스의 요청에 대한 응답으로 불과 몇 년 전 "유럽 공동 시장과 유로가 유럽을 강하게 만들 것"이라고 했던 정치인들의 발언을 이용하지 않았다. 그 대신 독일의 한 국회의원의 제안을 다른 표현으로 바꾸어 인용했다. "파산한 그리스인이여, 섬을 팔아라. 그대들의 아크로폴리스도 팔아라!"

이런 반응이 나온 배경이 있었다. 도덕적으로 해이한 국가들이 구제 금융을 필요로 했던 것이다. 특히 그리스가 가장 심각했다. 유럽 주변부의 국가들은 유럽 핵심부 국가들의 규율을 익혀야 했다.

그리스에는 뿌리 깊은 문제들이 있었다. 정부 조직은 너무나 비대했고 하는 일도 거의 없는 엄청난 수의 공무원이 너무나 많은 돈을 받아 갔다. 작은 사례를 살펴보면 2010년을 기준으로 아테네 북서쪽 호수의 배수를 관리하는 조직의 직원 수는 부서장에게 딸린 정규직 운전기사를 포함해 서른 명이나 됐다. 충분히 합리적인 규모다. 단, 관리 대상인 호수의 물을 1957년에 다 빼 버렸다는 사실을 고려하지 않는다면 말이다.

세금을 납부하는 사람도 거의 없었다. 예를 들어 그리스는 수영장에 대해 특별 소비세를 부과했다. 부유한 아테네 북쪽 교외에서 사는 시민 324명은 성실하게 수영장 특별 소비세를 납부했다. 하지만 세무 공무원은 해당 지역의 인공위성 사진으로 수영장 1만 6,974개를 확인했다.

이처럼 정도를 벗어난 잔치에는 대가가 따르기 마련이다. 하물며 독일의 선정적 언론인들에게 '타락한 그리스인'은 '인플레이션을 잡을 수 있다면 기꺼이 고통을 감내하는 근면 성실한 독일인'과 비교하기에 더없이 좋은 소재였다.

하지만 구제 금융을 요청하는 국가들에 대해 이런 식으로 이야기하는 데는 문제가 있다. 우선 그리스는 정부가 과도하게 많은 돈을 빌렸고 국가의 재정 상태에 대해 거짓말을 일삼았다. 스페인과 아일랜드는 재정 흑자를 기록했고 금융과 부동산 투기로 인해 재정 위기에 빠졌다. 그 둘을 같은 부류로 취급했다.

무엇보다 독일이 그리스와 갑자기 재정 위기에 빠진 다른 유로존 국가들의 차입과 지출을 가능케 했고 나아가 이로부터 이익을 얻은 독일에 관한 이야기가 완전히 생략되어 있다. 독일의 경제는 수출주도형 경제였다. 독일은 주로 다른 유로존 국가들에게 수출을 해 부를 얻었다. 하지만 독일은 나머지 유럽 국가들로부터 수입을 많이 하지는 않았다. 유럽 국가들이 서로 다른 통화를 사용했다면 도이치마르크의 가치가 극심한 무역불균형으로 인해 치솟았을 것이다. 그러면 독일 수출품은 더 비싸지고 나머지 유럽 국가들은 독일로부터 수입을 줄였을 것이다. 하지만 유로라는 단일 통화 때문에 이런 일은 일어나지 않았다. 모두가 똑같은 통화를 사용했기 때문에 무역불균형에도 불구하고 독일 물품은 여전히 저렴했다.

나머지 유럽 국가에 물품을 수출해 벌어들인 돈이 독일에 차곡차곡 쌓이고 있었다. 독일은 이 많은 돈으로 무엇을 했을까? 독일은 더 많은 독일 수출품을 사도록 남부 유럽인에게 돈을 빌려줬다! 그리스는 독일로부터 빌린 돈으로 사라져 버린 호수를 관리하는 공무원들에게 월급을 줬고 스페인은 라만차에 텅 빈 주거 단지를 건설하는 노동자들에게 임금을 지급했다. 그리고 사람들은 독일로부터 돈을 조금 더 빌려서 폭스바겐, 아니면 돈을 왕창 빌려서 메르세데스 벤츠를 샀다.

100년 전 국가들이 금본위제도를 따랐을 때처럼 이 이야기에서도 도덕성에 관한 문제가 등장한다. 이번에는 북부 유럽의 신중한 저축인들과 남부 유럽의 낭비하는 대출인들이다. 하지만 금본위제도와 마찬가지로 유럽에서 벌어지고 있는 일들을 유심히 살펴보면 이 이야기의 맹점이 드러난다. 신중한 저축인들과 낭비하는 대출인들은 동전의 양면이었다. 〈파이낸셜타임스〉의 칼럼니스트인 마틴 울프Martin Wolf는 "결국 돈을 빌릴 곳이 없으면 돈을 빌리는 것은 불가능하다. 돈을 흥청망청 쓰라고 돈을 빌려줘 놓고 스스로 선택한 결과에 대해 불평을 늘어놓는 것은 어리석은 짓이다."라고 썼다.

화폐의 통제권을
잃은 국가의 최후

이 시기의 유럽은 재정 위기 이후의 미국을 닮아 있었다. 하지만 상황은 미국보다 유럽이 훨씬 심각했다. 유럽인은 경제적으로 오랫동안 많은 고통을 감내해야 했고 유럽의 실업률은 하늘 높은 줄 모르고 치솟았다. 길고 긴 몇 년의 시간이 지나서야 실업률이 떨어지기 시작했다. 유럽과 미국의 상황이 이토록 엇갈린 것은 돈이 어떻게 움직이는지 그리고 국가가 자국 화폐에 대한 통제권을 지닐 때 화폐가 얼마나 강력한 경제 수단이 되는지를 잘 보여준다.

어떤 면에서 미국은 남부 유럽을 닮았다. 둘 다 대외 수출국으로부터 물건을 사고 돈을 빌렸다. 남부 유럽인은 독일로부터 차와 기계 장비를 구입하고 유로로 지불했고 미국은 중국으로부터 TV와 러닝화를 사고 달러로 지불했다. 중국은 미국 재무부가 발행한 장기 채권을 구입해 더 많은 달러를 미국에 빌려줬다. 덕분에 미국인은 중국산 수입품을 더 많이 소비할 수 있었다.

하지만 미국과 남부 유럽 사이에는 결정적인 차이가 존재한다. 미국은 중국이 통제할 수 없는 달러로 돈을 빌렸다. 설령 미국이 중국에 1조 달러를 빚졌다 할지라도 칼자루를 쥔 쪽은 미국이다.

금융 위기 이후에 연방준비은행은 이례적으로 난데없이 수조 달러를 발행해 미국 경제에 적극 개입했다. 이를 두고 일부 평론가들은 인플레이션을 유도하고 달러의 가치를 급격히 떨어뜨리는 위협으로 여겼다. 이것은 나중에 잘못된 판단이었던 것으로 드러난다. 이렇게 통화량이 엄청나게 늘어나면 중국이 보유한 장기 국채의 가치 역시 폭락할 것이 불 보듯 뻔했다. 하지만 중국은 미국의 통화 정책에 반대할 수가 없었다. 이것이 바로 자국 통화로 돈을 빌릴 때 누릴 수 있는 이점이다. 간단히 말해 내 돈으로 빌렸으니 필요하면 언제든지 돈을 더 찍어 내면 되는 것이다. 그리스와 포르투갈 그리고 아일랜드와 스페인은 유로존에 가입할 때 자국 화폐를 포기했으므로 미국처럼 할 수가 없었던 것이다.

미국과 유럽은 경제 시스템과 상황이 판이하게 다른 지역으로 구성되어 있다. 플로리다주와 네바다주는 스페인과 아일랜드처럼 은행 대출이 증가하고 주택 건설이 활발해지고 부동산 가격이 오르던 중에 금융 위기, 부동산 거품 붕괴와 높은 실업률을 경험했다.

하지만 2010년 네바다주의 실업률이 14퍼센트를 육박했을 때, 수억 달러의 자금이 자동적으로 연방 정부로부터 나와 실업 보험과 식료품 할인 구매권의 형태로 네바다주로 흘러들어 갔다. 이 자금은 미국 전역에서 거둬들인 세금으로 마련됐다. 그중에는 경기 과열과 거품 붕괴를 아슬아슬하게 피했던 텍사스주와 메인주 같은 지역에서 거둬들인 세금도 있었다. 재정 위기에 처한 네바다주를 도와준다고 해서 텍사스주와 메인주에 사는 사람들이 불평하진 않았다. 미국 언론 역시 네바다주와 애리조나주의 낭비가 심한 문화를 공격하는 논평을 내놓지도 않았다.

미국인은 자국 경제를 뉴욕주나 오리건주의 사람이 아닌 미국인의 시각으로 바라봤다. 자신이 어느 지역에 사는지 상관없이 미국 국민으로서 미국 경제를 바라봤던 것이었다. 이는 옳은 관점이었다. 그들은 주 정부보다 연방 정부에 더 많은 세금을 낸다. 주로 직장 때문에 주와 주를 자주 옮겨 다닌다. 또 연방 정부가 자금을 지원하는 사회 안전망에 기대고 그들의 은행 예금은 주 정부가 아닌 연방 정부가 보증해 준다.

유럽은 사정이 완전히 다르다. 유럽인 역시 직장 때문에 유로존을 자유롭게 이동할 수 있었다. 하지만 일자리 때문에 주 경계를 빈번하게 넘나드는 미국인들과 달리 유럽인은 직장 때문에 국경을 넘어 다른 국가로 이동하는 일이 많지 않다. 또 근로자들이 국가 연금을 수령하는 나이와 연금 규모는 국가마다 달랐다. 예를 들어 그리스 근로자는 독일 근로자보다 어린 나이에 은퇴하고 더 많은 연금을 받을 수 있었다. 그런 데다 유럽 각국은 금융 규제를 마련했고 재부무를 됐다.

최소한 '훨씬 더 가까운 연방'을 믿던 유럽인은 모든 유럽인이 동일한 규칙을 적용받는 통합된 경제 체제를 꿈꿨다. 그들은 유로가 효과를 발휘하려면 유럽이 단일 국가에 가까운 형태를 지녀야 한다는 점을 알았다. 몇 년 전에 콜 총리는 "아무리 반복해서 이야기해도 충분하지 않습니다. 완전한 경제 통합과 화폐 통합을 위해 정치 통합은 불가결한 요건"이라고 말했다. "독일뿐만 아니라 최근 유럽 역사를 통해 정치 통합 없이 경제 통합과 화폐 통합을 유지하려는 생각은 그릇됐다는 교훈을 얻었습니다."

수년 동안 유럽인은 이러한 교훈을 무시해 왔다. 하지만 이제 그 교훈을 무시한 대가를 톡톡히 치르게 됐다.

2010년 실업률이 10퍼센트를 찍었지만 유로존의 물가를 안정적으로 유지하는 임무를 지닌 유럽 중앙은행은 기업들이 대출과 고용을 늘리도록 통화량을 늘리고 금리를 낮추지 않았다. 2011년이 되어서야 유럽 중앙은행은 움직였다. 하지만 유럽 중앙은행은 1931년 연방준비은행처럼 완전히 잘못된 방향으로 움직였다. 그들은 오히려 금리를 높였다! 하지만 이것은 유로존의 상황을 더욱 악화시킬 뿐이었다.

그리스, 포르투갈 그리고 아일랜드가 연이어 구제 금융을 신청하자, 유럽 중앙은행은 유럽 연합 집행위원회European Commission와 국제 통화 기금International Monetary Fund, IMF과 공조했다. 하지만 구제 금융에는 조건이 붙었다. 구제 금융을 받는 국가의 정부는 지출을 줄이고 세율을 높여야 했다. 하지만 이로 인해 실업률이 높아지고 경제에 악영향을 끼쳤다.

그리스, 포르투갈과 아일랜드는 전체 유럽 연합과 비교하면 꽤나 작았다. 그들은 나머지 유럽을 위기에 끌어들이지 않고 넉넉하지 않은 구제 금융으로 근근이 버틸 수도 있었다. 하지만 2011년 유럽 중앙은행이 금리를 인상하자 투자자들은 앞선 세 국가들보다 훨씬 큰 스페인과 이탈리아의 경제 상황에 대해서도 불안해하기 시작했다. 그들은 스페인 정부와 이탈리아 정부에게 대출해 주는 조건으로 높은 이자율을 요구하기 시작했다. 국채 금리가 인상되자 스페인과 이탈리아는 경제적으로 훨씬 더 어려운 지경에 놓였다. 국채 금리가 계속 오른다면 스페인과 이탈리아 역시 구제 금융이 필요했다. 아니면 두 국가는 유로존을 탈퇴해 예전 자국 통화를 되살려야만 했다. 이렇게 되면 유럽 전역에 경제 혼돈이 야기될지도 몰랐다.

그리스와 포르투갈의 문제는 정치적 의지의 문제였다. 유럽 연합과 국제 통화 기금은 이들 국가에 구제 금융을 지원할 자금이 충분했다. 하지만 스페인과 이탈리아에는 또 다른 문제가 있었다. 스페인과 이탈리아의 국가 부채 규모는 1조 유로가 넘었다. 이는 유럽 연합과 국제 통화 기금이 신용 보증을 해줄 수 있는 규모를 훨씬 넘어선 규모였다. 그 규모가 너무나 어마어마해서 이를 해결하려면 말 그대로 '공중에 돈을 찍어 낼' 힘이 필요했다.

다행히도 그 일을 해낼 수 있는 기관이 존재했다. 바로 유럽 중앙은행이었다. 해결책은 분명했다. 19세기 월터 배젓의 조언대로 중앙은행이 대출을 통해 경제적 공황에 빠진 나라에 유동성을 공급하는 것이었다. 금리 인상은 경제 붕괴를 초래하는 자기 충족적 예언에 불과했다. 유럽은 최후의 보루로서 경제 시스템에 유동성을 공급하는 대출 기관의 역할을 기꺼이 맡을 중앙은행이 필요했다. 재정난에 허덕이는 국가의 국채를 사들여 경제적 공황을 막아 낼 중앙은행이 유럽에는 절실했다.

유로 위기를 돌파한
마리오 드라기

2011년 이탈리아 경제학자 마리오 드라기 Mario Draghi가 유럽 중앙은행 총재가 됐다. 그는 열다섯 살에 부모를 여의고 어린 동생들을 홀로 돌봤다. 그는 MIT에서 벤 버냉키 Ben Bernanke와 함께 박사 학위를 땄고 10년 동안 11개 정권을 거치면서 이탈리아의 재무장관을 역임했다. 그는 개인적이고 지적이며 정치적인 인물로서 재무장관에 적합한 인물이었다.

드라기는 유럽 중앙은행 총재가 된 지 3일째 되는 날 금리를 인하했고 그로부터 한 달 뒤에 또다시 금리를 인하했다. 금리 인하가 도움이 됐지만 그것으로 충분치 않았다. 2012년 7월 스페인의 차입 비용이 유로존 가입 이후 최고치에 도달했다. 이탈리아의 차입 비용 역시 오르고 있었다.

스페인 외무장관은 "유럽 연합의 미래가 앞으로 며칠 안에, 아니, 아마도 몇 시간 안에 결정될 것입니다. 타이태닉호가 침몰하면 일등석 승객뿐만 아니라 배에 탄 모든 승객을 바다 속으로 끌고 갈 것"이라며 독일에 잔뜩 겁을 줬다.

다음날 드라기는 런던에서 열린 토론회에 참석할 예정이었다. 이것은 별일 아니었다. 내년에 열릴 올림픽 개막 행사를 보기 위해 런던을 방문한 김에 토론회에 참석하게 된 것이었다. 패널로 참여한 한 은행 총재는 그 토론회가 "그토록 중대한 발언을 할 행사로 계획되지 않았다."고 말했다. 개막 행사가 시작되기 전에 드라기도 다른 토론회 참석자들에게 "원하는 만큼 충분히 시간을 쓰세요. 전 많은 말을 하고 싶지 않습니다."라고 말했다.

토론회가 거의 끝날 때까지 드라기는 좀처럼 입을 떼지 않았다. 그가 발언을 한 시간은 다 합쳐서 불과 몇 분에 지나지 않았다. 하지만 그는 "무슨 일이 있더라도"란 이 세 마디로 유로 위기의 전개를 바꿔 버렸다.

"주어진 권한 안에서 유럽 중앙은행은 무슨 일이 있더라도 유로를 지켜 낼 준비가 되어 있습니다." 이 말을 끝내고 잠시 멈춘 뒤에 드라기는 단호하게 말을 이어 나갔다. "그리고 저를 믿으십시오. 그거면 충분합니다."

그게 다였다. 하지만 그의 말이 끝나자마자 스페인과 이탈리아의 차입 비용이 하락하기 시작했다. 하락세는 지속됐다. 드라기는 구체적인 정책을 펼치기 시작했다. 유럽 중앙은행은 무제한 국채 매입 프로그램을 발표했다. 유로존 국가들이 발행한 채권이 대량으로 매물로 나온다면 유럽 중앙은행이 제한 없이 모두 사들이겠다는 것이었다. 이것으로 유로존의 공황을 잠재우기에 충분했다. 차입 비용은 계속 하락했다. 드디어 위기가 끝이 났다.

21세기 들어 중앙은행의 가장 중요한 역할 중 하나는 사람들이 믿을 수 있는 약속을 하는 것이다. 드라기의 "무슨 일이 있더라도 유로를 지켜 내겠다."라는 약속이 과감한 행동으로 이어졌기에 의미를 가지는 것은 아니었다. 약속 그 자체로 이미 과감한 행동이었다. 유로의 몰락을 예상하고 스페인 국채와 이탈리아 국채를 팔아 치우던 사람들은 자신들의 상대가 유로를 무한정 발행해 경제 위기에 빠진 스페인과 이탈리아의 국채를 모두 살 수 있는 힘이 있는 남자란 사실을 깨달았다. 그 남자가 이제 유로를 지켜 내기 위해서 무슨 짓이든지 하겠다고 선언했다. 드라기는 유로를 지켜 내겠다는 약속만으로 유로를 사라질 위기에서 구해 냈다. 마술 같은 일이었다. 돈은 신뢰에 기반을 둔다. 중앙은행은 돈에 대해 절대적인 권력을 지닌다. 그러므로 돈은 곧 중앙은행에 대한 신뢰에 기반을 둔다.

드라기는 단번에 위기로부터 유로를 구해 냈다. 이로써 유로는 행복한 결말을 맞이했다. 하지만 불행한 결말도 있었다.

통합된 유럽에 대한 희망과 통합된 독일에 대한 두려움이 뒤섞인 혼돈 속에서 탄생한 새로운 화폐는 수천만 명의 사람들이 자국이라 부르는 민주주의 국가들의 자주권을 앗아 갔다. 그들의 화폐 그리고 그들의 운명은 다른 나라에서 온 중앙은행 총재의 손아귀에 놓이게 됐다.

과격한 꿈을 꾸는
전자화폐

    화폐는 멋진 기술이다. 내가 생판 모르는 사람에게 지폐 몇 장을 건네주면 그는 내 품에 물건 한 아름을 안겨 준다. 그는 나에 대해서 무엇도 알 필요가 없다. 나 역시 그에 대해 아무것도 알 필요가 없다. 또한 누구도 나와 그의 거래에 대해서 알 필요가 없다. 게다가 이 거래를 기록할 필요도 없다. 그와 내가 주고받은 화폐 자체가 기록이기 때문이다.

    모든 돈이 지폐의 모습을 하고 있는 것은 아니다. 내 예금 계좌에 있는 돈은 은행의 디지털 원장에 적힌 내 이름 옆에 찍혀 있는 숫자에 불과하다. 내가 체크카드로 무언가를 사거나 스마트폰으로 공과금을 납부하면 새로운 정보가 은행의 디지털 원장에 추가된다. 실제로 디지털 원장에 찍힌 새로운 숫자가 내가 지불한 돈이다. 내 돈을 받은 상대방의 원장에 찍힌 새로운 숫자도 마찬가지다.

은행이 뭐라고 하든지 간에 엄밀히 말해 이것은 완전히 사적인 거래가 아니다. 이런저런 이유로 법정에 불려 간다면 나는 검사나 앙심을 품은 동료에 의해 내가 발행한 개인 수표와 온라인 결제 내역을 강제로 공개하게 될지도 모른다. 그리고 아마존, 비자, 체이스Chase 등 수많은 기업은 분명 나에 대해서 작은 것 하나까지 알아내기 위해서 나의 원장을 싹싹 긁어모으고 있을 것이다. 하지만 그 누구도 이 사실을 깨닫지 못하고 있을 것이다.

1980년대 초반 컴퓨터는 저렴해졌고 강력한 네트워크를 형성했다. 컴퓨터 과학자 데이비드 차움David Chaum은 그동안 추적할 수 없었던 익명의 현금이 추적 가능한 원장 화폐로 대거 이동할 것이라고 내다봤다. 그는 실로 엄청난 변화에 기겁했다. 그리고 모두가 자신처럼 경악할 것이라 생각했다. 그는 미국 컴퓨터학회Association for Computing Machinery가 발행하는 저널에 기고한 글에서 "서류 사회dossier society의 기반이 마련되고 있다. 서류 사회에서는 컴퓨터로 개인의 일상적인 소비 활동 데이터를 수집해 개인의 생활방식, 습관, 행적 등 개인적인 정보를 추론해 낼 수 있다. 이런 상황이 지속된다면 컴퓨터화로 인해 우리의 기본적인 자유 중 일부가 위협을 받게 될지도 모른다."라고 썼다.

차움은 단순히 기술에 대해 불평을 늘어놓는 히피 예언자가 아니었다. 그가 히피처럼 꽁지머리를 하고 히피의 상징인 폭스바겐 미니 버스를 가지고 있었으며 주로 히피의 놀이터인 버클리에서 생활했지만 눈에 보이는 것이 전부가 아니었다. 그는 버클리대학교에서 컴퓨터

공학 박사 학위를 땄고 비밀스런 코드를 공부하는 암호화와 보안 분야의 세계적 전문가였다.

기술직으로 몇 년간 일을 한 뒤에 그는 새로운 시스템을 개발했다. 그는 이 시스템 덕분에 사람들이 디지털 세상에서 사생활을 포기하지 않고 살게 될 것이라고 믿었다. 그는 은행의 디지털 원장의 압제로부터 도망칠 방법을 고안해 냈다.

'빅브라더를 무력하게 만드는 거래 시스템'이란 부제가 붙은 기술 관련 기사에서 차움은 디지털 세상에서 살아가는 완전히 새로운 방법을 제시했다. 그것은 디지털 세상에서 소통하고 신분을 증명하는 새로운 방식이었다. 무엇보다 그 시스템 덕분에 전자상거래가 완전히 새롭게 바뀐다는 것이 중요했다. 그가 개발한 것은 바로 전자화폐였다.

앞으로 수십 년 동안 마이크로소프트, 씨티은행 등 대형 기업들은 차움의 전자화폐에 지대한 관심을 보일 것이다. 한편 자유주의 성향의 몇몇 급진적 프로그래머 집단 역시 그의 아이디어에 흥미를 느꼈다. 그들은 차움의 아이디어가 국경 없는 온라인 천국을 만들어 내는 데 도움이 되리라 생각했다.

어쨌든 앞으로 대형 기업들은 자신들만의 전매특허 전자화폐를 만들어 내기 위해서 수백만 달러를 쓸 것이다. 하지만 급진적 프로그래머들은 대가 하나 바라지 않고 작업에 착수할 것이다. 그들은 여유 시간을 활용해 프로그램을 개발하고 원하는 사람들에게 코드를 공개할 것이다. 결국 대형 기업들이 패하고 급진적 프로그래머들이 승리할 것이다.

기술의 발전이
탄생시킨 화폐

　　　　　1989년, 데이비드 차움은 학계를 벗어나 사생활을 보호하는 기술을 개발해 떼돈을 벌기로 결심했다. 우선 지난 10년간 학계에 몸담으면서 따낸 특허들을 가지고 디지캐시DigiCash를 설립했다. 그가 개발한 전자화폐는 금융거래를 지원하면서 은밀한 감시로부터 세부적인 거래 내역을 보호하는 암호화된 기술을 기반으로 한다.

　당시 대부분의 사람에게 인터넷은 생소한 것이었다. 아이폰이 발명되기 한 세대 전에 차움은 사람들이 신용카드만 한 초소형 컴퓨터를 들고 다니면서 사용하는 세상을 상상했다. 사람들은 초소형 컴퓨터를 이용해 자신의 은행 계좌에 있는 현금을 카드로 이체한다. 이것은 ATM에서 지폐를 인출하는 것과 다름없다. 그는 누구나 상점에 설치된 카드 리더기로 자신의 계좌에서 현금을 상점으로 이체하는 상상을 했다. 상점의 컴퓨터는 은행의 컴퓨터에 접속해 전자화폐가 유효한지를 확인한다. 차움은 은행이 전자화폐를 사용하는 사람의 신분을 모르는 상태에서 전자화폐의 진위를 확인할 수 있는 시스템을 개발해 냈다. 이것이 기발한 부분이었다. 사람들은 전자화폐로 물건을 살 수 있지만 금융 거래의 일거수일투족을 디지털 원장에 기록하는 빅브라더의 압제로부터 자유로울 수 있었다. 전자화폐는 디지털 익명 화폐였다.

　몇 년 후, 갑자기 모든 사람이 전자화폐가 차세대 혁신 기술이라고 꼽기 시작했다. 예상대로《와이어드》매거진에는 "e-머니가 정말 등장할까? 예상대로다. 경화Hard currency는 수천 년 동안 유용하게 쓰였지만 이제는 환영받지 못하는 손님이나 다름없다."란 글이 실렸다.

〈뉴욕타임스〉는 "현금이 죽어가고 있다. 미국 특허청을 통해 비트벅스Bitbux, 이캐시E-Cash, 넷첵스Netchex, 사이버캐시Cybercash, 넷빌스Netbills가 시장에 등장했다."라고 했다.

한편 마이크로소프트가 디지캐시를 윈도우에 통합시키기 위해 차움에게 수백만 달러를 제안했다는 소문이 돌았다. 하지만 차움은 마이크로소프트의 제안을 거절했다. 씨티은행에서 그에게 손을 뻗었고 수년 동안 자체적으로 전자통화 시스템을 개발했다. 이것은 은행이 발행한 새로운 전자화폐로 점쳐졌다. 연방 정부는 비밀리에 수년 동안 씨티은행이 개발한 전자화폐를 시험했다. 씨티은행의 전자화폐로 정부 관계자들이 델 컴퓨터 수만 대를 구입하고 담배 회사로부터 세금을 거둬들일 수 있는 시범 프로그램도 포함됐다. 거래 규모는 3억 5,000만 달러에 달했다.

연방준비제도 이사회 의장 앨런 그린스펀Alan Greenspan은 모든 것에 대한 과도한 규제를 경계해 왔다. 그는 전자화폐에 대한 과도한 규제 역시 경고했다. 그는 "우리가 최신 혁신 기술인 전자화폐를 과도하게 규제하려 들지 않기를 진심으로 바란다."고 말했다. 하지만 시간이 흘러 재정 위기 이후에 그린스펀은 규제를 너무 경계했다고 후회하게 될지 모른다.

1994년, 웹을 개발하고 인터넷의 아버지라 불리는 팀 버너스리Tim Berners-Lee가 제네바에서 '제1차 월드와이드웹 국제 콘퍼런스'를 개최하기 위해서 데이비드 차움을 초청했다. 1995년 말까지 디지캐시는 미국, 스위스, 독일, 오스트레일리아 그리고 일본 등 각국 정부들과 일을 하고 있었다.

이제 기술은 마련됐다. 대형 금융 기관이 뒤에서 든든하게 지원하고 있었다. 이제 디지캐시에 남은 것은 사람들이 자신들의 전자화폐를 사용하는 것뿐이었다.

사생활 보호에 대한 질문을 받으면 으레 하는 대답과 달리, 사람들은 자신들이 사생활 보호에 대해서 그다지 관심이 없음을 몸소 보여 줬다. 사람들은 온라인 쇼핑을 시작했지만 굳이 귀찮게 전자화폐를 사용하려 들지 않았다. 그 대신 사람들은 신용카드를 애용했다. 신용카드는 추적이 가능하고 완전한 비밀도 아니고 수수료가 붙는다. 물론 엄청 편리하긴 하다.

씨티은행은 자사의 전자화폐 시스템을 대중적으로 출시하지 않았다. 디지캐시는 1997년 파산했다. 비트벅스, 넷첵스 그리고 사이버캐시 역시 사라졌다. 1998년에 《이코노미스트》는 '잔돈은 그냥 가져요'라는 표제로 "전자화폐는 문제를 찾는 솔루션으로 드러났다."라는 글을 실었다.

기업들이 개발한 전자화폐는 실패했지만 자유주의 성향의 프로그래머 단체에서는 차움의 아이디어를 훨씬 더 과격한 비전의 핵심 아이디어로 삼았다. 그들은 단지 현금을 대체하는 것이 아니라 현금보다 더 좋은 전자화폐를 상상했다. 현금의 익명성을 보장하지만 무겁게 여기저기 들고 다녀야 하는 지폐와 주화가 지니는 제약 요인이 전혀 없는 새로운 종류의 전자화폐를 꿈꿨다. 그들은 전자화폐가 국경 없는 자유주의자들의 천국을 만들어 낼 수 있음을 깨달았다.

암호화 무정부주의
선언

티머시 메이Timothy May는 물리학자이자 엔지니어였다. 그는 서른네 살이던 1986년에 인텔에서 은퇴해 산타크루즈 외곽에서 해변을 거닐고 책을 읽으며 시간을 보냈다. 그는 공상과학 소설, 철학 그리고 기술 저널을 주로 읽었다. 그러던 어느 날 그는 데이비드 차움의 '빅브라더를 무력하게 만드는 거래 시스템'이란 제목의 글을 읽었다. 이 글은 그의 인생, 아마도 돈의 역사를 영원히 바꿔 놓았다. "바로 이거야. 바로 이게 미래야!"라고 메이는 생각했다.

메이는 차움이 제시한 전자화폐의 가능성에 마음을 빼앗겼다. 당연했다. 엔지니어이자 공상과학 소설의 팬으로서 그는 기술에 대한 이해가 깊었고 기술이 사람들의 생활에 미치는 영향과 엄청난 사회 변화를 가져올 수 있는 가능성을 지니고 있다는 점을 잘 알고 있었다. 실제로 그는 차움보다 더 급진적인 아이디어를 지니고 있었다. 메이는 세상을 바꿀 대단한 무언가를 발견하고는 직장을 그만두고 고양이랑 단둘이 사는 사람이 할 법한 일을 했다. 그에게는 니체란 이름의 고양이가 있었다. 그는 성명서를 작성했다.

"유령이 현대 사회에 출몰하고 있다."라는 결의에 찬 문장으로 시작한 글에서 그는 그 유령을 "암호화 무정부주의"라고 칭했다.

메이의 관점은 급진적이었다. 그는 정부가 세금을 너무 많이 부과한다고 생각하진 않았다. 하지만 그는 세금 자체에 반대했다. 그리고 민주주의에 반대했고 사회의 '무지한 95퍼센트'에 대해 분개했다. 미국 정부의 권한을 약화시킨다는 것 자체가 그에겐 솔깃한 말이었다.

충격적이고 거창할 뿐만 아니라 다소 조롱하는 듯한 '암호화 무정부 주의자의 성명서'The Crypto Anarchist Manifesto는 그와 같은 생각을 품고 있는 급진주의자들에게 행동을 촉구하는 선언문이었다.

> 두 사람이 상대방의 실명이나 합법적인 신원을 전혀 모르는 상태에서 메시지를 주고받고 사업을 하면서 전자 계약을 체결할 수 있을지 모른다. 네트워크에서 이뤄지는 상호 작용은 추적할 수 없을 것이다. 이러한 전개는 정부 규제의 본질과 세금을 부과하고 전자 거래를 통제하는 능력을 완전히 바꿔 놓을 것이다. …
> 물론 국가는 국가 안보에 위협이 되고 마약상과 탈세자가 해당 기술을 악용할 수 있으며 사회 해체를 야기할 수 있다는 이유로 이 기술의 확산의 속도를 늦추거나 방해하려고 할 것이다. 이런 걱정은 정당하다. 암호화 무정부 상태에서 국가 기밀이 자유롭게 거래될 것이고 불법품과 도난품이 거래될 것이다. 하지만 이것이 암호화 무정부 상태의 확산을 멈출 순 없다.

이상하게도 그의 성명서는 효과가 있었다. 하지만 성명서를 발표하고 즉각적으로 그 효과가 나타나진 않았다. 메이는 1988년 차움이 개최한 산타바바라의 암호화 관련 행사에서 성명서를 사람들에게 나눠 줬다. 당시에 그 누구도 그의 성명서를 거들떠보지 않았다. 하지만 몇 년 뒤에 자유주의 컴퓨터 프로그래머들이 메이와 그의 성명서를 중심으로 결집하기 시작했다.

오클랜드의 수학자 에릭 휴즈Eric Hughes는 네덜란드에서 차움의 프로젝트에 일정 기간 참여한 적 있었다. 1992년 그가 새로 구입한 집으로 자유주의 컴퓨터 프로그래머들이 모였다. 휴즈가 집에 가구를 들여놓지 못해서 참석자들은 모두 바닥에 앉았다. 메이가 자신의 성명서를 낭독하며 파티의 시작을 알렸다. 거기에 모인 사람들은 그의 성명서를 좋아했다. 그들은 암호화 게임을 했고 저녁으로 태국 음식을 먹었다. 그리고 바닥에 아무렇게나 널브러져 잤다.

참석자 중에는 저널리스트 주드 미혼Jude Milhon이 있었다. 그녀는 이 단체에 '암호화 무정부주의자'들보다 더 멋지면서 덜 무서운 이름이 필요하다고 생각했다. 그녀는 그들을 사이퍼펑크라 불렀다. 정말 그들은 수신자만 알 수 있는 암호로 정보를 전달하는 사이퍼펑크들을 닮았다. 하지만 그들의 진짜 관심사는 암호화 그 자체였다.

사이퍼펑크들은 암호화 무정부주의자들에게 든든한 장막을 제공했다. 그리고 그들은 철학에는 관심이 없었다. 돈에 관한 이야기를 하고 있는 우리에게 이것은 중요한 사실이다. 그들은 단지 세상을 바꿀 돈을 만들 수 있는 코드를 작성해 내길 원했다.

1992년 휴즈는 또 다른 성명서를 통해 "개방 사회에서 사생활이 보장되려면 익명의 거래 시스템이 필요하다. 지금까지는 현금이 가장 근접한 시스템이었다."라고 말했다. 이 사이퍼펑크의 성명서는 메이의 성명서보다 거창하진 않아도 주제에 더 집중했다. 역사책에 실릴 만한 선언문은 아니었지만 행동을 촉구하는 선언에 가까웠다.

우리 사이퍼펑크는 익명 시스템을 개발하는 데 전념한다. 우리는 암호화 메일 전송 시스템과 전자서명과 전자화폐로 우리의 사생활을 보고할 것이다. … 사이퍼펑크는 코드를 작성한다. 우리의 코드는 전 세계적으로 무료로 사용된다. 우리는 우리가 만든 소프트웨어를 당신들이 지지하지 않더라도 신경 쓰지 않는다. 우리는 그 누구도 소프트웨어를 파괴할 수 없고 널리 퍼진 시스템을 차단할 수 없다는 사실을 안다. … 사이퍼펑크는 사생활을 보다 안전하게 보호할 네트워크를 만드는 데 적극적으로 관여한다. 우리 함께 빠른 속도로 나아가자.

전진, 앞으로!

익명성을 보장하는
전자화폐의 발명

　　　　　　디지털 혁명을 막는 가상의 장애물을 넘기 위해 사이퍼펑크들에게 필요한 것은 마이크로소프트나 씨티은행은 물론이고 디지캐시와 같은 기업을 믿으라고 강요하지 않는 시스템이었다. 그들은 다른 누군가를 전혀 믿지 않아도 안심하고 사용할 수 있는 추적 불가능한 전자화폐가 필요했다. 결국 그들에게 필요했던 것은 금처럼 그 자체로 신뢰할 수 있는 돈이었다.

하지만 그런 전자화폐를 만들기란 엄청나게 힘든 일이었다. 단순한 지폐가 돈으로 자리 잡는 것도 쉽지 않았다. 지폐는 중국에서부터 시작돼 천년 동안 화폐로 사용됐지만 인쇄면의 절반을 위조 범죄로 사형에 처할 수 있다는 경고문에 할애해야 했다. 그리고 사실 지폐 자체가 위조였다. 사이퍼펑크들의 전자화폐는 위조를 막기 위해서 국가적 폭력을 행사할 필요가 없을 것이다. 하지만 컴퓨터 키보드로 ctrl-c 와 ctrl-v만 누르면 누구나 전자파일 대부분을 위조할 수 있다.

이것은 기술적으로 굉장히 어려운 문제였다. 하지만 '사이퍼펑크들은 코드를 작성한다'는 성명서의 내용을 충실히 이행하기 위해서 사이퍼펑크들은 자신들이 꿈꾸는 전자화폐를 만들기 위해서 코드를 작성하기 시작했다.

첫 돌파구가 오클랜드 모임 이후 5년 만에 나왔다. 영국 교수 애덤 백Adam Back은 1990년대 중반 이메일을 사용하는 모든 사람들의 최대 골칫거리를 해결하려고 했다. 바로 스팸메일이다.

사이퍼펑크들은 익명으로 이메일을 발송할 수 있는 소프트웨어를 이용했다. 그 소프트웨어는 스팸메일 발송자들이 군침을 흘릴 만한 무기였다. 똑같은 소프트웨어를 활용해 스팸메일 발송자들은 차단할 수 없는 정크메일 수백만 통을 무작위로 발송하기도 했다. 1997년 백은 '하룻밤 사이에 스팸메일 발송자들을 몰아낼' 프로그램을 사이퍼펑크들과 공유했다. 그가 직접 개발한 프로그램이었다.

몇 년 전에 신시아 더크Cynthia Dwork와 모니 나오르Moni Naor는 〈정크메일 퇴치와 가격 책정〉이란 논문을 발표했다. 논문의 요지는 이메일을 발송하기 전에 컴퓨터로 하여금 약간의 연산을 하게 만들자는 것이었다. 두 사람은 이 연산이 몇 초밖에 걸리지 않을 것이라고 논문에 썼다. 평범한 사람들에게는 눈 깜빡할 사이에 지난 찰나의 시간이지만 분 단위로 수천 통의 이메일을 보내야 하는 스팸메일 발송자들에게는 사업을 접을 수밖에 없는 억겁의 시간이었다.

백은 컴퓨터가 이메일을 발송할 때 '해시'hash라는 작업을 수행하도록 만들었다. 그가 개발한 시스템에서 옳은 해시값을 찾아내는 것은 어려웠다. 이메일 발송자의 컴퓨터는 수신자의 컴퓨터로 이메일을 보내기 위해서 많은 연산 작업을 통해 옳은 해시값을 찾아내야 했다. 하지만 일단 해시값을 찾아내면 상대방의 컴퓨터가 그것이 옳은 값인지를 확인하기는 쉬웠다. 백은 이메일 발송자의 컴퓨터가 어려운 연산 작업을 수행하도록 했고 외부로 발송되는 이메일에 해시값을 추가했다. 그러면 이메일 수신자의 컴퓨터는 해시값이 옳은지 검증했다. 백은 자신이 만든 프로그램에 '해시캐시'hashcash라는 이름을 붙였다. 스팸메일을 차단하는 소프트웨어에도 다양한 버전의 해시캐시가 도입됐다. 심지어 마이크로소프트가 개발한 스팸메일 차단 프로그램에도 해시캐시가 들어갔다.

해시캐시는 전자화폐 개발의 최대 난제를 해결했다. 컴퓨터가 무한정으로 화폐를 만들어 내지 못하도록 한 것이다. 차움은 이 문제를 해결하기 위해 은행과 같은 중앙 기관에 의지했다. 하지만 사이퍼펑크들은 전자화폐에 희소성을 심어주고 싶었다. 그들은 전자화폐가 희소하다면 구매자와 판매자는 중앙 기관을 통하지 않고 전자화폐를 사용할 수 있을 것이라 생각했다. 백의 제안이 명쾌한 해결책이 됐다. 누구나 약간의 연산 작업만으로 해시캐시를 삽입할 수 있었다. 아주 적은 전력으로 컴퓨터를 돌려 해시캐시를 작동시키면 전자화폐에 희소성을 부여할 수 있었다.

차움의 전자화폐는 중앙은행이 통제하는 명목 화폐에 가까웠다. 백의 해시캐시는 자원과 의지가 있다면 누구나 금을 캐낼 수 있다는 점에서 금에 가까웠다. 그리고 적어도 자원과 의지가 있는 사람은 해시캐시를 만들어 낼 수 있을 것이다.

하지만 본질적으로 해시캐시는 금이 아니었다. 그것은 사이퍼펑크들이 자신들의 꿈을 실현시키기 위해 필요한 전자화폐처럼 움직이진 않았다. 각각의 해시캐시 '우표'는 특정 이메일 수신자를 위해 제작됐고 단 한 번만 사용할 수 있다. 따라서 해시캐시는 화폐처럼 사용될 수는 없었다.

• • •

사이퍼펑크들은 역설적인 상황에 직면했다. 자신들이 원하는 전자화폐를 개발하기 위해서 그들은 같은 화폐가 누군가에 의해 두 번이나 세 번 혹은 수백 번 사용되지 못하도록 만들어야만 했다. 전형적인 방식이라면 모두의 금융 거래 내역을 원장에 기록하면 된다. 그들은 차움이 그랬던 것처럼 이용자의 사생활을 보호하기 위해서 원장을 익명으로 만들 수 있었다. 하지만 사이퍼펑크들은 원장을 관리하고 모든 것을 기록하는 과정에 신뢰할 수 있는 중개자가 필요했다.

1998년 웨이 다이Wei Dai가 획기적인 해결책을 제시했다. 어쩌면 원장을 관리할 단일 중앙 중개자가 필요 없고, 우리 모두가 원장을 관리할 수 있을지도 모른다. 모든 사람이 잔고 내역, 지급 내역 등 금융 거래에 관한 모든 것을 함께 확인하고 항상 알고 있다면 익명성을 보장하는 전자화폐가 만들어질 것이다. 다이는 "모든 참여자가 가명으로 보유한 금액을 별개의 데이터베이스로 관리합니다. 이러한 계좌들이 종합적으로 돈의 소유권을 정의합니다."라고 말했다. 그는 이것을

'비머니'b-money라 불렀다.

해시캐시처럼 컴퓨터는 퍼즐을 풀어서 비머니를 만들어 낸다. 예를 들어 앨리스라는 가상 인물의 컴퓨터가 퍼즐을 풀 때, 그녀의 컴퓨터는 네트워크에 접속한 모두에게 해답을 보낸다. 그러면 모두가 그 해답을 확인하고 원장에 있는 앨리스의 계좌로 새롭게 개발된 비머니를 입금한다.

앨리스가 밥이라는 인물에게 5달러의 비머니를 보내고 싶다면, 앨리스는 비머니를 사용하는 모든 사람의 컴퓨터로 '나, 앨리스는 밥에게 5달러를 송금한다'라는 메시지를 보낸다. 모든 사람의 컴퓨터가 앨리스의 계좌에 최소한 5달러가 있는지 우선 확인한다. 만약 그녀의 계좌에 5달러가 없다면 그녀의 메시지는 무시된다. 반대로 그녀의 계좌에 5달러가 있다면 네트워크에 접속한 모든 사람의 컴퓨터가 앨리스의 계좌에서 5달러를 차감하고 밥의 계좌에 5달러가 입금됐음을 기록한다. 이렇게 앨리스와 밥 사이에 송금이 이뤄진다. 사람들의 계좌는 익명성을 위해 실명이 아닌 문자와 숫자로 개설된다.

멋지게 들리지만 이 시스템에는 결점이 하나 있다. 다이는 처음부터 시스템의 비실용성을 분명히 알고 있었다. 동기적이고 방해가 불가능한 익명의 방송 채널을 과도하게 사용하기 때문이다. 다시 말해서 모두가 동시에 아무런 방해 없이 커뮤니케이션하려면 항상 온라인에 접속해 있어야만 했다. 만약 누군가가 거래 내역을 놓치면 원장의 숫자가 맞지 않을 수 있었다. 그러면 누가 얼마의 돈을 가지고 있는지 알 수가 없었다.

사이퍼펑크들은 다이의 아이디어에 대해 자유롭게 논의했다. 몇몇은 그의 아이디어에 기반을 두고 코드를 짰다. 누구는 그렇게 만든 전자화폐를 '비트골드'라고 불렀다. 또 다른 누군가는 해시캐시를 활용해서 자칭 '재사용이 가능한 작업 증거'를 위해 코드를 짰다.

2008년 8월 다이는 누군가로부터 이메일 한 통을 받았다. "당신의 비머니 페이지를 아주 흥미롭게 읽었습니다. 전 당신의 아이디어를 완전하게 작동되는 하나의 시스템으로 확장시킨 논문을 발표할 예정입니다. 애덤 백이 저와 당신의 유사점을 알아보고 저에게 당신의 사이트(hashcash.org)를 소개해 줬습니다."

다이가 받은 이메일에 삽입된 논문의 가제는 '제3의 신용 기관이 없는 전자화폐'였다. 그로부터 두 달 뒤에 다이에게 메일을 보낸 사람은 온라인에 〈비트코인: P2P 전자화폐 시스템〉이라는 새로운 제목으로 논문을 발표했다.

비트코인의 등장

누가 비트코인을 발명했는지는 알 수 없다. 그저 나카모토 사토시$_{\text{Nakamoto Satoshi}}$란 이름의 사내가 비트코인을 발명한 것으로 알려져 있다. 그 이름이 비트코인에 관한 논문의 제일 위에 기재되어 있었고, 웨이 다이는 나카모토 사토시란 이름으로 이메일을 받았다. 비트코인의 창조자, 또는 창조자들은 암호화 이메일 리스트에서 비트코인에 관한 이야기할 때 이 이름을 사용했다. 당시에는 나카모토 사토시가 누구인지 아는 사람이 없었다. 심지어 한 사람이 비트코인을 만들었는지 아니면 여러 사람이 비트코인을 만들고 나카모토 사토시라는 하나의 이름으로 활동하는지도 아는 이가 없었다. 이것은 내가 이 글을 쓰는 지금도 마찬가지다.

나카모토 사토시는 뉴질랜드의 지하 벙커에 살고 있는 사이퍼펑크이거나 런던 은행의 임원일 수 있다. 그녀는 성직자일 수도 있고 그는 범죄자일 수도 있으며 그들은 세계를 자신들의 손아귀에 두려는 비밀 결사단일 수도 있다. 중요한 것은 비트코인에서 번뜩이는 천재성이다. 나카모토 사토시가 누구인지는 전혀 중요치 않다.

한 은행의 CEO가 망상에 빠져 있거나 연방준비은행의 은행장이 사기를 칠 가능성이 있다면 재앙과 같은 결과가 초래될 것이다. 이러한 기관들은 책임자의 선택에 의해 움직인다. 비트코인의 핵심은 책임자가 없다는 것이다. 비트코인에서는 모든 참여자가 책임자다. 하지만 이는 바꿔 말하면 결국 책임자가 아무도 없다는 뜻이 된다. 사이퍼펑크가 주로 사용하는 방식대로 나카모토 사토시는 비트코인에 대해 특허권을 소유하지 않는다. 완전한 코드베이스는 모두가 보고 사용하고 원하는 대로 수정할 수 있도록 온라인에 공개됐다.

돈은 언제 어디서나 신뢰에 기반을 둔다. 현대의 돈은 화폐를 발행하는 정부에 대한 신뢰에 근거를 둔다. 비트코인 역시 신뢰에 기반을 둔다. 하지만 비트코인은 사람들이 정부나 은행 또는 나카모토 사토시를 신뢰할 필요 없이, 그냥 비트코인을 구성하는 코드만 신뢰하면 되는 전자화폐가 되기를 꿈꾼다.

비트코인의 코드는 정말 기발하다. 나카모토 사토시는 번뜩이는 기지로 애덤 백의 해시캐시와 웨이 다이의 비머니에서 아이디어를 가져와서 약간 수정했고, 수년 동안 사이퍼펑크들이 꿈꿔 온 전자화폐를 만들어 냈다. 비트코인은 구매자와 판매자가 은행이나 기술 기업의 중개 없이 인터넷에서 주고받을 수 있고 익명성이 보장되며 화폐처럼 사용되는 전자화폐였다. 나카모토 사토시는 2008년 핼러윈에 발표한 아홉 장짜리 논문에 모든 아이디어를 자세히 설명했다.

비트코인은 모두가 관리하는 원장을 기반으로 작동한다. 앨리스가 밥에게 5달러를 비트코인으로 송금할 때 그녀는 자신의 익명 개인 키를 사용해서 비머니처럼 모두에게 '여러분, 저는 밥에게 비트코인 5개를 보내려고 합니다'란 메시지를 보내게 된다. 그러면 그 메시지를 받은 네트워크 접속자 모두가 범용 원장을 업데이트하고 비트코인을 밥의 계좌로 이동시킨다.

이것은 웨이 다이가 고안해 낸 시스템인데, 앞서 봤듯이 실용적이지 않다는 이유로 거절됐다. 이 시스템이 가능하려면 모두가 하루 종일 컴퓨터를 켜 놓고 네트워크에 접속해 거대한 원장을 관리해야 하기 때문이다. 누가 이런 일을 하려고 하겠는가? 이 물음에 대한 나카모토 사토시의 답이 비트코인에서 가장 중요한 혁신일 것이다. 24시간 전원이 켜진 상태로 네트워크에 접속해 비트코인의 거래 내역을 기록하고 관리하는 컴퓨터들은 이 작업을 수행한 대가로 새롭게 발행된 비트코인을 받게 된다. 작동 방식은 다음과 같다.

1. 새로운 거래는 빠짐없이 네트워크로 송출된다.
2. 네트워크에 접속한 모든 컴퓨터는 이 거래를 기록하고 동시에 연산 퍼즐을 푼다. (퍼즐을 푸는 아이디어는 애덤 백의 해시캐

시에서 나온 것이다.)

3. 퍼즐을 푼 첫 번째 컴퓨터가 원장에 기록된 최신 거래 내역과 함께 해답을 네트워크에 접속해 있는 나머지 컴퓨터들에게 전송한다. 이 거래 기록은 블록이라 불린다.

4. 네트워크에 접속한 컴퓨터들은 퍼즐의 해답이 맞는지를 확인한다. 옳은 답이라 확인되면 컴퓨터들은 다시 새로운 블록으로 신규 거래 내역을 기록하고 다음 연산 퍼즐을 푼다.

5. 각각의 블록은 이전에 생성된 블록에 연결된다. 이런 방식으로 비트코인과 관련된 모든 거래 내역이 새로운 블록으로 영원히 연결된다. 백서에서 나카모토 사토시는 이것을 '블록들의 체인'이라 불렀고, 시간이 흐르면서 간단하게 '블록체인'blockchain으로 불리게 된다.

2009년 초반에 나카모토 사토시는 비트코인의 소스 코드를 공개했다. 세계 어디서든 원하는 사람은 해당 코드를 자신의 컴퓨터로 다운로드해서 연산 퍼즐을 풀고 거래 블록을 하나로 묶어 비트코인을 얻을 수 있게 됐다.

각각의 연산 퍼즐을 풀어 낸 사람에게는 비트코인 50개가 지급됐다. 당시에는 비트코인에 아무런 가치가 없었다. 초기에는 연산 퍼즐을 푸는 것이 쉬웠다. 나카모토 사토시가 암호화 그룹에게 보낸 초기 이메일에는 "처음에는 작업 증명의 난이도를 말도 안 될 정도로 낮게 잡았다. 그러니 일반 가정에 있는 컴퓨터로도 몇 시간 만에 퍼즐을 풀어서 비트코인을 만들어 낼 수 있을 것이다."라고 적혀 있다. 더 많은 사람들이 네트워크에 접속한다면 작업 증명의 난이도는 올라갈 것이다. 아무리 많은 컴퓨터가 퍼즐을 풀기 위해서 비트코인 네트워크에 접속하더라도 새로운 비트코인은 매 10분마다 생성될 것이다.

비트코인은 금처럼 한정된 자원이다. 전 세계에 존재하는 비트코인은 총 2,100만 개다. 비트코인은 코드에 엄격하게 짜인 일정에 따라 세상에 공개될 것이다. 비트코인이 등장하고 첫 4년 동안 각 블록에 대해 퍼즐을 풀어 낸 사람은 비트코인 50개를 받는다. 그다음 4년 동안은 블록당 비트코인 25개가 주어진다. 4년을 주기로 비트코인의 수는 절반으로 줄어든다. 그러다가 2140년이 되면 마지막 2,100만 번째 비트코인들이 생성될 것이다. 나카모토 사토시는 "비트코인이 고갈되면, 그리고 만약 필요하다면 시스템에서 거래 비용을 지원할 수 있다."라고 썼다. 나카모토 사토시는 이미 아주 장기적인 관점에서 비트코인을 설계했다.

비트코인 코드가 공개되기 바로 직전, 나카모토 사토시는 첫 번째 블록을 만들어 냈다. 그것은 필요 이상으로 과도하게 표현된 듯한 이름인 '제네시스 블록'으로 불린다. 그리고 거기에는 '2009년 1월 3일 〈더타임스〉 4면 헤드라인'이란 텍스트가 들어가 있다. 이 텍스트는 제네시스 블록이 해당 날짜나 그다음 날에 생성됐음을 시사한다. 마치 납치 피해자가 자신이 살아 있음을 증명하기 위해 그날 발행된 신문을 들고 사진을 찍는 것과 같은 이치다. 하지만 이렇게 특정 신문에서 특정 헤드라인을 선택한 것은 단순히 제네시스 블록이 생성된 날짜만을 전달하기 위함은 아닌 듯하다(제네시스 블록 코드에 '2009년 1월 3일 〈더타임스〉 은행에 대한 제2차 구제 금융 직전의 총리'란 내용이 숨겨져 있다. ― 옮긴이).

00000070 00 00 00 00 00 00 FF FF FF FF 4D 04 FF FF 00 1D .....ÿÿÿÿM.ÿÿ..

00000080 01 04 45 54 68 65 20 54 69 6D 65 73 20 30 33 2F ..EThe Times 03/

00000090 4A 61 6E 2F 32 30 30 39 20 43 68 61 6E 63 65 6C Jan/2009 Chancel

000000A0 6C 6F 72 20 6F 6E 20 62 72 69 6E 6B 20 6F 66 20 lor on brink of

000000B0 73 65 63 6F 6E 64 20 62 61 69 6C 6F 75 74 20 66 second bailout f

000000C0 6F 72 20 62 61 6E 6B 73 FF FF FF FF 01 00 F2 05 or banksÿÿÿÿ..ò.

000000D0 2A 01 00 00 00 43 41 04 67 8A FD B0 FE 55 48 27 *....CA.gŠý°þUH´

비트코인은 기술 진보를 보여 주는 진정한 혁신이었다. 그것은 20년 동안 아주 똑똑한 사람들을 성가시게 했던 문제들을 단번에 해결했다. 신뢰할 수 있는 중개자 없이 전자화폐가 통용되도록 만든 것이다.

비트코인 역시 금융 위기가 한창인 시기에 등장하며 이득을 봤다. 금융 위기는 화폐의 의미에 대해 별 관심을 기울이지 않던 수천만 명의 사람들이 자신들이 그토록 신뢰하던 금융 중개자들을 신뢰할 수 없다는 사실을 깨닫게 된 시기였다.

나카모토 사토시는 2009년 2월 인터넷 게시판에 "통화가 제 기능을 발휘하려면 신뢰가 요구된다는 것이 근본적인 문제다. 중앙은행은 통화의 가치를 떨어뜨리지 않기 위해 사람들로부터 신임을 얻어야만 한다. 하지만 명목 화폐의 역사는 신임에 대한 파기로 가득하다. 은행들은 전자적으로 우리의 돈을 보관하고 이체하기 위해서 반드시 신뢰를 얻어야 한다. 하지만 그들은 눈곱만큼의 지급 준비금만을 남겨 둔 채 신용 대출을 남발해 신용 거품을 만들어 냈다. 우리는 그런 그들에게 사생활을 맡겨야 한다. 그리고 신원 도용자들로부터 그들이 우리의 돈을 지켜 낼 것이라고 신뢰해야 한다."라고 밝혔다.

금융 기관에 대한 신뢰가 바닥일 때, 비트코인은 화폐가 작동하려면 다른 사람을 신뢰해야 하는 문제를 해결한 듯 보였다. 비트코인이 등장하면서 사람들은 비트코인의 코드만 신뢰하면 그만이었다. 하지만 결국에는 비트코인도 다른 화폐들과 마찬가지로 인류의 부도덕함에 좌우된다는 사실이 입증될 것이다.

비트코인 한 개의 가치는 얼마인가?

새로운 종류의 화폐가 등장했다. 그런데 고정 환율을 적용해 달러나 금 또는 다른 무언가로 신규 화폐를 교환할 수 없다. 그렇다면 그 새로운 화폐의 가치는 얼마나 될까? 이 질문에 대해 다음처럼 답할 수 있다.

1. 무엇이 됐든 사람들이 그 화폐를 얻기 위해 지불하는 것의 가치
2. 가치 없음

학문적으로 접근한다면 2번은 1번의 부분 집합이라고 답할 수 있다. 하지만 어쨌든 오랫동안 사람들은 비트코인은 아무런 가치가 없다고 생각했다. 첫 번째 비트코인들이 생성되고 1년이 훌쩍 넘은 지

난 2001년, 프로그래머이자 초기 비트코인 지지자인 개빈 앤드레센Gavin Andresen은 비트코인 수도꼭지bitcoin faucet라 불리는 사이트를 개설했다. 그는 사이트를 방문하고 비트코인 주소를 개설하는 사람들에게 무료로 비트코인 5개를 줬다. 그는 사이트에 "조건은 없다. 나는 비트코인이 성공하길 바란다. 그래서 비트코인 투자를 시작하기 위해 필요한 비트코인 몇 개를 나눠 주는 서비스를 시작했다."라고 적었다.

비슷한 시기에 플로리다주 잭슨빌에 살고 있는 라즐로 핸예츠Laszlo Hanyecz는 지구상에 살고 있는 누군가가 비트코인을 돈처럼 사용해야 할 시기가 됐다고 생각했다. 비트코인으로 무언가를 구매할 필요가 있었다. 그래서 그는 정말 확실한 일을 했다. 오전 12시 35분, 비트코인 포럼에 '비트코인으로 피자 시켜 먹을까?'란 제목으로 주요 메시지를 남긴 것이다.

나는 비트코인 1만 개로 피자 2판을 시킬 생각입니다. 다음 날까지 먹게 라지 2판이 적당할 듯하네요. 먹다 남은 식은 피자가 별미죠. 여러분 중에서 직접 피자를 만들어서 제게 보내 주시겠어요? 아니면 피자집에서 주문한 피자를 보내도 좋습니다. 이거래에 관심이 있으면 연락 주세요.
감사합니다.

　　　　　　　　　　　　　　　　　　　　　　　　라즐로

그로부터 며칠 뒤 캘리포니아주에 살고 있는 열아홉 살 소년이 핸예츠에게 인터넷 채팅으로 말을 걸어 왔다. 핸예츠는 그에게 비트코인 1만 개를 보냈고, 소년은 잭슨빌의 파파존스에서 피자 두 판을 주문해서 핸예츠의 집으로 배달시켰다. 소년은 신용카드로 결제했다. 여기서 비트코인의 가치는 얼마인가? 30달러짜리 피자를 비트코인 1만 개로 구입했다. 그러면 비트코인 한 개의 가치는 1센트의 3분의 1밖에 되지 않는다. 가치가 없는 것이나 다름없다.

이것은 분명 사람들의 이목을 끌기 위한 행동이었다. 비트코인으로 구매한 첫 번째 상품을 피자라고 말하기에는 뭔가 부족한 듯 보인다. 하지만 나는 핸예츠를 칭찬하고 싶다. 그것은 재미있는 이벤트이고 비트코인 역사의 한순간을 유쾌하고, 희망적이고, 심각하지 않게, 내부자답게 잘 포착해 냈다. 마치 AV 클럽의 회원들이 장내 방송 시스템을 설치하고 "잘 들리나요?"라면서 마이크의 음량을 확인하고 텅 빈 방에서 서로에게 별난 노래를 불러 주고 있는 것처럼 말이다.

쇼가 정말로 시작될 참이었다. 사람들은 곧 비트코인으로 물건을 사기 시작할 것이고 그 무대는 점점 어두워질 것이다. 지난 20년 동안 사이퍼펑크들이 꿈꿔 온 것이 새로운 세대의 진실한 신자에 의해 현실이 된 것이다.

암흑에 빠진
비트코인

2012년, 스스로를 '공포의 해적 로버츠'라고 밝힌 한 사내가 "몇 년 동안 나는 현실과 내가 원하는 세상 사이에 넘을 수 없는 높은 장벽 때문에 절망과 패배감 속에서 살았다."라는 글을 올렸다. 이 글에는 공포의 해적처럼 자신의 목표를 찾을 때까지 이 세상에서 자신의 자리를 찾으려고 고군분투하는 생각 많은 20대가 지니는 흔한 정서가 담겨 있었다.

"하지만 마침내 나는 진심으로 동조할 수 있는 무언가를 찾았다. 논리적인 그것은 간단하고 명쾌하고 일관적이었다." 그가 찾은 것은 시장을 자유로, 정부를 압제로 간주하는 무정부 자본주의라 불리는 과격한 자유주의의 한 줄기였다. 공포의 해적 로버츠는 암시장에서 활동하며 압제에 저항하기로 결심했다.

공포의 해적 로버츠는 사람들이 마약을 살 수 있는 다크웹에서 자기 삶의 목표가 시작된다고 생각했다. 그리고 그는 익명의 전자화폐인 비트코인이 그 출발선임을 직감했다.

그는 자신이 활동하는 사이트를 실크로드Silk Road라 명명했다. 실크로드는 마리화나, 엑스터시, 마약성 진통제인 오피오이드, 환각제 등 불법 약물의 구매자와 일명 딜러로 불리는 판매자를 연결시켜 주는 장터였다. 실크로드는 마치 약쟁이들을 위한 크레이그리스트Craigslist(미국 최대 지역 생활 정보 사이트이자 전 세계 80여 개국에 서비스는 되는 온라인 벼룩시장 — 편집자) 같았다.

"가공하지 않은 코카인 결정체 5그램!!"
"최상품 #4 헤로인 덩어리"

적어도 한 가지 측면에서 화폐는 다른 것들과 유사하다. 수요가 공급보다 빠르게 올라갈 때, 가격이 오른다는 것이다. 사람들은 비트코인을 원했다. 그러자 달러 대비 비트코인의 가치가 오르기 시작했다. 2011년 초반까지는 비트코인 한 개의 가치는 1달러였다. 그해 6월에 거커Gawker라는 블로그 사이트에 실크로드에 관한 글이 처음 게시됐다. 그러자 비트코인과 달러의 환율이 비트코인 한 개당 30달러로 치솟았다.

2013년 FBI는 로스 울브리히트Ross Ulbricht라는 남성을 체포했다. FBI는 그가 다크웹 실크로드의 운영자인 공포의 해적 로버츠라고 주장했다. 울브리히트는 재판을 받았고 마약 밀매와 자금 세탁을 공모한 것에 대해 유죄 선고를 받았다. 판사는 울브리히트에게 가석방 없는 무기징역형을 선고하면서 "실크로드의 명백한 목표는 법을 넘어서는 것이었다. 오랜 시간 동안 당신이 만든 세상에는 민주주의가 존재하지 않았다."라고 판결의 이유를 밝혔다.

무정부 상태가 없는
무정부 자본주의

2013년 울브리히트가 체포되고 한 달이 됐을 무렵이었다. 미국 상원 국토안보 위원회는 비트코인에 대해 청문회를 열었다. 청문회 참석자들은 비트코인으로 사람들이 할 수 있는 온갖 나쁜 일들을 조목조목 언급했다. 그런데 일순간 다소 충격적인 반전이 벌어졌다. 미국 법무부 소속 변호사가 "가상 화폐는 그 자체로 불법은 아닙니다."라고 진술하면서 비트코인의 '합법적인 사용처'에 대해 언급하기 시작했다. 금융 범죄를 담당하는 미국 재무부 관계자는 마치 자신이 무미건조한 벤처캐피탈리스트인 양 "혁신은 우리 경제에서 아주 중요한 부분입니다."라고 말했다. 이를 두고 〈워싱턴포스트〉는 '정계와 재계의 야합'이라 보도했다.

도대체 무슨 일이 벌어지고 있었던 것일까? 실리콘밸리는 세상을 뒤집어 놓을 차세대 혁신 기술로 비트코인을 주목하기 시작했다. 비트코인을 민주주의의 압제를 끝내려는 시도보다는 온라인 구매의 거래 비용을 낮추려는 움직임으로 보는 시각이 배경으로 작용했다. 한 벤처캐피탈리스트는 2013년 3월 〈월스트리트저널〉과의 인터뷰에서 "거대한 결제 업계에게 거래 비용이 '0'이라면 아주 강렬하고 극도로 파괴적인 요소죠."라고 말했다. '극도로 파괴적'이고 '거대한 업계'는 다시 말해, 엄청난 돈을 벌 기회가 있다는 것을 의미했다.

이 인터뷰에는 암호화 무정부주의자의 성명서처럼 세계 역사에 길이 남을 강력한 한 방은 없었다. 하지만 더 많은 부를 쌓을 기회만 엿보던 부자들을 흥분시켰다. 거래 비용이 줄어드는 것은 높은 거래 비용을 주요 수입원으로 삼는 결제 서비스 회사들을 제외하고 모두에게 좋은 일이었기 때문이다. 이후 수백만 달러에 이르는 벤처캐피탈이 비트코인 지갑과 비트코인 거래소 그리고 온라인 쇼핑몰을 위해 '비트코인으로 구매하기'라는 버튼을 개발하는 스타트업으로 흘러 들어가기 시작했다.

이것은 무정부 자본주의였다. 하지만 무정부 상태는 존재하지 않았다. 이상하게도 비트코인은 정상적인 결제 수단의 한 종류가 됐다. 비트코인이 합법적인 화폐로 인정받고, 비트코인을 이용한 거래가 중단되거나 사라지지 않는다는 확신이 생기자 점점 더 많은 사람들이 달러를 비트코인으로 교환하기 시작했다. 상원 청문회가 열릴 무렵에는 달러와 비트코인의 교환율이 비트코인 한 개당 500달러 이상으로 치솟았다.

그러자 사람들은 '비트코인 채굴', 즉 비트코인 소프트웨어가 내는 문제를 풀고 새로운 비트코인을 얻는 데 최적화된 특수 컴퓨터를 개발하기 시작했다. 사람들은 비트코인 채굴 전용 컴퓨터로 거대한 창고를 가득 채우기 시작했다. 수많은 비트코인 채굴 전용 컴퓨터를 돌리는 데 엄청난 전력이 소요됐다. 그래서 사람들은 비트코인 채굴 비용을 낮추기 위해서 전력이 저렴한 곳으로 눈을 돌렸다. 그 결과 아이슬란드, 몽골 그리고 특히 중국으로 비트코인 채굴 시설들이 대거 몰렸다.

그러자 새로운 문제들이 불거졌다. 사실상 오래된 문제이지만 해결이 시급한 것들이었다. 비트코인 네트워크는 초당 대략 5,000건의 거래만을 처리할 수 있었다. 참고로 신용카드 회사인 비자는 초당 2만 4,000건의 거래를 처리해 낸다. 처리 속도가 더딘 비트코인은 새로운 세계 통화가 되기에 부족했다.

게다가 비트코인은 누구나 다운로드를 받아서 사용할 수 있는 프로그래밍 언어 C++ 기반의 코드로 구성된 소프트웨어다. 모든 소프트웨어와 마찬가지로 비트코인도 시간이 지나면서 수정됐다. 그리고 간단한 수정을 통해 각 블록이 더 많은 거래 처리 한도를 포함함으로써 더 많은 거래 내역을 처리할 수 있게 됐다.

얻는 것이 있으면 잃는 것이 생기는 법이다. 프로그램이 지속적으로 수정되면서 거래 처리 한도 문제는 해결됐지만 블록의 크기가 커져서 일반인들이 비트코인 프로그램을 다운로드 받아서 구동시키는 데 어려움이 생겼다. 결국 비트코인은 분산적이고 평등주의적 이상에서 벗어나 법인 중심의 통합된 미래로 나아갔다. 이런 교환이 과연 가치가 있는 것이었을까?

만약 비트코인 프로그램이 하나의 회사에 의해 관리된다면 CEO는 회의를 소집해 고객들에게 상황을 설명하고 비용과 편익을 저울질해 수정을 할지 말지를 결정할 것이다. 하지만 비트코인 프로그램은 하나의 회사에 의해 관리되지 않는다. 모든 것을 책임질 한 명의 CEO가 없다. 책임자가 없다는 것이 핵심이다. 그렇다면 수정을 할지 말지는 도대체 누가 결정할까? 바로 우리 모두가 그 결정을 내리게 된다.

이것이 바로 비트코인이 민주적인 점이다. 공식적인 블록체인은 비트코인을 채굴하는 컴퓨터들의 명령을 따른다. 게다가 원하면 누구나 비트코인 코드를 가져다가 수정해 이전보다 개선된 자신만의 새로운 비트코인 프로그램을 만들 수 있다. 이게 무슨 말인지 이해하기 힘들 수 있다. 실제로도 이해하기 힘든 이야기다. 하지만 지금까지 이렇게 이해하기 어려운 혼란스러움이 새로운 전자화폐 비트코인 프로그램의 핵심이었다.

거래 처리 한도를 높이자 비트코인 네트워크의 처리 속도는 빨라졌지만 비민주적으로 변해 갔다. 이런 상황 속에서 소위 '비트코인 내전'이 발발했다. 이 전쟁은 비트코인이 화폐의 역할을 하게 될 것인지 또 언제 화폐로 사용될 것이냐를 두고 벌어진 전쟁이기도 했다. 한쪽에서는 '비트코인으로 쉽게 물건을 사는 것'이 가장 중요하다고 생각했다. 사용하기 쉽다는 것은 화폐로서 커다란 장점이다. 이 진영에

속한 사람들은 블록의 크기를 증가시키길 원했다.

반면 누구나 원한다면 비트코인 프로그램을 자신의 컴퓨터에 다운로드받아서 실행시킬 수 있어야 한다고 생각하는 사람들이 있었다. 그들은 비트코인이 불순물이 많이 끼면 안 되는 금과 같은 귀금속과 유사하다고 말했다. 그리고 결국에는 블록이 작더라도 거래 처리 한도와 관련된 문제를 해결할 기술적 솔루션이 등장할 것이라 믿었다. 또한 그들은 핵심 비트코인 레이어 위에 프로그램을 하나 더 삽입해 핵심 시스템을 통과해야 하는 거래의 수를 줄이자고 주장했다.

회담과 회의가 수없이 이어졌고 두 진영은 합의에 이르렀다가 합의를 수정하기를 반복했다. 결국 모두가 만족할 수 있는 합의에 이를 수 없다는 사실을 받아들였다. 블록의 크기를 키워서 거래 처리 한도를 해결하길 주장하는 진영이 비트코인에 필적하는 전자화폐를 내놨다. 그들은 그것을 비트코인 캐시라고 불렀다. 비트코인 캐시는 비트코인보다 더 많은 초당 거래를 처리할 수 있었다. 작은 블록을 지지하는 진영은 비트코인을 고수했다. 전자화폐를 둘러싼 모두가 서로에게 잔뜩 화가 나 있었다. 블록의 크기를 두고 벌어지는 논쟁은 계속 이어졌다.

이 시기에 사람들은 비트코인의 대안으로 암호화폐 수백여 개를 출시했다. 모두 나름대로 비트코인의 코드를 변경해 출시한 암호화폐들이었고 블록체인에서 구동됐다. 서로 경쟁적으로 높은 익명성이나 안정된 교환율을 약속했다. 그리고 블록체인을 기반으로 하는 완전히 새로운 사업의 가능성을 제시했다. 일부 암호화폐를 둘러싸고 거대한 지지 세력이 형성됐고 수십억 달러의 가치 평가를 받았다. 하지만 대부분 실패했고 결국 아무짝에 쓸모없는 '허접한 암호 화폐'shitcoin로 전락했다.

결국 페이스북과 중국 정부가 자신들만의 전자화폐를 개발하기 시작했다. 이제 수십억 명의 사람들로부터 수집한 엄청난 양의 데이터 위에 세워진 기업 그리고 자국민을 감시하고 통제하는 시스템 위에 세워진 국가가 빅브라더를 무력하게 만들기 위해서 탄생한 기술에 본격적으로 손을 뻗쳤다. 하지만 2020년 초반까지도 페이스북과 중국은 전자화폐를 출시하지 못했다.

이처럼 전자화폐를 중심으로 생겨난 새로운 세계가 팽창하고 있었다. 그 중심에는 여전히 비트코인이 있었다. 비트코인은 그 어떤 암호화폐보다 훨씬 가치 있었다.

2020년이 시작되면서 중국에 비트코인 채굴자들이 엄청나게 증가했다. 그들이 비트코인 네트워크에서 처리 능력의 대부분을 통제했고 비트코인 시스템에 대한 통제력을 행사했다. 중국에서 비트코인을 채굴하는 컴퓨터들은 알고리듬이 아닌 감정과 자아를 지닌 인간에 의해 통제됐다. 결국 인간이 비트코인의 미래를 좌우하고 있었다.

프로그래머이자 초기 비트코인 전도사인 개빈 앤드레센은 "저는 비트코인은 수학과 코드가 전부라고 생각했습니다. 하지만 생각이 바뀌었어요. 집단과 합의가 있죠. 그리고 인간이 있어요."라고 내게 말했다.

앤드레센은 나카모토 사토시가 비트코인 코드를 보낸 첫 번째 인물이었고 비트코인 시스템을 깊이 믿었기에 수천 개의 비트코인을 배포했다. 하지만 결국에 그는 비트코인 내전에 너무나 지친 나머지,

비트코인 세계를 미련 없이 떠났다. 참고로 비트코인 내전에서 앤드레센은 공식적으로 더 큰 블록을 지지했었다.

비트코인을
둘러싼 광기

　　　　　　　　컴퓨터 괴짜들이 비트코인의 미래를 두고 왈가왈부할 때, 비트코인과 달러의 교환율이 상승했다. 교환율이 조금 더 오르더니 결국에는 터무니없을 만큼 뛰었다. 그러고 나서 잠시 뒤 교환율은 떨어졌다. 하지만 비트코인과 달러의 교환율은 여전히 과거보다 높은 수준에서 형성됐다. 교환율 폭락 이후에도 비트코인 한 개를 수천 달러와 교환할 수 있었다.

비트코인에 열광한 사람들은 대체로 이를 반겼다. 그들에게는 이미 비트코인을 달러로 교환한 경험이 있었다. 달러는 언젠가 반드시 몰락한다는 믿음에도 불구하고 그들은 앞으로 비트코인을 점점 더 많은 달러로 교환할 수 있다는 생각에 흥분했다. 쉽게 말해 일찍 비트코인을 구입한 사람들은 부자가 됐다. 자신들을 부자로 만들어 줬기 때문에 그들은 비트코인에 만족했던 것이다.

하지만 비트코인과 달러의 교환율 상승이 좋은 것만은 아니었다. 처음에 비트코인은 사생활을 신경 쓰는 사람들, 카드나 다른 결제 수단보다 저렴한 수단을 찾는 상인들에게 환영을 받았다. 하지만 비트코인이 일상에서도 널리 사용되는 화폐가 되길 바랐던 사람들에게도 비트코인의 가치가 걷잡을 수 없이 오르는 것은 재앙과도 같은 결과를 초래했다.

비트코인을 둘러싼 광기가 폭발했던 2017년으로부터 1년 전을 예로 들어 보자. 2016년, 비트코인과 달러의 교환율이 두 배 이상 뛰면서 달러당 비트코인 952개를 기록했다. 비트코인이 실제로 화폐로 사용되는 세상에서 살고 있다고 가정해 보자. 비트코인으로 급여를 받고 비트코인으로 주택 담보 대출금을 받고 비트코인으로 장을 보는 세상 말이다. 이런 세상에서 비트코인의 가치가 오르면 대공황 때보다 더 극심한 디플레이션이 발생할 수 있다. 극심한 디플레이션으로 인해 갑자기 학자금이나 주택 담보 대출금을 갚으려면 두 배 더 일해야 할지도 모른다. 결국 극단적인 디플레이션으로 인해 경제가 파괴될 것이다.

아니면 비트코인의 가치가 달러당 1만 3,000개에서 대략 4,000개로 떨어진 2018년을 예로 들어 보자. 사람들이 비트코인을 돈처럼 사용하는 세상에서 비트코인의 가치가 폭락하면 1년 만에 물가가 세 배 치솟게 될 것이다. 독립 전쟁 이후 미국인들이 경험한 그 어떤 인플레이션보다 훨씬 극심할 현상이 벌어질 것이다.

실제로 사람들은 비트코인과 달러의 '교환율'에 대해 이야기하지 않는다. 그 대신 사람들은 '비트코인의 가격'에 대해 이야기한다. 그리고 비트코인 한 개의 가격과 존재하는 모든 비트코인의 수를 곱해서 나온 값을 '시가총액'이라 부른다. 하지만 돈을 두고 이런 식으로 이야기하는 사람은 아무도 없다.

비트코인 지지자들은 비트코인 가격의 상승을 보며 비트코인이 '가치의 저장 수단'이 됐다는 증거라고 말한다. 가치의 저장 수단은 화폐가 전통적으로 지니는 특징 중 하나다. 하지만 가치의 저장 수단은 오랫동안 거의 변함없는 안정된 가치를 지닌다. 만약 오늘 100달러로 일주일 치 장을 볼 수 있다면, 약간의 차이는 있겠지만 1년 뒤에도 100달러로 일주일 치 장을 볼 수 있을 것이다. 그러므로 달러는 좋은 가치의 저장 수단이다. 달러의 가치는 매년 대략 2퍼센트 하락한다.

비트코인이라면 달라진다. 오늘 일주일 치 장을 본 비트코인 몇 개로 1년 뒤에는 하루 치 장만 볼 수 있게 될지도 모른다. 아니면 1년 뒤에는 식료품 가게 하나를 살 수 있을지도 모른다. 무엇이 됐든 간에 가치가 이렇게 요동치는 비트코인은 훌륭한 가치의 저장 수단이 아니다.

비트코인이 가치의 저장 수단이라고 주장하는 사람들은 어쩌면 투기 목적의 투자 수단이라는 말을 대신 하고 싶은지도 모른다. 비트코인은 가격이 하락할 가능성을 인지하면서도 가격이 오를 것을 기대하고 구입하는 일종의 투자 상품이다. 이것은 돈에 있어서 유용한 특징이라 할 수 없다.

돈의 역사는 사람들이 실제로 알아차리지 못한 사이에 돈으로 사용되는 것들에 관한 역사라고 할 수 있다. 은행권과 은행 예금은 채무를 기록하는 수단으로 출발해 서서히 완전한 돈으로 사용됐다. 사람들이 그것을 그림자 금융이라고 부르기 전 수십 년 동안 그림자 금융은 성장했다. 돈으로 사용되던 것이 어느 순간 돈이 아닌 것이 되는 순간, 즉 금융 위기의 순간이 되어서야 사람들은 "이제 보니 은행권과 은행 예금 그리고 머니마켓 뮤추얼 펀드가 돈이었네."라고 말했다.

전자화폐의 역사는 정확하게 이것과 반대다. 데이비드 차움, 나카모토 사토시와 같은 누군가는 기발한 기술적 돌파구를 찾아내고는 산 정상에 올라 세상을 향해 '여기 새로운 돈이 등장했다!'라고 외친다. 그것은 실제로 돈이 되진 못했다. 적어도 아직까지는 돈이 되지 못했다.

돈의 미래

돈은 선택이다. 또는 연속적인 선택들의 결과가 돈인지도 모른다. 하지만 돈이 선택의 결과라고 느껴지지는 않는다. 돈은 그냥 돈처럼 느껴진다. 다시 말해서 지금 우리가 돈이라고 부르며 사용하는 것들은 처음부터 돈이었던 것처럼 느껴진다. 그런데 통찰력 있는 누군가가 "우리는 잘못된 것을 돈인 양 사용하고 있어. 여기 돈으로 사용하기 더 좋은 것이 있지."라고 말한다.

그러면 나머지 사람들은 "도대체 무슨 소리를 하는 거야? 지금 우리가 가지고 있는 게 진짜 돈이야. 당신은 지금 말도 안 되는 미친 소리를 하고 있어!"라고 반박한다.

보통은 이쯤에서 언쟁이 끝난다. 하지만 종종 금융 위기가 닥치거나 정권이 교체되거나 신기술이 등장한다. 아니면 세 가지가 동시에

복합적으로 일어나기도 한다. 그러면 갑자기 모두가 돈에 대해서 이상한 이야기를 늘어놓는다고 손가락질 받던 사람들의 말에 귀를 기울이기 시작한다. 그들의 이야기 속에는 금이 가치를 담보하던 지폐나 가치를 담보하는 것이 아무것도 없는 지폐 또는 컴퓨터에 빼곡히 기록된 숫자처럼 새로운 무언가가 있다.

지금도 똑똑한 많은 사람이 우리가 터무니없는 것을 돈으로 사용한다고 생각하고, 그 돈을 대체할 더 좋은 것이 존재한다고 확신한다. 물론 그들의 생각은 유용하다. 지금 우리가 돈이라 부르며 사용하는 것과 돈을 관리하는 방법으로서 자연스러운 것은 없으며 불가능한 것도 없다는 사실을 상기시킨다. 사람들은 미래의 돈이 지금의 돈과는 완전히 다를 것임을 안다. 단지 어떻게 다를지 모를 뿐이다. 미래의 돈에 기대하는 세 가지 가능성이 있다.

현금 없는
세상

돈은 여러 방향으로 변할 수 있다. 그중에서 가장 쉽게 상상할 수 있는 것은 바로 이 세상에서 지폐가 사라지는 것이다. 현금 없이 체크카드로 껌 한 통을 손쉽게 구입할 수 있는데 지폐가 무슨 소용인가?

이런 변화는 이미 오랜 시간에 걸쳐 일어나고 있다. 2007년 케냐에서는 문자 메시지로 모바일 머니를 송금하는 사람들이 급증했다. 2020년을 기준으로 중국의 모바일 결제 애플리케이션 알리페이의 이용자는 대략 10억 명에 이른다.

모바일 결제 애플리케이션이 급속히 증가했지만 세계 도처에서 이상한 일이 벌어지고 있다. 해가 갈수록 유통되는 지폐의 양이 세계 경제 성장률보다 더 빠르게 증가하고 있다.

2020년 미국에서는 남녀노소 막론하고 1인당 지폐 보유량이 5,000달러를 넘어섰다. 이는 은행 금고에 예치된 현금은 제외한 수치로 실제로 시중에 유통되는 돈의 가치만을 따진 것이다. 유로존과 일본도 사정은 마찬가지다.

그 돈은 모두 어디에 있을까? 사람들이 돈으로 무엇을 하고 있는 걸까? 아무도 모른다! 이 세상에 유통되는 돈은 실제로 한낱 종이에 불과하다. 아주 합법적이고 훌륭한 목적으로 수백 달러의 지폐를 사용하는 사람들도 있다. 개발도상국의 일부 사람들은 믿을 수 없는 현지 통화와 불안정한 은행들로부터 스스로를 보호하기 위해서 평생 피땀 흘려 모은 돈을 달러와 유로로 저축한다. 하지만 훨씬 많은 사람이 탈세와 마약 밀매 그리고 인신 매매와 장물 밀매를 위해서 현금을 사용하고 있다.

이런 추론이 가능한 이유는 시중에 유통되는 거의 모든 지폐가 고액권이기 때문이다. 시중에는 1달러짜리 지폐보다 100달러짜리 지폐가 더 많이 유통되고 있다. 미국에서는 남녀노소 상관없이 100달러짜리 지폐를 1인당 40장 이상 사용하는 것으로 추정된다. 미국 전체로 놓고 보면 100달러짜리 지폐가 유통되는 규모는 1조 달러가 넘는다. 고액권은 일상생활에는 유용하지 않지만 특히 범죄와 탈세에 아주 유용하다.

현금은 정직한 일상생활에서 점점 불필요한 존재가 되고 있다. 현금으로 인한 범죄율은 증가하고 현금은 스스로 이 세상에서 사라지지 않을 테니 범죄를 근절하기 위해서 정부 차원에서 현금을 없애야 하지 않을까?

전 국제 통화 기금 수석 경제학자이자 현재 하버드대학교에 몸담고 있는 켄 로고프Ken Rogoff는 현금을 반대해 온 대표적인 인물이다. 그는 지폐를 완전히 없애는 데는 반대한다. 그 대신 고액권 지폐를 없애고 소액권 지폐를 주화로 대체하자고 주장한다. 그의 주장대로라면 소액권은 계속 거래되도 고액권 거래가 아주 불편해진다. 결국 범죄를 위해 사용되는 비용이 올라갈 수밖에 없다.

로고프가 제시한 지폐 없는 세상의 장점은 또 있다. 하지만 직관적으로 이해되지는 않는 내용이다. 그는 지폐가 없다면 중앙은행에서 마이너스 금리를 설정하기 더 수월해지므로 국가들이 더 빨리 경제위기에서 회복할 수 있다고 주장한다.

은행에 돈을 맡기면, 은행에서는 이자를 준다. 매달 이자가 조금씩 더해져 은행 잔고가 증가한다. 금리가 마이너스라면, 은행 잔고는 매달 조금씩 줄어들 것이다. 오히려 은행에 보관 수수료를 지급해야 할지도 모른다. 실제로 이런 일이 벌어지면 사람들은 은행으로 가서 모든 예금을 고액권으로 인출해 개인 금고에 쌓아 둘 것이다. 유럽의 일부 중앙은행들이 사실상 금리를 0퍼센트에 가깝게 설정했다. 그들은 금리가 지나치게 낮으면 모두가 은행에서 현금을 인출하려는 뱅크런이 일어나는 것을 우려한다. 그래서 금리는 마이너스로 떨어질 수 없다. 최저 금리는 금고에 현금을 보관하는 비용을 제외한 0퍼센트보다 낮아져서는 안 된다.

마이너스 금리라니 듣기만 해도 끔찍하다. 하지만 정작 경제 위기가 닥쳤을 때는 마이너스 금리로 인해 모두가 부유해질지도 모른다. 2009년 금융 위기 때 미국 기업들은 미친 듯이 지출을 줄이고 매달 수만 명의 근로자들을 해고했다. 당시에 연방준비제도 이사회가 마이너스 금리를 설정했다면 금융 위기 극복에 도움이 됐을지도 모른다. 마이너스 금리로 인해 공황 상태에 빠진 기업들은 대량 해고와 투자 삭감 대신에 고용과 투자를 추진했을지도 모른다. 연방준비제도 이사회는 2009년에 전격적으로 기준 금리를 0퍼센트에 아주 근접하게 인하했다. 하지만 그것으로 충분하지 않았다. 여전히 실업률은 높았고 지출은 적었고 경제는 침체됐다.

이미 현금이 사라지고 있는 국가도 있다. 바로 스웨덴이다. 처음에 나는 스웨덴인의 완벽한 성격 때문에 범죄가 일어나지 않아서 현금 폐지 정책이 등장했다고 생각했다. 하지만 실상은 정반대였다. 2000년대 중반 스웨덴에서는 폭력 강도 사건이 연이어 발생했다. 강도단은 헬리콥터를 훔쳐 현금 보관소 지붕에 착륙했다. 그들은 대형 해머로 채광창을 깨뜨리고 금고로 침입해 3,900만 크로나(한화로 약 54억 원)를 훔친 다음 헬리콥터를 타고 달아났다. 그들은 경찰의 추적을 따돌리기 위해서 경찰 헬리콥터에 가짜 폭탄도 설치했다. 경찰은 차량으로 강도단을 쫓으려 했지만 도주 방지용으로 깔아놓은 금속 못 때문에 추적할 수 없었다. 나중에 강도단 중 몇몇은 체포되어 유죄를 선고받았지만 그들이 훔친 현금은 거의 회수되지 않았다.

이 사건 이후에 현금 사용이 급격히 하락하기 시작했다. 2010년 한

설문조사에서 스웨덴인 중 39퍼센트만이 최근에 현금으로 결제했다고 응답했다. 2018년에는 13퍼센트로 떨어졌다. 강도 피해를 입은 은행의 지점 중 절반 정도는 현금을 인출하거나 예치하는 서비스를 중단했다. 은행은 더 이상 사람들의 돈을 원하지 않았다. 그 대신 고객들에게 카드나 모바일 결제 앱인 스위시Swish의 사용을 권장했다. 일각에선 은행의 이런 움직임에 반발했다. 스웨덴 국민연금 조합의 대표는 "디지털화에 반대하지 않으나 변화가 너무 빠르게 일어나고 있다."라고 말했다.

그러자 2019년 스웨덴 정부는 은행을 대상으로 현금 입출금 서비스를 의무화하는 법을 통과시켰다. 이제는 법으로 은행에게 현금 입출금 서비스를 강제해야만 하는 시대가 된 것이다! 무려 400년 전, 유럽 최초로 국가가 승인한 지폐를 발행한 스웨덴 중앙은행인 릭스방크Riksbank에서는 중앙은행 계좌나 충전식 직불카드로 쓸 수 있는 디지털화폐 'e-크로나'의 시범 사업을 진행했다.

현금 없는 사회로 변화하는 가운데 가장 눈에 띄는 점이 있다. 사람들은 현금이 사라지고 있는 현실을 별로 대수롭지 않게 여긴다. 현금 이용 빈도가 줄어드는 것은 이미 개인 수표의 등장으로 겪은 바 있기 때문이다. 만약 현금이 사라진다면 탈세를 저지르기 더 어려워지고, 감시 경제가 한층 더 우리의 사생활을 침해할 것이다. 은행 계좌가 없는 사람들에게는 정부에서 보조금 카드를 발급해줘야 할 것이다.

대부분의 돈은 이미 지폐나 주화의 형태를 벗어났다. 지금 사람들이 주로 사용하는 돈은 은행 계좌에 찍힌 숫자다. 오늘날 돈은 지폐가 아닌 은행 예금이다. 다시 말해 은행 컴퓨터에 저장된 숫자가 돈이다. 이것이 지금의 돈이고 지난 수십 년 동안 사람들이 사용해 온 돈이다.

현금은 사라질 수 있다. 하지만 중앙은행과 상업 은행 그리고 그림자 금융이 돈을 만들고 관리하는 기본적인 방식은 변하지 않을 것이다. 아마도 은행을 없애 버리면 훨씬 더 큰 변화가 생길지도 모른다. 놀랍게도 오랫동안 많은 사람이 이 생각을 지지해 왔다.

은행이 더 이상
돈을 만들 수 없다면

민간 은행은 세상에 있는 대부분의 돈을 보관할 뿐만 아니라 돈을 만들어 낸다. 은행에서 대출을 해주면 결국 수익금이 누군가의 은행 계좌에 예치된다. 은행은 이렇게 돈을 만들어 낸다.

거의 100년 동안 뛰어난 경제학자 중 일부는 이를 두고 정말 형편 없는 돈의 관리 방식이라 말했다. 1930년대부터 피셔를 포함해 미국의 가장 유명한 경제학자들이 돈을 만들고 파괴하는 은행들의 능력을 '오늘날 미국의 통화 및 금융 시스템에서 가장 헐거운 나사'라고 주장했다. 그들이 제시한 해결책은 정부가 은행을 없애는 것이었다.

정부가 은행 설립을 금지한다는 것은 마치 급진주의자들의 꿈처럼 들린다. 하지만 자유시장을 사랑하고 정부 개입을 경계하는 많은 경제학자들이 민간 은행에서 돈을 만들어 내지 못하도록 해야 한다고 주장했다. 알다시피 자유시장을 옹호하고 로널드 레이건과 마거릿 대처에게 큰 영향을 준 밀턴 프리드먼Milton Friedman이 은행을 없앨 것을 제안했다. 보수주의적 성향의 후버연구소와 자유주의적 성향의 카토협회의 경제학자 존 코크런John Cochrane은 은행을 '옛 자본가의 거대한 악몽'이라 불렀다.

은행은 공공 자원인 돈을 만들고 파괴하는 민간 조직이다. 돈은 경제 시스템의 필수 요소이기 때문에 정부에서는 은행에 단편적이지만 대규모의 안전망을 제공한다. 중앙은행은 각국에서 최후의 대출 기관이다. 정부 보험 프로그램은 예금을 보증한다. 다양한 규제 기관의 관계자들은 은행을 안전하게 보호하려 들지만 때때로 실패한다.

2008년 금융 위기가 닥치자 미국 정부는 은행들에게 구제 금융을 지원했다. 그러나 사람들은 대마불사하는 은행권에 대노했다. 사람들의 분노는 정당하다. 은행이 너무 거대하거나 은행원이 너무 탐욕스럽기 때문이 아니다. 은행 업무의 본질에 문제가 있기 때문이다. 본질적으로 은행 업무는 위기에 취약하다. 심각한 금융 위기가 닥치면 정부에서는 '은행이 크건 작건 간에 구제 금융을 지원할 것인가?'와 '은행들이 도산하게 내버려 둬서 나라 경제가 함께 무너지게 내버려 둘 것인가?'를 두고 선택해야 한다.

코크런과 프리드먼 그리고 피셔는 한발 비켜서서 은행 시스템을 지켜봤다. 그리고 "잠깐만. 굳이 이래야만 하는 걸까? 문제의 핵심은 기본적으로 은행이 두 가지 다른 기능을 갖고 있기 때문이야."라고 말한다.

1. 은행은 돈을 보관하고, 사람들이 돈을 벌고 지불하는 것을 더 쉽게 만든다.
2. 은행은 대출을 한다.

표현의 방식은 달라도 위대한 경제학자들이 하는 말은 같았다. 그들은 은행의 두 가지 기능을 분리하자고 주장했다. 그들의 아이디어는 오늘날의 '부분 지급 준비금 제도'와 반대되는 '100퍼센트 지급 준비금 제도'나 '전액 지급 준비금 제도' 혹은 '내로 뱅킹'narrow banking(보험사나 증권사가 시중 은행과 동일하게 지급, 결제 업무를 수행하는 것 — 편집자)이라 불린다. 세부 내용은 다르지만 기본적인 아이디어는 간단하다.

우선 '돈 창고'라는 개념이 등장한다. 은행의 입출금과 대출 기능이 분리된 새로운 세상에서 사람들은 돈 창고에 돈을 보관한다. 사람들은 돈 창고에 급여를 예치한다. 돈 창고에 예치된 돈으로 공과금을 내고 ATM으로 현금을 인출할 수 있다. 돈 창고는 연방준비은행의 계좌에 사람들의 돈을 보관한다. 돈 창고에 돈을 보관하는 대신 약간의 보관료를 지불하게 될지도 모른다. 좋은 생각이다! 꽤 유용한 서비스다.

다음으로 '대출 전문 기관'이 등장한다. 자금은 대출을 회수하지 못해 손해를 입는 것을 알고 있는 투자자를 통해 마련된다. 바로 뮤추얼 펀드의 운영 방식이다. 뮤추얼 펀드는 투자자의 돈으로 회사채를 매입하고 기업에게 대출을 해준다. 기업이 돈을 갚지 않으면 투자자는 손해를 본다. 이처럼 은행에서 대출 기능이 사라진다면 뮤추얼 펀드처럼 대출만 전문적으로 하는 기관이 생겨날 수 있다.

이런 세상에서는 뱅크런과 같은 상황은 일어나지 않을 것이다. 돈 창고에 맡긴 돈을 갑자기 모든 사람이 전부 찾아가더라도, 걱정할 것은 없다. 돈 창고는 사람들이 맡긴 돈을 돌려주면 그만이다.

실로 엄청난 변화다. 더 이상 더하고 뺄 것도 없는 사실이다. 이렇게 은행의 입출금 기능과 대출 기능이 완전히 분리되면, 예금 보험은 더 이상 필요치 않을 것이다. 그리고 최후의 대출 기관도 필요 없어진다. 은행을 보호하기 위해서 온갖 규정을 구구절절하게 수천 장이 넘게 작성할 필요도 없다. 돈 창고와 대출 전문 기관이 돈을 스스로 만들어 내서 경기 호황을 유도하지 않아도 되고, 할 수도 없다. 무엇보다 그들이 파산해 돈을 파괴하고 경제를 나락으로 끌고 갈 수도 없다. 멋진 세상이 아닌가!

그럼에도 이런 세상에 두 가지 문제가 생길 수 있다. 첫째, 돈을 잠시 어딘가에 맡겨 이자를 받기를 바라는 사람들, 돈을 빌리고 싶은 사람들, 이윤을 추구하는 사람들은 어디에나 항상 존재한다. 사람들은 계속 그림자 금융을 재창조할 것이다. 2000년대 초반처럼 그림자 금융이 비대해지면 큰 문제가 된다. 하지만 그림자 금융이 빚어낸 문제는 규정만 잘 마련하면 어쩌면 해결될 수도 있다. 단, '어쩌면' 말이다.

두 번째 문제는 첫 번째 문제보다 더 이상하고 흥미롭다. 은행의 입출금 기능과 대출 기능을 제한한다면 엄청난 액수의 돈이 사라질 것이다. 은행이 돈을 만들어 낼 수 없다면 그 많은 돈을 어디서 만들어 내야 할까? 간단히 말하면, 중앙은행이 담당하면 된다. 돈의 권력을 둘러싼 역학 관계가 민간 은행에서 중앙은행으로 기울게 될 것이다.

광기에 휩싸인 1933년에 전액 지급 준비금 제도가 채택될 수 있었던 순간이 있었다. 하지만 사람들은 예금 보험, 오늘날의 연방준비제도 그리고 입출금과 대출이 가능한 은행으로 구성된 현대의 금융 시스템을 선택했다. 2008년 금융 위기 이후에 잉글랜드 은행 총재는 "지금 우리는 최악의 방법으로 은행 업무의 체계를 세우고 있다."라고 말했다.

하지만 영국 의회는 미국 의회처럼 기존의 시스템을 약간 수정할 뿐 근본적으로 개혁하지 않았다. 그들은 현 상태를 유지하는 것이 훨씬 이롭다고 판단했던 것이다. 또 다른 대형 금융 위기가 닥쳐야 세계는 전액 지급 준비금 제도의 도입 또는 돈을 관리하는 방식을 급진적으로 바꾸는 것을 정치적으로 논의할 것이다.

일하길 원하는 모두에게
일자리를 주는 세상

2019년 초에 하원의원으로 선출된 알렉산드리아 오카시오 코르테즈Alexandria Ocasio-Cortez가 대규모 정부 사업을 제안하기 시작했다. 그가 제안한 정부 사업에는 일하고 싶어 하는 모든 미국인에게 정부 기관에서 일할 기회를 주는 사업도 포함되어 있었다. 사람들은 비용을 어떻게 마련할 생각이냐고 물었다. 그는 부자들에게 세금을 더 거두면 되지 않겠냐고 답했다. 말미에는 일단 돈을 쓰고 비용은 걱정하지 않아도 된다고 덧붙였다.

그는 언변이 썩 좋은 사람은 아니었다. 그는 돈에 관해 조금 이상한 이론을 새롭게 제시하고 있었다. 그가 제시한 이론은 수십 년 동안 조용히 지지 세력을 모으다가 갑자기 수면 위로 떠올랐다. 돈밖에 모르는 괴짜들이 은밀하게 모인 곳에서 본격적으로 논의되던 이론이었다.

그 이론은 현대통화이론Modern Monetary Theory으로 불린다. 이 이론의 기원은 거의 1세기를 거슬러 올라간다. 1990년대 초 헤지 펀드 매니저 워런 모즐러Warren Mosler는 이탈리아 재무장관을 만나기 위해서 로마행 비행기에 몸을 실었다. 그는 이탈리아 은행으로부터 리라로 돈을 빌려 이탈리아 정부에 높은 이자율로 빌려줄 생각이었다. 그러면 거의 비용을 들이지 않고 막대한 수익을 얻을 수 있었다. 단, 이탈리아 정부가 대출금을 꼬박꼬박 상환한다면 말이다. 그래서 그는 채무 불이행이 발생하지 않도록 재무장관을 만나러 갔다.

모즐러는 대부분의 사람이 근본적으로 돈을 오해하고 있다고 생각하게 됐다. 금본위제도가 사라진 지 수십 년이 지났음에도 사람들은 여전히 금본위제도식 사고방식에 갇혀 있었다. 그는 금본위제도에 기반을 둔 세상과 달리 불환지폐를 발행하고 자국 통화로 대출을 해주는 국가들이 채무를 불이행하는 사태가 벌어질 가능성이 없다고 생각했다. 그들은 언제나 채무를 갚기 위해서 더 많은 돈을 발행할 수 있기 때문이다.

모즐러는 통화량이 늘어나면 때때로 인플레이션이 발생할 수 있다는 것을 알고 있었다. 하지만 통화량의 증가가 항상 인플레이션으로 이어지는 것도 아니었다. 그는 경제를 제대로 이해하려면 정부가 얼마나 많은 화폐를 발행하느냐보다 실물 경제에서 어떤 일이 벌어지는지를 살펴봐야 한다고 생각했다. 일하길 원하는 모든 사람들이 직업을 갖고 있는가? 모든 공장과 사무실이 완전 가동되고 있는가? 이

두 가지 질문에 '그렇다'라고 답할 수 있고 정부가 계속 시중에 돈을 풀고 더 많은 재화와 서비스를 소비할 때, 통화량 증가로 인해 물가가 상승하고 인플레이션이 발생할 수 있다.

하지만 경제가 완전하게 돌아가지 않는다면? 일하길 원하는 많은 사람들이 직장을 찾지 못하고 사무실과 공장에 일이 없어 파리가 날린다면? 이런 상황에서 정부가 더 많은 돈을 찍어 내고 재화와 서비스를 구매하면 기업들은 고용을 늘릴 것이다. 하지만 물가는 경제가 완전 고용을 달성할 때까지 상승하진 않을 것이라고 모즐러는 주장했다.

대다수 외국 투자자들과 달리 모즐러는 정부 지출을 삭감하도록 재무장관을 설득하려 들지 않았다. 그는 재무장관에게 채무를 상환할 돈이 필요하면 돈을 찍어 내면 된다는 사실을 이해시키려 했다. 재무장관은 그의 주장에 동의했다. 모즐러는 이탈리아 은행에서 리라로 빌린 돈을 이탈리아 정부에 대출해 줬다. 이탈리아 정부는 이자를 붙여서 모즐러에게 빌린 돈을 갚아 나갔다. 모즐러는 이렇게 해서 수백만 달러를 벌어들였다.

한편 미국 의회와 대통령은 예산 적자를 막기 위해서 증세를 단행했다. 여느 부자들과 마찬가지로 모즐러는 증세를 좋아하지 않았다. 증세에 대한 혐오뿐만 아니라 그는 증세가 불필요하다는 주장을 뒷받침할 이론까지 갖추고 있었다. 미국은 물가 상승률이 낮았고 실업자가 존재했다. 그의 이론에 따르면 정부는 이런 상황에서 세금을 인상하는 대신 지출을 늘려야 마땅했다.

정부 지출을 위해 국민들로부터 세금을 거둬야 한다는 논리는 시대를 역행한다고 모즐러는 주장했다. 정부가 세금으로 거두는 돈은 도대체 어디서 생겨난 것일까? 달러의 기원은 무엇인가? 모즐러는 미국 정부가 재화나 서비스를 구입하고 미국 재무부가 판매자의 은행 계좌에 대금을 입금할 때 달러가 세상에 풀린다고 주장했다. 이것이 달러가 세상의 빛을 보게 되는 첫 번째 통로였다. 하지만 정부가 세금을 거두는 것은 본래 무언가를 사기 위해서 만들어 낸 돈을 도로 회수하는 셈이었다.

마침내 모즐러는 힘 있는 사람들을 설득해 자신이 옳고 다른 사람들은 틀렸다는 것을 증명하기로 결심했다. 그는 한때 함께 일했던 상사를 통해서 많은 역대 대통령과 일했던 도널드 럼즈펠드Donald Rumsfeld와 만날 기회를 얻었다. 모즐러는 예기치 않게 시카고의 한 사우나에서 럼즈펠드를 만나게 됐다. 럼즈펠드는 모즐러를 세금 인하를 강력히 주장하는 유명 경제학자 아서 래퍼Arthur Laffer에게 보냈다. 그 뒤에 모즐러는 래퍼의 동료에게 2만 5,000달러를 지불하고 〈연화경제학〉Soft Currency Economics이란 논문을 함께 작성하게 된다.

논문은 "엄청난 풍요의 시기에 우리의 지도자들은 빈곤을 조장한다. 우리는 더 많은 교사를 채용할 수 없다고 들었다. 하지만 많은 교사가 일할 곳을 찾지 못했다. 그리고 학교에서 점심으로 무료 급식을 제공할 여유가 없다고 들었다. 하지만 잉여 음식이 버려지고 있다."라고 시작한다. 적자에 대한 걱정을 멈추라는 것이 주요 내용이다. 일자리를 찾는 사람들이 있고 미사용 자원이 존재하는 한 정부는 필요한 만큼 돈을 찍어 낼 여지가 존재한다는 것이다.

하지만 아무도 이 논문을 읽지 않았다. 모즐러 혼자 외딴곳에서 수십 년을 보낸 셈이다. 실제로 그는 일부 세금을 피할 목적으로 카리브해 지역에서 살았다. 이후 그는 자신과 유사한 생각을 하고 새로운 사고방식에 현대통화이론이란 이름을 붙인 비주류 경제학자 몇몇을 만나게 된다.

1990년대 중반에 경제학자 스테파니 켈턴Stephanie Kelton은 모즐러가 자금을 지원하는 교육 프로그램을 이수했다. 그는 모즐러의 이론에 흥미를 느꼈지만 회의적이었다. 그는 정부 지출이 실제로 어떻게 작동하는지 알고 싶었다. 이론이 아니라 실제로 정부 지출이 경제에 어떤 영향을 미치는지 이해하고 싶었던 것이다. 그는 몇 달 동안 난해한 문서들을 보며 조사하기 시작했다. 연방 정부의 지침서를 읽고 미국 재무부에서 정부 계좌 입출금 업무를 처리하는 사람들을 인터뷰했다. 돈은 어디서 와서 어디로 가는 것일까? 그는 정부가 재화와 서비스를 구입함으로써 달러가 만들어진다고 결론을 내렸다. 이런 방식으로 경제 시스템에 새로운 통화가 유입되는 것이라고 생각했다. 그리고 정부가 세금을 징수하거나 국채를 발행해 통화량을 줄인다고 생각했다.

이러한 생각이 켈턴과 동료들에게 미치는 영향은 컸다. 그들은 적자에 대한 걱정이 과하다고 공개적으로 주장했다. 그리고 정부가 풍요로운 시기에 돈으로 훨씬 더 많은 일을 해낼 수 있다고 덧붙였다. 그들의 주장에서 아마도 가장 중요한 부분은 정부가 일하길 원하는 사람들에게 일자리를 제공할 수 있고 나아가 제공해야 한다는 것이었다. 물가 상승률이 증가하기 시작하면 정부는 세금을 인상해 과열된 경기를 안정시킬 수 있다.

2015년, 켈턴의 현대통화이론은 민주당 경선 후보 버니 샌더스Bernie Sanders의 관심을 끌었다. 샌더스는 현대통화이론의 세부 내용에 대해선 관심이 없었다. 하지만 정부가 일자리와 같은 분야에 많은 돈을 지출할 수 있다는 부분이 마음에 들었다. 켈턴은 샌더스의 경제 자문위원이 됐고 기자들에게 현대통화이론에 대해서 설명하기 시작했다. 2년 뒤에 민주당이 하원 다수석을 차지하고 새로 선출된 하원의원이 현대통화이론을 근거로 정부가 비용 걱정 없이 더 많은 정책을 펼칠 수 있다고 주장하면서 현대통화이론은 또다시 힘을 얻었다.

하지만 현대통화이론에 전적으로 동의하는 정치인은 실제로 아무도 없는 듯했다. 이 말인즉, 정부가 지출을 늘려야 하는 경우에 과도한 정부 지출로 인플레이션이 발생하면 미국 의회는 통화량을 줄이고 사태를 진정시키기 위해서 세금을 인상해야 한다는 것이다.

전통적인 경제학자들은 현대통화이론에 의문을 제기했다. 많은 사람이 현대통화이론의 기본 신조에 동의하지 않았다. 하지만 무엇보다 미국 의회가 인플레이션을 잡을 것이란 주장은 사람들이 가장 받아들이기 힘든 부분이었다. 여기에 어떤 이론적 근거는 없었다. 그리고 이론보다도 의구심이 더 컸다. 인플레이션이 발생하면 의회가 세금을 인상할 거라고?

지금 우리는 비민주적으로 돈을 만들고 관리한다. 정치인들은 국가 통화(또는 대륙 통화)를 통제하고 관리하도록 중앙은행을 지정한다. 그러고 나서 그들은 중앙은행에 거의 개입하지 않는다. 만약 중앙은행이 수조 달러를 만들어 위기에 처한 그림자 금융을 구제하길 원하면 중앙은행은 그렇게 할 수 있다. 만약 중앙은행이 인플레이션을 잡기 위해서 기준 금리를 대폭 인상시키길 원한다면 그렇게 하면 된다. 심지어 금리가 인상되면 많은 사람이 실업자가 되더라도 말이다. 이것이 우리의 선택으로 만들어진 세상이다. 우리는 돈에 관해서 민주주의를 포기하고 중앙은행이 스스로 최선이라 생각하는 방식으로 돈을 관리하도록 했다.

켈턴과 현대통화이론 지지자들은 굳이 이런 식으로 돈을 관리할 필요는 없다고 말한다. 돈은 좀 더 민주적으로 관리될 수 있다고 주장한다. 인플레이션을 잡기 위해서 사람들을 실직으로 내몰 필요가 없다. 하지만 이렇게 하려면 우리는 마음을 굳게 먹고 스스로 돈을 통제할 수 있다고 믿어야 한다. 다시 말해 우리가 선출한 대표들이 돈을 합리적으로 통제할 수 있다고 믿어야 한다.

◆ ◆ ◆

2020년 봄, 이 책이 인쇄될 무렵에 팬데믹이 전 세계를 강타했다. 그 어느 때보다 극적인 상황 속에서 각국의 중앙은행은 공황에 빠진 이들에게 대대적으로 돈을 빌려주라는 월터 배젓의 조언을 따르고 있다. 21세기식으로 해석한다면 각국의 중앙은행은 몇 조 단위의 달러, 유로 그리고 엔을 시중 은행, 그림자 금융 기관 그리고 기업에 대출해주고 있다.

지금의 팬데믹이 완전한 금융 위기를 야기할지는 분명하지 않다. 그리고 지금 상황이 돈을 만들어 내고 관리하는 방식을 영구적으로 바꾸게 될지도 분명치 않다. 하지만 다음 주 아니면 10년 뒤, 아무튼

언젠가 또 다른 금융 위기가 닥칠 것이다. 그리고 또 다른 금융 위기가 뒤이어 발생할 것이다. 기술은 변할 것이고 각국 정부도 변할 것이다. 개인생활과 사회생활, 은행과 정부, 사생활과 편의 그리고 안정과 성장의 균형에 대한 사람들의 생각도 모두 변할 것이다. 즉, 돈도 변할 것이다. 어쩌면 우리의 고손자들은 우리가 돈을 만들고 관리하는 방식이 은행에서 산타클로스가 그려진 지폐를 발행하는 세상처럼 이상하다고 말하는 날이 올 것이다.

| 감사의 글 |

나의 ICM에이전트인 슬론 해리스Sloan Harris와 헤더 카르파스Heather Karpas는 내게 제대로 된 책을 쓰라 했고 내가 그 일을 해낼 수 있도록 전폭적으로 지지했다. 야셰트Hachette의 폴 위틀래치Paul Whitlatch는 굳이 나의 책을 선택했고, 몰리 바이센펠트Mollie Weisenfeld는 처음부터 끝까지 나의 길잡이가 되어줬고, 로렌 마리노Lauren Marino는 끝까지 나를 강하게 독려해 더 좋은 글이 나올 수 있도록 도왔다.

〈플래닛머니〉는 내게 화폐와 경제학에 대해 가르침뿐만 아니라 이야기를 풀어 나가는 방법도 알려줬다. NPR 동료들에게도 많은 신세를 졌다. 특히 데이비드 케스텐바움David Kestenbaum에게 고마움을 전하고 싶다. 그는 나의 멘토이자 큰 힘이 되어 준 동료이고 여전히 나의 벗이다.

브라이언트 어스트댓Bryant Urstdat은 이 책에 제목을 지어 줬다. 키스 로메르Keith Romer는 엉망인 초고에 주석을 달아줬다. 알렉스 골드마크Alex Goldmark는 〈플래닛머니〉에서 시간을 내어 이 책을 집필할 수 있도록 많은 도움을 줬다. 브루클린 공공 도서관, 뉴욕 공공 도서관 그리고 콜롬비아대학교 도서관은 없어선 안 될 유용한 장소들이었다.

나의 부모님은 어떻게 사고하는지를 내게 가르치시고 책을 사랑한다는 것이 어떤 의미인지를 몸소 보여 주셨다. 나의 딸들 또한 내게 그 가르침을 줬다. 아내 알렉산드라 알터Alexandra Alter는 이 책의 초기 원고를 읽고 책이 나아갈 방향을 잡아 주고 지혜를 줬다. 그녀는 이 책뿐만 아니라 모든 부분에서 나에게 길잡이가 되어 주고 지혜를 심어 주는 사람이다.

화폐의 역사를 정리하는 데 도움을 받은 책들이 몇 권 있다. 이 책들을 읽으며 화폐의 역사를 넓은 시각에서 바라볼 수 있었다. 도서 목록에는 글린 데이비스Glyn Davies의《돈의 역사》A History of Money, 니얼 퍼거슨Niall Ferguson의《금융의 재배》The Ascent of Money, 존 케네스 갤브레이스John Kenneth Galbraith의《돈》Money, 윌리엄 괴츠만William Goetzmann의《금융의 역사》Money Changes Everything가 포함된다. 나는〈플래닛머니〉의 리포터로 활동하면서 이 책의 소재를 얻었다. 책을 집필하는 동안 나는 그동안 내가 했던 보도들을 재확인하고 깊이 파고들었다.

01 돈의 발명

- 마드모아젤 젤리의 편지는 M. L. 월로스키M. L. Woloski가 편집한《니콜 오르세메의 최초 주화 발명의 비극》Traictie de la Premiere Invention des Monnoies de Nicole Orseme에 각주로 실렸다. 베노아 호셰데즈Benoit Hochedez가 나를 위해 영어로 번역했다. 이 편지는 화폐밖에 모르는 괴짜들 중 한 명인 영국 경제학자 윌리엄 제번스에 의해 유명해졌다. 포틀래치에 관한 세부사항은 글린 데이비스를 인용했다.
- 물물교환에 관한 캐럴라인 험프리의 인용문은 그녀가 저널《맨》Man에 기고한 '물물교환과 경제 붕괴'Barter and Economic Disintegration에서 가져왔다. 데이비드 그레이버David Graeber는 저서《부채, 그 첫 5,000년》Debt: The First 5,000 Years에서 물물교환에 관한 신화를 주의 깊게 다뤘다. 과거 여러 문화권의 선물을 주고받는 규범은 널리 논의되어 오고 있다. 아마도 마르셀 모스Marcel Mauss의《증여론》The Gift이 가장 유명할 것이다. 파울 아인치히Paul Einzig의《원시 화폐》Primitive Money에서 여러 문화권에서 사용된 최초 화폐에 대한 많은 정보를 얻었다.
- 고고학자 데니즈 슈만트 베세라트Denise Schmandt-Besserat는 기록 문화가 점토 공을 납작하게 둘러서 만든 점토 토큰을 발전시켰다고 주장하며 일반 독자들을 위해서《기록의 등장》How Writing Came About을 발표했다. 나는 메소포타미아 문명

의 회계 시스템과 점토판에 대해 UCLA 명예교수 로버트 잉글런드Robert Englund 와 이야기를 나눴다. '아바사가' 점토판은《메트로폴리탄 미술관의 쐐기문자》Cuneiform Texts in the Metropolitan Museum of Art에 나온다.

- 로빈 워터필드Robin Waterfield의《창조자, 정복자 그리고 시민》Creators, Conquerors, and Citizens은 고대 그리스 역사와 폴리스들의 부상을 자세히 다룬다. 리디아 수도 발굴을 주도했던 고고학자 니컬러스 케이힐Nicholas Cahill은 리디아인의 주화 발명에 관한 이야기를 들려줬다. 데이비드 스캅스의《주화의 발명과 고대 그리스의 화폐 주조》The Invention of Coinage and the Monetization of Ancient Greece는 주화가 그리스인의 삶을 어떻게 바꿨는지 폭로하는 책이다. 나는 데이비드 스캅드와 그의 저서와 아리스토텔레스 인용문에 대해 이야기를 나눴다.

02 화폐가 발명되고 경제 혁명이 일어나다

- 나는 역사학자 리처드 폰 글란Richard von Glahn과 인터뷰를 하며 쓰촨성에서 주화와 지폐가 어떻게 발달했는지 알게 됐다. 그의 저서《폰 글란의 중국경제사》The Economic History of China도 유용한 참고문헌이었다.
- 채륜이 지폐를 발명한 이야기는 마크 쿨란스키Mark Kurlansky의《종이》Paper를 통해 접했다. 현대 학자들은 종이의 발명은 다른 대부분 발명과 마찬가지로 하루아침에 얻은 깨달음이 아니었을 것이고, 채륜이 다른 사람들의 발명품을 서서히 개선한 것이라고 주장한다.
- 위조 화폐에 관한 경고문은《송 위안 학술 저널》Journal of Song-Yuan Studies에 실린 리처드 폰 글란의 학술논문〈송나라 지폐 시료의 진위 재검토〉Re-examining the Authenticity of Song Paper Money Specimens에서 가져왔다.
- 마크 엘빈Mark Elvin의《중국 역사의 발전 형태》The Pattern of the Chinese Past에서 중국의 경제 혁명에 관한 자세한 내용을 확인했다. 식당 인용문은《코넬 호텔과 레스토랑 관리 계간지》Cornell Hotel and Restaurant Administration Quarterly에 실린 니컬러스 키퍼Nicholas Kiefer의 학술논문〈경제 논리와 식당의 기원〉Economics and the Origin of the Restaurant에서 가져왔다.
- 중국 몽골에 대한 부분은 모리스 로사비Morris Rossabi의《쿠빌라이, 그의 삶과 시

대》Khubilai Khan: His Life and Times, 잭 웨더포드Jack Weatherford의《칭기즈칸, 잠든 유럽을 깨우다》Genghis Khan and the Making of the Modern World 그리고 리처드 폰 글란과 모리스 로사비와의 인터뷰를 참고했다.

- 케네스 포메란츠Kenneth Pomeranz의《대분기》The Great Divergence에서 현대 시대에 유럽이 중국보다 훨씬 부유해진 이유를 확인할 수 있었다. 윌리엄 광린 리우William Guanglin Liu의《중국의 시장 경제 1000~1500년》The Chinese Market Economy, 1000-1500은 중국의 경제적 호황과 몰락을 자세히 분석하고 중국 경제의 흥망성쇠를 이끌었던 화폐와 시장에 대한 통치자들의 인식 변화를 세밀히 다룬다.

03 은행원이 된 금세공업자들

- 17세기 잉글랜드에서 사용된 주화의 질이 아주 나빴다는 부분은 토머스 매콜리의《잉글랜드의 역사》History of England를 주로 참고했다. 그리고 이 책에서 주화를 둘러싼 논쟁을 인용했다. 경제사학자 스티븐 퀸Stephen Quinn과 조지 셀진George Selgin과 대화하면서 금세공업자들이 일종의 부분 지급 준비금 제도에 기반을 두고 오늘날의 은행 역할을 했다는 사실을 이해할 수 있었다. 학술저널《경제 역사 탐구》Explorations in Economic History에 실린 스티븐 퀸의 학술논문〈금세공업자와 은행 업무: 왕정 복고 시대 런던의 상호 인수와 은행 간 어음교환소〉Goldsmith-Banking: Mutual Acceptance and Interbanker Clearing in Restoration London도 유용했다. 스웨덴의 동전에 관한 부분은 래리 앨런Larry Allen의《화폐 백과사전》The Encyclopedia of Money과 군나르 베테르베리Gunnar Wetterberg의《화폐와 종이》Money and Paper를 참고했다.

- 헤수스 우에레타 데 소토Jesús Huerta de Soto의《화폐, 은행 신용과 경제 주기》Money, Bank Credit, and Economic Cycles에서 초기 바르셀로나 은행원들에 관한 세부 정보를 얻었다. 글린 데이비스는 찰스 왕이 채무 상환을 중단하자 잉글랜드에서 발생한 뱅크런에 대해 많은 이야기를 해줬다. 어느 해군 회계 담당자의 '이제 돈이 아닌 한낱 종이 쪼가리를 받았다'라는 말은 온라인으로 확인할 수 있는《영국 조폐국 백서 1672년 1월》British Treasury Minute Book for January 1672에 실려 있고, 키스 호스필드J. Keith Horsefield는《유럽 경제 역사 저널》Journal of European Economic

History에 발표한 학술논문 〈잉글랜드 지폐의 시작〉The Beginnings of Paper Money in England에서 그의 말을 인용했다.

- 존 로의 전기를 읽고 싶다면(누가 읽고 싶지 않겠나?) 나는 재닛 글리슨Janet Gleeson 의《백만장자: 현대 금융을 창조한 바람둥이, 도박꾼 그리고 결투자》Millionaire: The Philanderer, Gambler, and Duelist Who Invented Modern Finance를 추천한다. 재미있고 가독성이 좋고 기지가 돋보이는 문헌으로 제3장부터 제7장까지 존 로의 생애를 다룰 때 주로 이 논문을 참고했다. 앙투안 머피Antoin Murphy의《존 로: 경제 이론가이자 정책 입안가》John Law: Economic Theorist and Policy-Maker도 유용한 자료였다. 특히 화폐와 경제에 관한 존 로의 사상과 글이 풍부하게 실려 있다. 퍼거슨, 갤브레이스와 데이비스 역시 존 로에 대해 자세히 다뤘다.

04 도박판에서 발견한 확률론

- 키스 데블린Keith Devlin은 저서《끝나지 않은 게임》The Unfinished Game에서 확률론의 역사와 수학적 측면을 자세히 다룬다.
- 이언 해킹Ian Hacking의《확률의 등장》The Emergence of Probability은 확률의 부상으로 사람들의 사고방식이 어떻게 급변했는지를 이해하는 데 많은 도움이 됐다. 피터 번스타인Peter Bernstein의《신들에 대한 논쟁》Against the Gods은 블레즈 파스칼과 에드먼드 핼리를 자세하게 소개한다.
- 에드먼드 핼리는 〈브레슬로의 출산과 장례식을 기록한 흥미로운 표를 근거로 추산한 인간 사망률 : 연금 가격을 알아내기 위한 시도〉An Estimate of the Degrees of the Mortality of Mankind, drawn from curious Tables of the Births and Funerals at the City of Breslaw; with an Attempt to ascertain the Price of Annuities upon Lives를 발표했다. 그의 학술논문은 《왕립사회시보》Philosophical Transactions of the Royal Society에 실렸다.《합법 경제학 저널》Journal of Legal Economics에 실린 제임스 시에카James Ciecka의 〈에드먼드 핼리의 사망률 표와 그 용례〉Edmond Halley's Life Table and Its Uses라는 학술논문도 큰 도움이 됐다.
- 로버트 월리스와 알렉산더 웹스터가 만든 생명 보험 기금에 관한 수치는《보험통계학 학회지》Transactions of the Faculty of Actuaries에 실린 도우J. B. Dow의 〈18세기

스코틀랜드의 초기 보험 통계〉Early Actuarial Work in Eighteenth-Century Sccotland에 나온다. 니얼 퍼거슨이 로버트 월리스와 알렉산더 웹스터에 대한 이야기를 들려줬다.

05 주식 시장의 탄생

- 맷 러바인은 〈블룸버그〉 기자다. 시간 여행처럼 다룬 금융업에 관한 인용문은 《돈이라는 것》Money Stuff란 제목의 그의 소식지에서 가져왔다.
- 로더베이크 페트람Lodewijk Petram의 《세계 최초의 증권 거래소》The World's First Stock Exchange는 이번 장을 쓸 때 가장 큰 도움이 됐다. 이 책에는 VOC, 암스테르담 증권 거래소와 아이작 르 메르의 업적을 명료하게 서술한다. 오스카 겔더브롬Oscar Gelde-rblom, 아베 데 용Abe de Jong 그리고 유스트 용커Joost Jonker가 함께 《경제 역사 저널》에 발표한 학술논문 〈현대 법인의 형성기: 네덜란드 동인도 회사 VOC, 1602~1623〉The Formative Years of the Modern Corporation: The Dutch East India Company VOC, 1602–1623도 유용했다. 아샤 마지티아Asha Majithia가 번역하고 《금융 경제학의 개척자들 1권》Pioneers of Financial Economics Volume1에 실린 판 딜렌J. G. van Dillen이 쓴 학술논문 〈아이작 르 메르와 네덜란드 동인도 회사의 주식 거래〉Isaac Le Maire and the Share Trading of the Dutch East India Company도 도움이 됐다.
- 《혼란 속의 혼란》의 저자 요세프 데 라 페하는 스페인에서 태어났다. 원제는 스페인어로 'Confusion de Confusiones'다.

06 존 로, 화폐를 발행하다

- 윌리엄 로버즈William Roberds와 프랑수아 벨드François R. Velde의 시카고 연방준비 은행의 조사 보고서 《초대 공공 은행》Early Public Banks에서 암스테르담의 공공 은행에 관한 자세한 정보를 얻었다. 그리고 나는 프랑수아 벨드를 직접 인터뷰했다.
- 머피는 존 로의 《돈과 교역에 대한 고찰 및 화폐 공급에 대한 제안》을 그의 전기에서 자세히 다룬다. 글리슨과 머피는 유럽을 정처 없이 떠돌다가 프랑스에서 큰 명성을 얻는 존 로의 삶을 면밀히 다룬 작가들이다. 루시 노튼Lucy Norton이 번

역한《루이 드 루브루아 생시몽의 회고록 제3권》The Memoirs of Duc de Saint-Simon, Volume3에서 정통 파리 사회에서 유명인사로 떠오른 존 로뿐만 아니라 오를레앙 공작의 방탕한 삶을 자세히 알 수 있었다.

- 잉글랜드 은행의 탄생에 대해서는 데이비드 키나스톤David Kynaston의《마지막 모 래성이 허물어질 때까지: 잉글랜드 은행의 역사, 1694~2013》Till Time's Last Sand: A History of the Bank of England, 1694~2013을 참고했다. 프랑스를 섭정하던 오를레앙 공 작이 존 로의 은행에 예금했다고 보도한 잡지는 글리슨이 인용한 대로《섭정관 보》Gazette de la Regence였다.

07 백만장자의 탄생

- 이 장에선 글리슨과 머피 그리고《미국 경제 학술지》American Economic Review에 실 린 프랑수아 벨드의 학술논문〈존 로의 시스템〉John Law's System과 그와의 인터뷰 내용을 주로 참고했다.
- 여기에 인용된 담배에 관한 프랑스 섭정의 어머니인 팔라틴 공주의 발언은 글리 슨에게 들었다. 존 로의 은행 주식을 사기 위해서 사람들이 굴뚝을 통해 존 로의 저택으로 들어왔다는 부분은《루이 드 루브루아 생시몽의 회고록 제3권》에서 인 용했다. 대니얼 디포의 인용문은 그가 존 로에 대해서 쓴 문집《존 로와 미시시피 계책》John Law and the Mississippi Scheme에서 나왔다.
- 주식을 사기 위해 길을 가득 메운 사람들을 보고 영국 대사관 직원이 한 말은 머 피의 책에 나온다. 프랑스 정부가 존 로에게 감사했다는 부분도 마찬가지다. 범 죄자들을 미시시피 식민지로 보냈다는 이야기는 토드 스미스F. Todd Smith의《루 이지애나와 남쪽 만 개척지, 1500~1821》Louisiana and the Gulf South Frontier, 1500–1821에 잘 나와 있다. 인플레이션에 대한 정보는 얼 해밀턴Earl J. Hamilton이《경제 학 계간지》Quarterly Journal of Economics에 발표한 학술논문〈존 로의 시스템에 기 반한 파리에서 물가와 임금〉Prices and Wages at Paris Under John Law's System에서 얻었 다. 생시몽 공작에 관한 부분은 그의《회고록》Memoirs을 인용했다.
- 글리슨과 머피에게서 몰락 이후 존 로의 삶에 관해 많은 정보를 얻었다.

08 빛과 노동력의 경제학

- 빌 노드하우스는 빛의 역할에 관해 〈실질 생산과 실질 임금은 현실을 제대로 반영할까? 빛의 역사는 그렇지 않다고 말한다〉Do Real-Output and Real-Wage Measures Capture Reality? The History of Lighting Suggests Not라는 제목의 학술논문을 썼고, 그의 학술논문은 모음집 《새로운 상품의 경제학》The Economics of New Goods에 수록됐다. 학술논문에서 그는 빛의 역사를 분석했고 경제학자들이 빛과 관련된 기술의 발전을 과소평가했으며 그로 인해 오랜 시간에 걸쳐 사람들이 부유해진 정도 역시 과소평가했다고 결론을 내렸다.
- 노드하우스를 개인적으로 인터뷰하면서 그가 진행한 빛에 관한 연구의 세부 내용을 이해할 수 있었다. 이번 장에 제시된 수치들 중 일부는 나의 요청으로 빌 노드하우스가 직접 산출한 것이다(유사한 수치가 그의 학술논문에 나오지만 보다 복잡하다).
- 사람들이 인공 불빛을 만들어 내고 야간에는 집에만 머물렀다는 이야기는 제인 브록스Jane Brox의 《빛의 세계사》Brilliant를 참고했다. 토머스 에디슨에 관한 이야기는 《빛의 세계사》와 럿거스대학교Rutgers University에 보관된 《토머스 에디슨에 관한 학술논문집》The Edison Papers을 참고했다. 〈뉴욕타임스〉에 실린 위생 검사관과 토머스 에디슨의 발전소에 관한 기사는 《빛의 세계사》에서 인용했고 해당 기사는 1911년 1월 17일에 보도됐다.

09 정말 모두 부자가 될 수 있을까?

- 러다이트에 관해서는 에드워드 파머 톰슨E. P. Thompson의 《영국 노동계급의 형성》The Making of the English Working Class을 주로 참고했다. 커크패트릭 세일Kirkpatrick Sale의 《미래를 반대한 자들》Rebels Against the Future도 유용한 책이었다.
- 마크 앤드리슨은 〈월스트리트저널〉에 '세계를 먹어 치우는 소프트웨어'Why Software Is Eating the World란 제목의 논평을 기고했다. 로퍼란 이름의 사내가 스스로 발명한 스타킹 생산 기계를 5파운드에 판 이야기는 피턴R. S. Fitton과 알프레드 워즈워스Alfred P. Wadsworth가 쓴 《전신주와 아크등, 1758~1830》The Strutts and the Arkwrights, 1758–1830에 나온다.

- 이 장에 인용된 러다이트 편지는 케빈 빈필드Kevin Binfield가 편집한《러다이트 모음집》Writings of the Luddites에서 가져왔다. 그리고 당시의 시대상을 대략적으로 이해하기 위해서 빈필드를 인터뷰했다.
- 이 시기의 노동자들이 얼마나 받았는지, 임금 수준이 어떻게 기계화를 촉진했고 기계화 이후 정체됐는지에 대해선 로버트 앨런Robert Allen의《세계적 시각에서 바라본 영국 산업 혁명》The British Industrial Revolution in Global Perspective과《경제역사 탐구》에 실린 그의 학술논문〈엥겔스: 영국 산업 혁명의 기술변화, 자본축적 그리고 불평등〉Engels' Pause을 참고했다.
- 에릭 홉스봄Eric Hobsbawm은 러다이트 공격을 '소요에 의한 집단 교섭'이라 불렀다. 경제 역사학자 조엘 모키르Joel Mokyr는 인터뷰를 하는 동안 러다이트에 대한 유용한 이야기를 많이 해줬다.

10 금에 대한 환상

- 데이비드 흄의《정치론》은 1752년에 출판됐다. 교역과 관련된 부분은 '무역수지에 관하여'Of the Balance of Trade다. 데니스 C. 라스무센Dennis C. Rasmussen의《무신론자와 교수》The Infidel and the Professor는 흄의 업적과 애덤 스미스에 대한 그의 영향을 이해하는 데 도움이 됐다.
- 글린 데이비스의《돈의 역사》에는 영국이 의도치 않게 금본위제도를 만들어 낸 이야기가 나온다. 갤브레이스의《돈》은 미국의 은화자유주의를 자세히 다룬다. 윌리엄 제닝스 브라이언에 대해서는 마이클 카진Michael Kazin의《위대한 영웅: 윌리엄 제닝스 브라이언의 일생》A Godly Hero: The Life of William Jennings Bryan을 참고했다. 그레일 마르쿠스Greil Marcus는 저서《밥 딜런》Bob Dylan에서 '불안과 성공' 그리고 '공포와 구제'란 문구를 사용했다.
- 윌리엄 매킨리의 연설은《수사학회 계간지》Rhetoric Society Quarterly에 실린 윌리엄 하핀William Harpine의 학술논문〈기자들 앞에서 한 매킨리의 집 현관 대선 연설〉Playing to the Press in McKinley's Front Porch Campaign에 나온다. 연설 전문은〈인디애나폴리스저널〉Indianapolis Journal에 '돈이 문제다'란 헤드라인으로 실렸다.
- 어빙 피셔에 대해서는 어빙 노튼 피셔Irving Norton Fisher의《나의 아버지, 어빙 피

셔》My Father, Irving Fisher와 로버트 노링 앨런Robert Loring Allen의《어빙 피셔: 전기》Irving Fisher: A Biography를 참고했다. 최근에 실비아 나사르Sylvia Nassar는《사람을 위한 경제학: 기아, 전쟁, 불황을 이겨낸 경제학 천재들의 이야기》Grand Pursuit: The Story of Economic Genius에서 어빙 피셔를 대대적으로 다뤘다. 나는 어빙 피셔가 직접 쓴 글도 참고했는데, 특히《화폐 착각》The Money Illusion, Stabilizing the Dollar, and Stable Money이 유용했다.

- 미국 박스오피스 수치는 박스 오피스 모조Box Office Mojo를 참고했다. 미국 노동통계국Bureau of Labor Statistics의 CPI 인플레이션 계산기CPI Inflation Calculator로 물가상승률을 계산했다.

11 은행과 화폐를 둔 공방전

- 토머스 고반Thomas Govan의《니컬러스 비들》Nicholas Biddle은 비들의 대표적인 전기로 그의 어린 시절이 잘 정리되어 있다. 비들이 미합중국제2은행을 경영하던 시절은 제인 크노델Jane Knodell의《미합중국제2은행》The Second Bank of the United States과 그녀와의 인터뷰 내용을 참고했다. 뉴욕대학교의 리처드 실라Richard Sylla는 비들을 미니애폴리스 연방준비은행Minneapolis Fed과의 인터뷰에서 '세계 최초의 자각 있는 중앙은행 총재'라고 했다.

- 앤드루 잭슨의 인생은 아서 슐레진저 주니어의《잭슨의 시대》The Age of Jackson와 존 미첨Jon Meacham의《미국의 사자》American Lion 그리고 핸리 브랜즈H. W. Brands의《앤드루 잭슨》Adrew Jackson을 참고했다. 로저 태니가 비들에 대해 불평한 부분은 그의 '은행 전쟁 필사본'Bank War Manuscript에서 인용했다.

- 브레이 해먼드Bray Hammond의《미국 은행과 정치: 독립 전쟁부터 남북 전쟁까지》Banks and Politics in America: From the Revolution to the Civil War는 자유 은행 시대에 관한 주요 참고문헌이었다. 주화가 '마법처럼 재빠르게 나라 안 여기저기로 이동하네'라는 문장은 미시간 은행장의 1839년 보고서에서 가져왔고 갤브레이스도 인용했다.

- 당시의 통화량은 〈시카고트리뷴〉 1863년 2월 13일자에 실린 '미국의 끔찍한 통화시스템'에서 가져왔다. 매튜 재렘스키Matthew Jaremski는 인터뷰에서 당시 유

통되던 은행권의 예로 산타클로스가 그려진 은행권을 소개했다. 나는 《1859년 은행권 목록: 은행권과 상업 보고서에 관한 보충》1859 Bank Note Descriptive List: Supplementary to Thompson's Bank Note & Commercial Reporter에서 산타클로스 은행권을 확인했다.

- 법원이 밀이나 목화를 자유롭게 거래하듯이 화폐도 자유롭게 거래할 수 있다고 판결한 부분은 1840년 〈워너 v. 비어스〉Warner v. Beers에 실려 있다. 여행자가 끊임없이 지폐를 교환해야만 했다는 이야기는 《라운즈의 편지》Letters of Lowndes에서 가져왔다. 자유 은행시대를 재평가하는 중요한 학술논문 중 하나는 《화폐, 신용 그리고 은행업무 저널》Journal of Money, Credit and Banking에 실린 휴 로코프Hugh Rockoff의 〈자유 은행시대: 재평가〉The Free Banking Era: A Reexamination다. 《에콘 저널 워치》Econ Journal Watch에 실린 휴 로코프와 이그나시오 브리오네스Ignacio Briones의 〈경제학자들이 자유 은행시대에 합의를 이뤘나?〉Do Economists Reach a Conclusion on Free Banking Episodes?는 당시를 간략하게 소개한 훌륭한 문헌이다. 월터 배젓의 인용문은 그의 저서 《롬바르드 스트리트》Lombard Street에서 가져왔고, 이 책은 경제 위기에 중앙은행이 어떤 역할을 했는지를 확인하는 데 주요 참고자료였다.

- 로저 로웬스타인Roger Lowenstein의 《미국 은행: 연방준비제도를 마련하기 위해 험난한 투쟁》America's Bank: The Epic Struggle to Create the Federal Reserve은 연방준비은행의 탄생을 포괄적으로 다루고 연방준비은행의 기원을 조사할 때 주로 참고한 책이었다. 사람들이 월가의 약삭빠른 행태를 비난했다는 부분은 폴 와버그Paul Warburg의 《연방준비제도: 기원과 성장》The Federal Reserve System: Its Origin and Growth에 나온다. 게리 고튼Gary Gorton은 월가의 탐욕이 금융 위기를 불러왔다면, 우리는 매주 위기에 봉착했을 것이라고 했다.

- 거물 은행원들이 은밀하게 만났다는 부분은 내셔널 씨티뱅크National City Bank의 은행장 프랭크 밴더립Frank A. Vanderlip을 인용했다. 그는 자신의 경험을 《새터데이 이브닝 포스트》에 공개했다.

- 은행원들이 지킬 아일랜드에서 돌아와서 연방준비은행을 설립했다는 부분은 로저 로웬스타인의 《미국 은행: 연방준비제도를 마련하기 위해 험난한 투쟁》을 참고했다.

- 리아콰트 아메드Liaquat Ahamed의 《금융의 제왕》Lords of Finance은 중앙은행 은행 장들과 대공황을 다룬다. 이 책은 해당 주제를 기발하고 통찰력 있게 파고든다. 이 책은 이 장의 주요 참고문헌이었다.

- 밀턴 프리드먼과 안나 슈워츠의 《미국의 통화역사, 1867~1960》A Monetary History of the United States, 1867–1960도 유용했다. 두 사람은 이 시기에 연방준비은행의 역할과 활동을 매우 상세하게 설명하고 경제학자들이 대공황을 바라보는 시각을 바꿨다.

- '자기 충족적 예언'은 로버트 머턴Robert K. Merton이 《안티오크 리뷰》The Antioch Review에 '자기 충족적 예언'이란 제목으로 기사를 쓰면서 사용되기 시작했다. 금본위제도에 대한 경제학자들의 생각을 조사한 2012년 설문조사는 시카고 부스 경영대학원의 IGM 포럼에서 진행했다. 허버트 클라크 후버 대통령의 '강제로 금본위제도를 폐지하는 것은 미국에 엄청난 혼란을 가져올 것'이란 발언은 1932년 10월 4일 아이오와주 디모인에서의 선거 유세에서 나왔다.

- 아서 슐레진저 주니어의 '거짓된 존경심'은 저서 《뉴딜의 등장, 1933~1935》The Coming of the New Deal, 1933–1935에서 인용했다. 조지 워런이 경비행기를 타고 루스벨트 대통령을 만나러 갔다는 부분은 에릭 로치웨이Eric Rauchway의 《머니 메이커》The Money Makers에 잘 설명되어 있다. 화폐가 사라지자 등장한 물물교환에 관한 자세한 내용은 아메드의 《금융의 제왕》을 참고했다.

- 윌 우딘의 말은 제임스 레드베터James Ledbetter의 《금본위제도 아래 하나의 국가》One Nation Under Gold에서 인용했다. 루스벨트의 말은 1933년 3월 8일 기자회견에서 그가 직접 사용한 원고에서 가져왔다.

- 루스벨트 대통령이 자문 위원들에게 금본위제도를 폐지하겠다고 말했을 때 그 현장에서 누군가가 '서구 문명의 종말'이라고 했다는 부분은 레이먼드 몰리Raymond Moley의 《7년 뒤》After Seven Years에서 가져왔다. 이 장면은 에릭 로치웨이의 《머니 메이커》에도 등장한다. 어빙 피셔가 아내에게 보낸 편지는 《나의 아버지, 어빙 피셔》에 인용되어 있다.

- 1933년 물가, 고용 그리고 소득 수준의 회복에 대한 데이터는 세인트루이스 연방준비은행St. Louis Fed에서 나왔다. 금본위제도가 어떻게 세계 경제를 위기로

몰고 갔는지 그리고 금본위제도 폐지가 어떻게 경제 회복에 극히 중요한 결정이었는지에 대해서 배리 아이켄그린Barry Eichengreen의《황금 족쇄》Golden Fetters를 주로 참고했다.《유럽 현대사》Contemporary European History에 실린 아이켄그린과 피터 테민Peter Temin의 〈금본위제도와 대공황〉The Gold Standard and the Great Depression은 '금본위제도에 기반한 사고방식'이 평범한 경제 위기를 대공황으로 바꾸게 된 배경을 잘 분석한다.

- 루스벨트 대통령이 하버드대학교 교수에게 보낸 편지는 아서 슐레진저 주니어의《잭슨의 시대》에 인용되어 있다.

13 리먼 사태와 그림자 금융

- 그림자 금융으로 촉발된 뱅크런이 2008년 금융 위기의 주요 원인이란 주장은 예일대학교 경제학자 게리 고튼이 발전시켰다. 그는 금융 위기가 닥쳤을 때 연방정부로부터 구제 금융을 지원받았던 AIG에서도 일했다. 고튼은《금융 위기에 대한 오해》Misunderstanding Financial Crises에서 그림자 금융과 금융 위기에 대해 간략하게 잘 설명한다.

- 벤트의 젊은 시절과 머니마켓 뮤추얼 펀드의 개발에 대해서는 벤트 본인과 그의 아들 브루스 벤트 2세Bruce Bent II와의 인터뷰 내용을 많이 참고했다.

- 리저브 펀드의 초기 성장에 관해서는 〈월스트리트저널〉의 헨리 브라운Henry Brown의 부고 기사인 스티븐 밀러Stephen Miller의 '머니마켓 뮤추얼 펀드의 공동 개발자가 소액 투자자들의 이익을 위해 일했다'를 참고했다.

- 머니마켓 뮤추얼 펀드의 성장과 기업 어음 매입에서의 역할에 관해서는《상법 및 지적재산법에 관한 웨이크 포레스트 저널》Wake Forest Journal of Business and Intellectual Property Law에 실린 아서 윌마스Arthur Wilmarth의 〈글래스 스티걸 법의 폐지로의 여정〉The Road to Repeal of the Glass-Steagall Act과《연방준비제도 이사회 월보》Federal Reserve Bulletin에 실린 미첼 포스트Mitchell A. Post의 〈1980년 이후 미국 기업 어음 시장의 진화〉The Evolution of the U.S. Commercial Paper Market Since 1980를 참고했다. 씨티은행이 자산 담보부 기업 어음을 개발했다는 이야기는 마티아스 티에만Matthias Thiemann의《그림자 금융의 성장》The Growth of Shadow Banking에 나온다.

- 스티브 스텍로우Steve Stecklow와 디야 굴라팔리Diya Gullapalli는 브루스 벤트가 2001년 기업 어음에 대해서 '쓰레기'라고 언급했던 에피소드를 2008년 〈월스트리트저널〉에 '머니 펀드 매니저의 운명적 변심'이란 제목의 기사로 실었다. 두 사람은 벤트가 기업 어음에 투자하기까지의 여정을 낱낱이 조사했다. 벤트의 아들이 말한 '소박하기보다 신중하게 구성된'이란 표현은 2000년 11월 6일 브리짓 오브라이언Bridget O'Brian이 쓴 〈월스트리트저널〉 기사 '머니마켓펀드는 많은 투자자에게 적합한 투자 상품이지만 오만한 창조자는 여타 리스크에 대해 초초해하다'에 등장했다.

- 졸탄 포자르Zoltan Pozsar의 글들은 기관의 투자금이 어떻게 형성됐는지를 기가 막히게 설명한다. 예를 들어 토비아스 에이드리안Tobias Adrian, 애덤 애시크래프트Adam Ashcraft 그리고 헤일리 보에스키Hayley Boesky와 함께 쓴 《뉴욕 연방준비은행 보고서 '그림자 금융'》Federal Reserve Bank of New York Staff Report "Shadow Banking"을 보라. 포자르는 나와의 인터뷰에서 자신의 생각을 분명히 설명했다.

- 폴 맥컬리는 2007년 연방준비은행의 잭슨홀 콘퍼런스에서 '그림자 금융'이란 단어를 최초로 사용했다. 그 이후 2010년 4월 그는 '위기 이후: 아버지 은행에서 배운 교훈으로 새로운 금융 체계 마련하기'After the Crisis: Planning a New Financial Structure Learning from the Bank of Dad란 제목으로 연설을 하며 잭슨홀 콘퍼런스에서 그림자 금융이란 단어를 처음 사용했던 순간을 설명했다. 연설문은 PIMCO 웹사이트에 게재됐다.

- 모건 릭스의 말은 저서 《화폐 문제: 금융 규제에 관한 재고》The Money Problem: Rethinking Financial Regulation에서 인용했다. 릭스는 나와 인터뷰도 진행했다.

- 베어스턴스의 몰락에 관해선 금융 위기 조사 위원회Financial Crisis Inquiry Commission의 《금융 위기 조사 보고서》Financial Crisis Inquiry Report를 참고했다. 베어스턴스와 리먼 브라더스는 대체로 환매 시장에서 대출을 제고했다.

- '밤에 푹 자게 만드는 것'이라는 브루스 벤트의 말은 데이지 맥시Daisy Maxey의 〈월스트리트저널〉 기사 '머니 펀드의 아버지가 자신의 창조물을 비난하다'에서 가져왔다. 연차 보고서는 2008년 5월 31일에 공개됐다.

- 2008년 5월 15일, 그 주에 리저브 펀드 운용사에서 무슨 일이 있어났는지에 관해선 2009년 미국 증권 거래 위원회Securities and Exchange Commission가 벤트, 그의 아들, 리저브 펀드 그리고 모회사를 상대로 제기한 소송을 참고했다. 배심원은 벤

트 일가의 사기 혐의에 대해 무죄를 선고했다. 배심원은 브루스 벤트 2세가 과실에 대한 책임이 있다고 봤고 모회사는 허위 진술을 했다고 봤다. 재판에 증거로 제출된 통화 내용을 직접 인용했다. 나는 당시 뉴욕 연방준비은행의 변호사였던 인물을 인터뷰했다.

• 부시 대통령의 발언은 2008년 9월 19일 '국가 경제에 대한 연설'에서 가져왔다. 30인 위원회 보고서는《금융 개혁: 금융 안정성을 위한 프레임워크》Financial Reform: A Framework for Financial Stability다. 근본적인 변화에 반대했던 업계 보고서는 투자사협회Investment Company Institute의《머니 마켓 워킹 그룹에 관한 보고서》Money Market Working Group다.

• 실라 베어의 발언은 폴 키어넌Paul Kiernan, 앤드루 애커먼Andrew Ackerman 그리고 데이브 마이클스Dave Michaels의〈월스트리트저널〉기사 '왜 연준위는 머니마켓 펀드를 다시 지원해야 했나?'에서 인용했다.

14 유로화가 바꾼 국가의 운명

• 데이비드 마시David Marsh의《유로》는 유로의 기원을 자세히 다루고 있다. 유로가 등장할 무렵 유럽 지도자들이 주고받은 대화를 포함해 이 책을 주로 참고해 이번 장을 썼다. 독일 잡지《슈피겔》의 '재통일을 위해서 도이치마르크는 희생됐나?'Was the Deutsche Mark Sacrificed for Reunification?란 제목의 기사도 유용한 자료였다. 카를 오토 푈 분데스방크 총재와 그의 동료들은《도이치 분데스방크 월간 보고서 1990년 10월호》Monthly Report of the Deutsche Bundesbank, October 1990에서 '포괄적인 정치 연합'을 주장했다. 캐럴 윌리엄스Carol J. Williams는〈로스앤젤레스타임스〉에 유로가 도입되는 순간에 프랑크푸르트에서 폭죽이 밤하늘을 수놓았다는 내용의 기사를 '유로의 탄생을 축하하는 유럽'이란 제목으로 실었다.

• 유로존 주변 국가들의 빠른 경제 성장은 유럽 연합 집행 위원회의《2007년 유로존 연차 보고서》European Commission에 기록되어 있다. 게오르기오스 파판드레우Georgios Papandreou는 국가 부채가 12퍼센트에 달한다는 사실을 폭로한 그리스 총리였다. 장 클로드 융커Jean-Claude Juncker는 그리스 통계 수치가 발표된 이후 '게임은 끝났다'라고 말했던 인물이다.

- 그리스의 정부 지출과 탈세에 관해서 제이슨 마놀로파울로스Jason Manolopoulos의 《그리스의 끔찍한 부채》Greece's 'Odious' Debt를 참고했다. 마틴 울프의 '돈을 흥청 망청 쓰라고 돈을 빌려줘 놓고 스스로 선택한 결과에 대해 불평을 늘어놓는 것은 어리석은 짓'이라는 말은 저서 《변화와 충격》The Shifts and the Shocks에 등장한다. 〈파이낸셜타임스〉에 실린 마르첼로 미네나Marcello Minenna의 '회고: 유로존의 리스크 공유는 진정 무엇을 의미하는가'A look back: what Eurozone 'risk sharing' actually meant에 그리스, 스페인 그리고 기타 유로존 국가들에게 대출을 해주는 독일 은행에 대한 이야기가 나온다. 나머지 유로존 국가들과의 무역에서 흑자를 기록한 독일에 관해서 싱크탱크 브뤼헐Bruegel의 '독일의 무역 흑자가 유로존의 회복과 함께 증가할 것이다'The German trade surplus may widen with the euro area recovery를 참고했다. 실업률과 경제성장률에 대해서는 세인트루이스 연방준비은행의 자료를 참고했다. 그리고 연방세와 국세와 관련한 데이터는 《세금 정책 센터 브리핑 북》Tax Policy Center Briefing Book에서 가져왔다. 그리스와 독인의 퇴직 연령은 《이코노미스트》에 실린 '무엇이 독일과 그리스의 운명을 극명히 갈라놓았나?'What Makes Germans So Very Cross About Greece?를 참고했다. 헬무트 콜 독일 총리의 '정치 연합' 발언은 오트마 이싱Otmar Issing의 《유로의 탄생》The Birth of the Euro에서 인용했다.
- 스페인 외부장관의 '타이태닉' 발언은 〈가디언〉에 실린 자일스 트렘렛Giles Tremlett의 '스페인의 유로존의 파멸이 임박했음을 알리는 메시지'Spain Issues Dramatic Messages of Impending Eurozone Doom이란 제목의 기사에서 인용했다. 마리오 드라기의 생애와 그의 '무슨 일이 있더라도' 연설에 관해서는 자나 란도우Jana Randow와 알레산드로 스페셜Alessandro Speciale가 〈블룸버그〉에 실은 '3개의 세상과 3조 달러: 마리오 드라기가 유로를 구한 비화'3 Words and $3 Trillion: The Inside Story of How Mario Draghi Saved the Euro를 참고했다.

15 과격한 꿈을 꾸는 전자화폐

- 너새니얼 포퍼Nathaniel Popper의 《디지털 골드》Digital Gold와 폴 비냐Paul Vigna 와 마이클 케이시Michael J. Casey의 《비트코인 현상, 블록체인 2.0》The Age of

Cryptocurrency은 비트코인과 암호화폐를 간략하게 설명한 좋은 참고문헌이다. 앤디 그린버그Andy Greenberg의《내부 고발자들, 위험한 폭로》This Machine Kills Secrets는 사이퍼펑크를 이해하는 데 유용한 책이었다.

- 데이비드 차움은 월간지《ACM 커뮤니케이션》Communications of the ACM에 '신원확인 없는 보안: 빅브라더를 무력하게 만드는 거래 시스템'Security Without Identi-fication: Transaction Systems to Make Big Brother Obsolete을 발표했다. 그는 전화 인터뷰에서 자신의 젊은 시절에 대해 이야기했다. 이 장에서 인용한 특허는 '암호 신분확인, 금융 거래 및 증명 기기'다.

- 《와이어드》의 인용문은 스티븐 레비Steven Levy의 'e-머니(내가 원하는 것!)'란 기사에서 가져왔다. 〈뉴욕타임스〉의 인용문은 제임스 글릭James Gleick의 '달러의 사망 선고'Dead as a Dollar에서 가져왔다. 씨티은행의 e-머니 프로그램과 디지캐시의 국제적 확산은《비트코인 현상, 블록체인 2.0》에 자세히 설명되어 있다. 앨런 그린스펀의 말은 1997년 연설문 '정보화시대의 프라이버시'Privacy in the Information Age에서 인용했다.

- 티머시 메이는 차움의 업적에 대해 스스로 새롭게 발견한 사실과 사이퍼펑크를 탄생시키는 데 자신의 역할을 인터뷰에서 자세히 설명했다. 사이퍼펑크에 관한 일부 내용은《내부 고발자들, 위험한 폭로》와 제이미 바틀럿Jamie Bartlett의《다크넷》The Dark Net에서 가져왔다.

- 애덤 백의 1997년 이메일은 웹사이트 'hashcash.org'에 보관되어 있다. 〈정크메일 퇴치와 가격책정〉은 크립토 '92Crypto '92 컨퍼런스의 공식 기록에 실렸다. 웨이 다이의 비머니 제안서는 웹사이트 'weidai.com'에서 확인할 수 있다. 나카모토 사토시가 웨이 다이에게 보낸 이메일은 웹사이트 'nakamotostudies.org'에 보관되어 있다.《비트코인 백서》Bitcoin Whitepaper로 알려진 문헌은 웹사이트 'bitcoin.org' 등에서 확인할 수 있다.

- 나카모토 사토시의 2009년 메시지는 웹사이트 'nakamotoinstitute.org'에 게재됐다. 라즐로 핸예츠와 피자 일화는 웹사이트 'bitcointalk.org'에 게재됐다. 마크 몰로이Mark Molly는 〈텔레그래프〉Telegraph의 기사 '현재 가치로 8,300만 달러인 비트코인으로 2010년 피자를 구입했던 일화의 숨겨진 이야기'The inside story behind the famous 2010 bitcoin pizza purchase today worth $83m에서 피자의 구매자의 간략한 프로필을 공개했다.

- 공포의 해적 로버츠의 발언들은 《포브스》의 기사 '은밀한 마약 거래 웹사이트 실크로드의 창립자이자 과격한 자유주의자 공포의 해적 로버츠의 인용문 모음'Collected Quotations of the Dread Pirate Roberts, Founder of Underground Drug Site Silk Road and Radical Libertarian에서 가져왔다. 실크로드에 올라온 불법 약물 목록은 미국 정부가 2013년 9월 27일 공포의 해적 로버츠로 알려진 로스 울브리히트를 상대로 제기한 고소에 등장한다. 울브리히트가 선고받은 형에 대한 이야기는 앤디 그린버그의 《와이어드》 기사 '실크로드 창조자 로스 울브리히트, 무기징역'Silk Road Creator Ross Ulbricht Sentenced to Life in Prison에서 가져왔다.

- 상원 청문회는 '실크로드를 넘어: 가상 화폐의 잠재 리스크, 위협 그리고 가능성'Beyond Silk Road: Potential Risks, Threats, and Promises of Virtual Currencies이라 불렸다. 증언은 위원회 웹사이트에 공개됐다. 〈워싱턴포스트〉의 기사 '이 상원 청문회는 비트코인 야합이다'This Senate hearing is a bitcoin lovefest는 티머시 리Timothy B. Lee가 썼다. 벤처캐피탈리스트의 말을 인용한 〈월스트리트저널〉 기사는 세라 니들먼Sarah E. Needleman의 '비트코인 스타트업, 현실 화폐를 공격하다'Bitcoin Startups Begin to Attract Real Cash이다. 중국의 비트코인 채굴업자의 수는 〈로이터〉의 기사 '중국의 비트코인 채굴업자들이 엄청난 생산력을 발휘하다'China's Bitcoin Miners Scoop Up Greater Production Power에서 가져왔다. 개빈 앤드레센의 말은 그와의 인터뷰에서 인용했다. 비트코인 환율은 웹사이트 'coindesk.com'에서 가져왔다.

나가며 돈의 미래

- 케냐에서 휴대폰의 문자 메시지로 돈을 송금할 때 사용된 시스템은 엠페사M-Pesa였다. 알리페이와 관련된 수치는 줄리 주Julie Zhu, 케인 우Kane Wu 그리고 장 얀Zhang Yan이 함께 쓴 〈로이터〉의 기사 '중국의 개미들, 개인 주식 판매량으로 2,000억 달러를 목표로 하다'China's Ant aims for $200 bln price tag in private share sales에서 가져왔다. 유통되는 현금의 양과 액면가는 연방준비은행의 자료를 참고했다. 켄 로고프는 저서 《현금의 저주》The Curse of Cash에서 고액권 지폐를 없앨 것을 주장했다.

- 스웨덴의 현금 강도 사건은 에번 래틀리프Evan Ratliff의 《아타비스타 매거진》Atavist Magazine 기사 '이류'에 자세히 나온다. 스웨덴에서 현금 사용이 줄고 있음을 보여 주는 관련 수치는 릭스방크 보고서 '2019 스웨덴 지불금'Payments in Sweden 2019을 참고했다. 스웨덴 국민연금조합 대표의 말은 리즈 앨더먼Liz Alderman의 〈뉴욕타임스〉 기사 '스웨덴의 현금 없는 사회 운동을 두고 일부는 천천히 진행해야 한다고 말하다'Sweden's Push to Get Rid of Cash Has Some Saying, 'Not So Fast'에서 인용했다.

- '가장 헐거운 나사'란 표현은 1939년 어빙 피셔와 다수의 경제학자들이 함께 작성한 보고서 '통화 개혁을 위한 프로그램'A Program for Monetary Reform에 등장한다. 밀턴 프리드먼은 《통화 안정성을 위한 프로그램》A Program for Monetary Stability에서 전액 지급 준비금 제도를 다뤘다. 존 코크런의 말은 그와의 인터뷰에서 인용했다. '최악의 방법으로 은행 업무의 체계를 세우고 있다'란 말은 머빈 킹Mervyn King의 2010년 연설 '은행─배젓 시대부터 바젤 협약까지 그리고 원래 있던 자리로'Banking–from Bagehot to Basel, and Back Again에서 인용했다.

- 알렉산드리아 오카시오 코르테즈 하원의원은 현대통화이론을 지지했고 엘리자 렐먼Eliza Relman은 〈비즈니스 인사이더〉Business Insider에 '알렉산드리아 오카시오 코르테즈, 적자 지출이 경제에 이롭다는 이론에 대해 정치적 논의가 "절대적으로" 필요하고 말해'Alexandria Ocasio-Cortez says the theory that deficit spending is good for the economy should 'absolutely' be part of the conversation란 기사를 썼다. 나는 스테파니 켈턴과 워런 모즐러를 전화로 인터뷰했다. 모즐러의 생각은 《경제 정책의 7가지 지독히 순수한 사기》Seven Deadly Innocent Frauds of Economic Policy에도 소개된다.